Miller   Mein Kind ist fast ganz normal

Für Hans,
der mir half, Hindernisse in Herausforderungen zu verwandeln,
und für Millertime, den allerschönsten Ort für B.

Für unsere Ehemänner und Kinder
In Liebe Susi, Diane, Janet und Stephanie

Nancy B. Miller

Mein Kind ist fast ganz normal

Leben mit einem behinderten oder
verhaltensauffälligen Kind:

Wie Familien gemeinsam den Alltag
meistern lernen

Aus dem Amerikanischen
von Susanne Warmuth

 TRIAS

Die amerikanische Originalausgabe erschien bei Paul H. Brookes Publishing Co., Inc., unter dem Titel »Nobody's Perfect. Living and Growing with Children Who Have Special Needs« © by Paul H., Brookes Publishing Co., Inc., 1994

Anschrift der Autorin:
Nancy B. Miller, Ph.D., M.S.W.
2304 Santa Monica Boulevard
Suite 210
Los Angeles, CA 90025
USA

Umschlaggestaltung:
Cyclus · D+P Loenicker, Stuttgart

Textzeichnungen:
Friedrich Hartmann, Nagold

Lektorat:
Sylvia Aschenbrenner

*Die Deutsche Bibliothek –
CIP-Einheitsaufnahme*

Miller, Nancy B.:
Mein Kind ist fast ganz normal : Leben mit einem behinderten oder verhaltensauffälligen Kind ; wie Familien gemeinsam den Alltag meistern lernen / Nancy B. Miller. Aus dem Amerikan. von Susanne Warmuth. -
Stuttgart : TRIAS, 1997
Einheitssacht.: Nobody's perfect <dt.>

Gedruckt auf chlorfrei gebleichtem Papier

© 1997 Georg Thieme Verlag,
Rüdigerstraße 14,
D-70469 Stuttgart
Printed in Germany
Satz: Fotosatz H. Buck, Kumhausen
Druck: Gulde-Druck, Tübingen

ISBN 3-89373-392-2   1 2 3 4 5 6

Inhalt

Inhalt

Inhalt

Geleitwort

»*Mein Kind ist fast ganz normal*« ist ein ungewöhnlich praktisches und hilfreiches Buch. Indem es den Prozeß der Bewältigung in viele verschiedene und auf unterschiedliche Bereiche abzielende Anpassungsstrategien zerlegt, bietet es uns eine sehr präzise Straßenkarte durch das unwegsame Neuland, das wir Eltern mit behinderten Kindern erkunden müssen. Die Wärme und die Offenheit in den Beiträgen der Mütter machen dieses Buch nicht nur lesbar und verständlich, sondern sie ermöglichen es auch, sich selbst darin wiederzuerkennen, weil es Gefühle und Erfahrungen bestätigt, die alle Eltern machen. Dieses wunderbare Buch wird das *erste* sein, das ich Eltern in ihrer neuen Rolle als Eltern eines behinderten Kindes empfehlen werde.

Emily Perl Kingsley

Emily Perl Kingsley ist eine der Autorinnen der beliebten Kindersendung »Sesamstraße«, für die sie neun Emmys (Fernsehpreis, vergleichbar dem Oscar für Kinofilme) und sechs Emmy-Nominierungen erhielt. Ihr Sohn Jason wurde mit Down-Syndrom (Trisomie 21, früher auch Mongolismus) geboren. Frau Kingsley hält häufig Vorträge zu diesem Thema, über geistige Behinderung allgemein und über die Rechte geistig behinderter Menschen. Jason hat die High School 1994 mit einem regulären Abschluß verlassen.

Vorwort zur deutschen Ausgabe

Eltern können sich plötzlich und unvermittelt, »aus heiterem Himmel«, oder allmählich, jedoch mit zunehmend erschreckender Deutlichkeit vor die Tatsache gestellt sehen, Mutter oder Vater eines behinderten Kindes zu sein. In dieser Situation zerbrechen bisherige Lebensorientierungen und -hoffnungen. Aus vielen mündlichen und schriftlichen Äußerungen vor allem betroffener Mütter wie einzelner Väter geht aber auch beeindruckend hervor, wie sie in oft mühsamen, nicht selten leidvollen Such- und Entwicklungsprozessen Schritt für Schritt neue Gestaltungsmöglichkeiten für sich, ihr behindertes Kind und ihre Familie entdecken sowie selbstbestimmte Kontrolle und Sinn für ihr eigenes und gemeinsames Leben zurückgewinnen. Die Wege und manchmal auch (scheinbaren) Umwege, die Eltern dabei gehen, gleichen häufig Gratwanderungen zwischen Hoffnung und Enttäuschung (gelegentlich abgrundtiefer Verzweiflung), zwischen manchmal hektischen Aktivitäten und resignativem Aufgeben, bis sie wieder haltgebenden Boden unter die Füße bekommen.

In diesen Prozessen der Auseinandersetzung und Wiedergewinnung neuer Selbstgestaltungsmöglichkeiten kann für Eltern neben der Beratung und Begleitung durch kompetente Fachleute auch gute Ratgeber-Literatur eine wichtige Hilfe sein. Bücher in deutscher Sprache, die diesem hohen Anspruch genügen, gibt es jedoch meines Wissens nur vereinzelt. Jedenfalls konnte ich ein solches Buch, wenn ich danach gefragt wurde, für Eltern meist nur mit Zögern und gewissen Einschränkungen empfehlen. Hier stellt die gelungene Übersetzung des amerikanischen Buches »Nobody's Perfect« von Nancy B. Miller eine wesentliche Bereicherung dar. Es ist ein Eltern-Ratgeber im besten Sinn des Wortes: Er bietet Eltern behutsam Rat und viele sachgerechte Informationen an für konkrete Alltagsprobleme des Lebens mit ihrem behinderten oder von Behinderung bedrohten Kind, seiner Erziehung und Förderung und ermutigt sie, sich in persönliche Prozesse der Auseinandersetzung und Weiterentwicklung einzulassen. Gleichzeitig vermeidet er es konsequent, von außen aufgesetzte und überfordernde Rat-»Schläge« zu erteilen. Das »Nobody's Perfect« (»Niemand ist vollkommen«) des amerikanischen Titels ist also inhaltliche Leitlinie, die das gesamte Buch durchzieht.

Die Autorin beschreibt sensibel, wie sich Eltern eines behinderten oder entwicklungsauffälligen Kindes allmählich an die veränderte Situation anpassen. Sie versteht Anpassung als einen persönlichen »Entwicklungs- und Reifungsprozeß«, der aus vier zeitlich nicht klar zu trennenden, sondern ineinanderwirkenden Stadien besteht: Überlebens-, Such-, Normalisierungs- und Trennungsphase. Diese vier Stadien dienen jedoch nur als ein offener Orientierungsrahmen; denn Nancy B. Miller ist sich bewußt: »Menschliches Verhalten ist zu komplex und zu individuell, um es in einfache Schemen und Formen zu pressen.«

Auch enthält sich dieses Anpassungsmodell moralischer Vorgaben an Eltern, z.B. in dem Sinne, sie sollen ihr behindertes Kind »annehmen«. Im Gegenteil weist die Verfasserin diese Forderung nach »Annahme« oder »Akzeptanz« ausdrücklich zurück: »Und manche Fachleute verschlimmern die Situation zusätzlich, indem sie ›Akzeptanz‹ zum Maßstab für die Anpassung der Eltern stilisieren und zum Ziel erklären, das die Eltern mit ihrer Hilfe erreichen sollen.« Sie betont die »Normalität« der mitunter heftigen und widersprüchlichen Gefühlsausbrüche gerade in Situationen des »Überlebens«, in denen sich Eltern hilflos und ohne Gestaltungsmöglichkeiten erleben Sie versichert Eltern: »Niemand hat das Recht, über Ihre Gefühle zu urteilen.« In diesem emotionalen Freiraum wird es für Eltern leichter, zu ihren Gefühlen, auch solchen von Wut, Scham, Hilflosigkeit und Schuld, zu stehen, sie auch ein Stück weit zu verstehen und in ihre Gefühlswelt einzubinden.

Breiter Raum wird den Fragen und Aufgaben gewidmet, die sich im Zusammenleben mit einem behinderten oder entwicklungsauffälligen Kind ergeben. Kein wichtiger Bereich bleibt dabei unberücksichtigt, wie die inhaltlichen Punkte zeigen, mit denen sich das Buch im zweiten Teil ausführlich befaßt: Grundbedürfnisse von Kindern allgemein und Besonderheiten von Kindern mit Entwicklungsproblemen; Partnerschaft der Eltern und spezielle Probleme von Alleinerziehenden, geschiedenen Elternteilen und Stieffamilien; Geschwister des behinderten Kindes; Verhältnis der Familie zu Freunden, Verwandten und Bekannten; Zusammenarbeit mit Fachleuten; Auftreten in der Öffentlichkeit und nicht zuletzt Eltern-Selbsthilfegruppen.

Nancy B. Miller versteht es, ihre reichhaltigen Erfahrungen in der Arbeit mit Eltern alltagsnah einzubringen. Sie zeigt nicht nur konkrete Möglichkeiten auf, sondern läßt den Leserinnen und Lesern viel Raum zum Mit- und Nachdenken, kritischen Auswählen, zum Betrachten des eigenen Verhaltens und der Wahrnehmung eigener Bedürfnisse sowie zum Verstehen ihrer persönlichen Lebenswirklichkeit als Mutter oder Vater eines behinderten oder entwicklungsauffälligen Kindes. Dazu trägt auch bei, daß sich vier betroffene Mütter als Mitautorinnen über Probleme, Erfahrungen und Schritte ihrer Weiterentwicklung offen äußern. Das spiegelt sich in dem Buch als persönliche Nähe und als ein Stück verbürgten Lebens wider.

Ich habe den Text aus einer doppelten Perspektive gelesen: aus der Sicht möglicher Eltern (was als Nichtbetroffener immer nur ein ansatzweiser Versuch sein kann) und aus der Sicht des Fachmanns. Was mich dabei mit am meisten beeindruckt hat: Selten habe ich ein Buch gefunden, das in einer so klaren und persönlichen Sprache vielschichtige und schwierige Sachverhalte verständlich darstellt (ohne unangemessen zu vereinfachen oder zu beschönigen) und dabei doch den aktuellen Stand der fachlichen Diskussion und wissenschaftlichen Forschung stets im Blick behält. Es ist von Anfang bis zum Schluß von der grundlegenden Idee getragen, daß *Eltern zu Experten in eigener Sache und in der ihres (behinderten) Kindes* werden, auch wenn dies für sie selbst und andere in den Unsicherheiten und Wirren, vor allem der »Überlebensphase«, nicht immer deutlich sein mag. Für Eltern ist es in jeder Hinsicht ein Mut machendes, anregendes und hilfreiches Buch, das ihnen auf den (Grat-)Wanderungen des Lebens mit ihrem behinderten oder entwicklungsauffälligen Kind begründete Orientierungen zu geben vermag. Aber nicht nur betroffene Mütter *und* Väter, sondern ebenso auch Fachleute – Ärzte, Psychologen, (Heil-)Pädagogen und Therapeuten – werden daraus großen Gewinn ziehen können.

September 1997

Prof. Dr. Hans Weiß
Pädagogische Hochschule Ludwigsburg
Fakultät für Sonderpädagogik

Zu diesem Buch

Im Februar 1987 wurde ich von vier Müttern zum Essen eingeladen, die alle ein behindertes Kind hatten. (In den USA wird der Begriff »behindert« als Diskriminierung empfunden, statt dessen spricht man von Kindern »mit besonderen Bedürfnissen«. Weil diese Wendung im Deutschen nicht geläufig und zudem sprachlich schwerfällig ist, wird sie in diesem Buch nur gelegentlich verwendet. Anm. d. Ü.) Wir hatten uns sechs Jahre zuvor im Rahmen eines medizinischen Förderprogramms kennengelernt, das die Universität von Los Angeles (UCLA) für Kinder mit Behinderungen anbot. Ihre Kinder nahmen an Veranstaltungen für Kleinkinder teil, und sie selbst hatten sich den Elterngruppen angeschlossen, die einmal pro Woche zusammenkamen und von mir betreut wurden.

Anfangs wußte keine der Mütter auch nur irgend etwas über Behinderungen oder wie sie als Eltern damit umgehen sollten. Das einzige, was sie wußten, war, daß ihre Welt kopfstand und daß sie für ihre Kinder Hilfe und für sich selbst Verständnis und Anleitung brauchten.

Während dieses Essens anläßlich unseres Wiedersehens berichteten die Mütter, welche Abenteuer sie mit ihren Kindern inzwischen erlebt hatten. Ihre Geschichten reichten von herzzerreißend bis erheiternd, und sie waren voller Hoffnung, Enttäuschungen, Erfolge und Rückschläge. Was mir von den Geschichten dieses Abends am stärksten in Erinnerung geblieben ist, ist die Fähigkeit aller dieser Frauen, ihre speziellen Probleme in ihr Leben zu integrieren. Besonders beeindruckten mich die freundschaftlichen Bande zwischen den Vieren, vor allem, wenn ich mir vor Augen hielt, wie verschieden sie waren: ihre Persönlichkeit, ihr kultureller Hintergrund, ihr Lebensstil und ihre Zielvorstellungen. Ihre Kinder – deren Behinderungen in keinster Weise vergleichbar waren – hatten sie zufällig zusammengebracht; sie blieben in engem Kontakt, weil sie ihre Unterschiede als Stärke erkannten; und sie entwickelten eine Art von Freundschaft, die für sich genommen bereits ein Buch wert wäre.

Diese vier Frauen hatten sich in diesen sechs Jahren verändert. Immer wieder standen sie vor dem Problem, geeignete Programme und Einrichtungen zu finden, alle glaubten zeitweise, mit dem Alltagsstreß nicht fertigwerden zu können. Aber sie ließen sich nicht unterkriegen. Sie wußten, daß sie am Ende die richtige Stelle finden und das Chaos irgendwie in den Griff bekommen würden, und sie wußten, daß ein einigermaßen ausgeglichenes Familienleben für sie von größter Wichtigkeit war.

Der Bewältigungs- und Anpassungsprozeß verlief in diesen vier Familien positiv. Ich kenne andere Familien mit behinderten Kindern – manche von ihnen haben weniger Probleme, einige sehr viel mehr. Obwohl die Erfahrungen einer Familie einzigartig sind, fragte ich mich, ob es in bezug auf die Gefühle und die Einstellungen, die eine Familie »durchläuft«, nicht gewisse Gemeinsamkeiten gibt. Und ich fragte mich, ob sich diese Gefühle und Einstellungen beschreiben lassen und anderen Familien so vermittelt werden können, daß alles, was sie durchmachen, »normal« ist.

Nach unserem Wiedersehensessen schlug ich den Müttern vor, mit mir zusammenzuarbeiten, über ihre Erfahrungen zu sprechen, und mir beim Schreiben dieses Buches zu helfen; sie waren sofort einverstanden. Nach fünf Jahren intensiven und unvergeßlichen Miteinanders kam dieses Buch »zur Welt«.

Es beginnt mit kurzen Autobiographien der Mütter bis zu dem Zeitpunkt, an dem ihre behinderten Kinder geboren wurden. Darauf folgt Teil I, der ein Modell des Anpassungsprozesses beschreibt. Dieses Modell – es entstand aus meinen Gesprächen mit den Müttern, meiner klinischen Arbeit mit Familien sowie aus der Forschung und den schriftlichen Berichten anderer Fachleute und Eltern – besteht aus vier Stadien: Überleben, Suchen, Normalisierung, Trennung. Jedes dieser Stadien wird direkt auf das Familienleben bezogen beschrieben; mit dem Text verwoben sind Gedanken meiner Mitautorinnen über ihre Gefühle und Erfahrungen in der jeweiligen Phase.

Teil II, »Erfolgreiche Anpassungsstrategien«, geht auf wichtige Beziehungen im Leben von Eltern und behinderten Kindern ein. Dazu gehören die Beziehungen zu Partnern, anderen Kindern, Freunden, Verwandten, Fachleuten und Menschen, denen man in der Öffentlichkeit begegnet. In jedem Kapitel finden Sie eine Liste mit häufig vorkommenden Situationen; es wird erklärt, wie Eltern reagieren könnten, und es gibt Vorschläge, wie man ein Problem vermeiden oder verringern kann oder wie sich eine Beziehung verbessern läßt. Auf Teil II folgt ein Nachwort mit der Überschrift »Die Mütter und ihre Kinder heute«, das die Leserinnen und Leser auf den neuesten Stand bringt, nun da die Kinder allmählich erwachsen werden und die Mütter ihren eigenen Schwierigkeiten mit dem Loslassen gegenüberstehen.

Die Mütter und ich, wir haben dieses Buch für Sie geschrieben, wenn Sie ein Kind haben, das wegen einer chronischen Krankheit, Entwicklungsverzögerungen oder Verhaltensstörungen etwas mehr Betreuung braucht. Wenn Sie beginnen, dieses Buch zu lesen, werden Sie sich vielleicht fragen, inwiefern sich diese Kinder »mit besonderen Bedürfnissen« von anderen Kindern unterscheiden, die manchmal auch »besondere Bedürfnisse« haben. Behinderte Kinder brauchen mehr Hilfe, sie brauchen sie öfter und über einen längeren Zeitraum hinweg – manchmal ihr ganzes Leben lang. Besondere Bedürfnisse haben beispielsweise Kinder mit Aufmerksamkeitsstörungen und Hyperaktivität, Asthma, Autismus, zerebraler Bewegungsstörung, Down-Syndrom, Epilepsie, eingeschränktem Seh- oder Hörvermögen, Lernschwäche, verzögerter geistiger Entwicklung, Spina bifida und schweren emotionalen Störungen. In diesem Buch werden Kinder als »behindert« bezeichnet, auf die eine oder mehrere der folgenden Aussagen zutreffen:

– Wegen der verzögerten sprachlichen, körperlichen, geistigen oder sozialen Entwicklung ist eine spezielle Betreuung/Förderung zu Hause, in der Schule oder auf Gemeindeebene erforderlich.
– Der Gesundheitszustand muß regelmäßig medizinisch überwacht werden.
– Wegen der Lernschwäche ist individuell zugeschnittener Unterricht notwendig (Förderschule).
– Die lebenspraktischen Fertigkeiten müssen gesondert gelehrt werden.
– Um die Kommunikation zu ermöglichen oder zu verbessern, werden spezielle Hilfsmittel gebraucht.
– Spezielle Therapien sollen der Kräftigung und der Koordinationsverbesserung dienen oder dauerhafte emotionale oder Verhaltensstörungen positiv beeinflussen.
– Spezielle Geräte steigern die Mobilität.

Früher gab es nicht viel Hilfe und nicht viel Hoffnung für Kinder mit Behinderungen. Natürlich gab es Ausnahmen von der Regel (so wie es von jeder Regel Ausnahmen gibt), doch meistens erfuhren behinderte Kinder zuwenig (Aus-)Bildung, zuwenig Zutrauen und zuwenig Wertschätzung.

Doch die Zeiten ändern sich. Unsere Gesellschaft wird sich immer stärker bewußt, daß alle Kinder ein Recht darauf haben, geliebt, ausgebildet und gefordert zu werden. Die Menschen begreifen allmählich, daß »Behinderung« lediglich eine Frage des Ausmaßes (einer Beeinträchtigung) ist.

Gesetze wurden zur Wahrung der Rechte behinderter Menschen erlassen. Die technische Entwicklung schreitet voran, immer mehr medizinische Durchbrüche werden erzielt, die schulischen und therapeutischen Förderprogramme verbessern sich, Fachleute vertiefen ihre Kenntnisse und Fähigkeiten. Seit sich die Eltern zu mächtigen Advokaten ihrer Kinder aufschwangen, gibt es auch mehr Angebote für behinderte Kinder und ihre Familien. Vor uns liegt noch ein langer Weg, doch wenn Eltern, Fachleute, Politiker und Menschen mit Behinderungen zusammenarbeiten, sind wir bereits dabei, eine neue bessere Zukunft zu schaffen.

Nancy B. Miller

Zur Autorin: Nancy B. Miller hat eine private psychiatrische Praxis in Los Angeles. Sie ist Assistenzprofessorin am Institut für Psychiatrie und Verhaltenswissenschaften der Universität von Kalifornien in Los Angeles (UCLA). Sie ist überall in den Vereinigten Staaten eine gesuchte Gastrednerin und Workshopleiterin.

Frau Dr. Miller arbeitet seit mehr als 20 Jahren an der Universität von Los Angeles. Sie koordinierte Ausbildungskurse in Sozialarbeit, entwickelte Unterrichtspläne zum Thema Entwicklungsstörungen an der Schule für Sozialfürsorge, war Koordinatorin für Sozialarbeit und klinische Forschung in der Abteilung für behinderte Kinder am Institut für Pädiatrie der Universität und arbeitete 20 Jahre lang als Beraterin des Kinderzentrums.

Ihren Abschluß als Master of Social Work (Sozialarbeit/Sozialfürsorge) erlangte Frau Dr. Miller an der Universität des Staates Michigan; an der Universität von Kalifornien in Los Angeles promovierte sie in Anthropologie. Ihr Interesse an breiter gefächerten kulturellen Themen geht auf ihre Forschungen über Geschwister von behinderten Kindern zurück sowie ihre Arbeit mit indianischen Familien im Navajo-Reservat und in Los Angeles. Derzeit liegt ihr Hauptaugenmerk auf dem Einfluß kultureller Werte auf die Einstellung gegenüber Behinderungen.

Frau Dr. Miller veröffentlichte zahlreiche Artikel und Beiträge in Büchern und Zeitschriften, unter anderem einige bahnbrechende Studien über Geschwister von behinderten Kindern. Sie war Mitautorin (neben Wm. Hans Miller, Ph. D.) von *Therapist's Guidebook for Systematic Parent Training* (1977) und Herausgeberin der *Proceedings of the First Intertribal Symposium on Mental Retardation* (1978). Außerdem gab sie den *Peer Counseling for Seniors Training Guide* (1986) heraus, der mit dem Preis des Gouverneurs von Kalifornien ausgezeichnet wurde.

Dr. Miller tritt in Rundfunk und Fernsehen auf und ist die Autorin zweier Filme: *Siblings as Behavior Modifiers* (1973) und *Jamie* (1972). Sie schreibt auch für Kinder, zum Beispiel in *Highlights for Children*.

Die Mütter und ihre Kinder

Diana und Catherine

Ich bin das viertälteste von neun Kindern. Meine Eltern waren Mexikaner, und wir lebten in einer kleinen, ländlich geprägten Stadt in Kalifornien. Wir sprachen nur spanisch zu Hause, bis wir in die Schule kamen und die Lehrer uns anhielten, mit unseren Eltern englisch zu reden.

Ein paar Jahre lang standen wir jeden Morgen um halb fünf auf, zogen ein paar Schichten Kleider übereinander an und fuhren aufs Feld zum Baumwollpflücken. Je heißer der Tag wurde, desto mehr Kleiderschichten legten wir ab. Meine Mutter brachte wundervolle Burritos mit ihren hausgemachten Tortillas; eingepackt in Wachspapier blieben sie warm in der Hitze des Tages. Wir suchten uns ein schattiges Plätzchen zum Mittagessen. Am schönsten war das Ende des Tages, wenn sie uns Kindern erlaubten, in die Baumwolle zu hüpfen, die sich auf den Lastwagen hoch auftürmte.

Mein Vater wollte, daß wir es einmal besser hätten, und so zogen wir nach Los Angeles, wo er eine bessere Arbeit bekam und etwas Eigentum erwerben konnte. Ich weiß nicht wie, aber er kaufte ein Eckgrundstück mit zwei Häusern. Das größere vermietete er, und wir lebten im kleineren. Wir, das waren Vater, Mutter und sieben Kinder. Später zogen wir in das größere Haus, das drei Schlafzimmer hatte, und meine Eltern bekamen zwei weitere Kinder. Ich erinnere mich, daß ich jede Nacht die Matratzen hervorholte und ins Wohnzimmer legte.

Ich war elf Jahre alt, als wir das erste Mal hier in die Schule gingen, und ich merkte, daß wir anders waren. Wir waren die einzigen Mexikaner; andere Kinder sprachen nie davon, daß sie abends die Matratzen herausholten. Alle schienen ihr eigenes Zimmer zu haben und nicht immer alles teilen zu müssen. Wir hatten nur ein Bad. Wenn ich heute daran zurückdenke, war es gar nicht so übel. Wir haben einfach gelebt.

Nachdem wir nach Los Angeles gezogen waren, arbeiteten meine Eltern beide, und die Verantwortung für den Haushalt und die kleinen Geschwister fiel an die älteren Kinder. Aber das ist bei uns Tradition, egal ob die Mutter arbeitet oder nicht.

Nach der High School ging ich ein Jahr aufs College. Dann merkte ich, daß ich eigentlich gar nicht mehr zur Schule gehen wollte. Ich bekam eine Stelle als Buchhalterin in einer kleinen Luftfahrtgesellschaft, und dort lernte ich Ray kennen. Er war 25 und war gerade aus Vietnam zurückgekehrt. Alles, was er während seiner Militärzeit besessen hatte, verkaufte er oder warf es weg. Von manchen dieser Sachen wünschte er später, er besäße sie noch, doch damals wollte er durch nichts an diese Zeit erinnert werden. Jeder mag Ray. Er ist jederzeit bereit, anderen zu helfen. Das hat mich angezogen. Er war ein so guter Mensch, und ich wußte, er würde ein guter Ehemann und Vater sein.

Wir hatten ein schönes Leben nach unserer Hochzeit. Wir besaßen ein Haus. Sechs Jahre lang warteten wir auf Kinder, und dann kam Sara. Sie wurde sechs Wochen zu früh geboren, aber sie war gesund und wunderschön. Wir liebten sie sehr. Zwei Jahre später erwarteten wir ein weiteres Kind. Meine zweite Schwangerschaft verlief normal, und die Ärzte bereiteten sich auf einen erneuten Kaiserschnitt vor. Als Catherine im September 1979 auf die Welt kam, spürte ich, daß etwas nicht in Ordnung war. Es wurde ganz still im Raum. Dann sagte der Kinderarzt: »Ich möchte der Mutter das Kind zeigen.« Er hielt sie so, daß ich sie sehen konnte, und sagte: »Das Kind hat ein Problem, um das wir uns sofort kümmern müssen. Ihre Tochter hat ein Loch im Rücken, das heißt, die Wirbelsäule ist nicht richtig zugewachsen.«

Er drehte sie um und zeigte mir die Öffnung, die die Größe eines Markstücks hatte: »Wir müssen das schließen, um eine Infektion zu verhindern«, erklärte er. »Wahrscheinlich hat sie eine leichte Lähmung, sie bewegt ihre Beine fast gar nicht. Ich gehe jetzt nach draußen, um es Ihrem Mann zu sagen und dafür zu sorgen, daß sich gleich jemand um das Kind kümmert.«

Ich sagte: »Ist es ein Mädchen? Machen Sie keine Witze. Ich war sicher, es würde ein Junge werden.« Das war alles, was ich im ersten Moment wahrnahm: Sie war groß, hübsch und hatte eine gute Farbe.

Und dann begann ich lautlos zu weinen, die Tränen liefen mir nur so die Wangen hinab. Sie brachten Catherine weg und schoben mich in mein Zimmer. Niemand sagte mir, wieviel sie wog oder wie groß sie war, obwohl ich ein paar Mal danach fragte. Niemand sagte mir die »normalen« Dinge.

Alle zwanzig Minuten kam Ray in mein Zimmer. Er lief ständig zwischen mir und dem Operationssaal hin und her. Die Operation, mit der die Öffnung verschlossen wurde, dauerte vier Stunden.

Nach einer Woche bildete sich Flüssigkeit in Catherines Hirnkammern; man mußte sie nochmals operieren, um einen Shunt, einen Abfluß, zu legen. Die Ärzte sagten uns, daß der Hydrocephalus (»Wasserkopf«) Teil dieses Krankheitsbildes sei und daß der Shunt die Flüssigkeit abfließen lasse, bevor sie sich ansammeln könne. Catherine hatte eine Krankheit, von der ich noch nie gehört hatte und deren Namen ich lange nicht aussprechen konnte: Meningomyelozele, unter Laien auch Spina bifida oder »offener Rücken« genannt.

Der Neurochirurg war sehr zuversichtlich. Er sagte, Kinder mit Spina bifida könnten später ein ganz normales Leben führen. Sie bräuchten unter Umständen ein Stützkorsett, Krücken oder einen Rollstuhl, aber das sei kein Hinderungsgrund für ein erfülltes Leben.

Viele meiner Verwandten und Freunde sagten: »Warum mußte euch das passieren? Das ist nicht fair.« Mir selbst kam es nicht einmal unfair vor. Ich erinnere mich, daß ich in meinem Krankenhausbett lag und dachte: »Es muß einen Grund dafür geben, daß Gott uns Catherine geschenkt hat.« Und als sie operiert wurde: »Du hast sie auf die Welt kommen lassen, und sie ist am Leben. Nimm sie nicht weg, du hast sie mir doch gerade gegeben.« Ich erinnere mich, daß ich Sara einfach nur liebte. Ein Kind zu haben ist ein so überwältigendes Gefühl, daß ich während der Schwangerschaft glaubte, ich könnte ein zweites nicht genau so sehr lieben. Als Catherine geboren war, dachte ich: »Du kannst. Du kannst das zweite Kind genau so sehr lieben wie das erste. Nur laß sie bei mir bleiben.«

☰ Susi und Betsy

Meine Erinnerungen an das wunderbare Farmhaus in Ostpennsylvania, in dem wir mit unseren Großeltern lebten, reichen bis in mein drittes Lebensjahr zurück. Während mein Vater als Zollbeamter bei der Eisenbahn arbeitete, war meine Mutter damit beschäftigt, meine zwei Brüder, meine Schwester und mich großzuziehen. Sie unterhielt zusammen mit meiner Großmutter einen riesigen Garten, und in einer meiner Lieblingserinnerungen sehe ich mich mit ihnen in der großen Küche stehen, wo wir all unser Obst und Gemüse einmachten und einlegten.

Unsere Familie mütterlicherseits war weit verzweigt, und wir hatten viel Spaß in den Ferien. Alle sangen deutsch, sogar die Kinder, selbst wenn wir keinen blassen Schimmer hatten, was die Worte bedeuteten. So geht es mir noch heute, aber wenn ich die alten Melodien höre, fallen mir die Worte wieder ein.

Ich war ein unglaublich glückliches Kind. Ich kann mich daran erinnern, daß ich glücklich aufwachte. Ich liebte es, zu reden und zu spielen und tat beides mit unerschöpflicher Energie. Ich wurde schon bald als die »lautstarke« abgestempelt, ein Ruf, den ich bis heute sorgfältig gepflegt habe.

Meine Mutter und ich, wir sind uns ausgesprochen ähnlich. Das gilt nicht nur für das Äußere, wir haben auch den gleichen Humor und Freude an Kreativität. Bei allem, was wir tun, sind wir mit Ausdauer und Begeisterung dabei, sei es bei der Arbeit oder beim Spiel. Ich erinnere mich, daß meine Mutter Nacht für Nacht aufblieb, um für mich und meine Schwester die herrlichsten Kleider für besondere Gelegenheiten anzufertigen. Sie streckte die Pfennige nur so, um uns schön aussehen zu lassen. Wer auch immer über »das seidene Täschchen aus einem Schweineohr« geschrieben hat, muß des nächtens neben ihr an der Nähmaschine gestanden haben.

Meine Großmutter war der zweite große Einfluß in meinem Leben. Sie konnte phantastisch kochen und liebte es, große Gesellschaften zu bewirten. Ich bin sicher, das habe ich von ihr. Der Garten war ihre Leidenschaft, sie verehrte und achtete die Erde und vermittelte uns diese Liebe. Wenn ich Trost brauche, ziehe ich mich in meine reichhaltigen Erinnerungen an sie zurück. Meine Großmutter starb, als ich zwölf Jahre alt war; das war der schwärzeste Tag meiner Kindheit, und ich frage mich oft, welchen Einfluß sie noch auf uns gehabt hätte, wenn sie länger gelebt hätte.

Nach der High School und ein paar Jahren als Zahnarzthelferin, wurde ich Stewardess und flog acht Jahre lang. Vier von uns teilten sich ein Apartment in New York. Wir waren klug, ehrgeizig und Singles; jeden Pfennig, den wir verdienten, gaben wir für Reisen und Kleider aus. Wir konnten überallhin fliegen.

Bruce lernte ich kennen, als ich das Fernsehstudio besichtigte, in dem er arbeitete. Ein Jahr verging mit regelmäßigen Verabredungen. Ich fand ihn süß, schüchtern, lustig und hielt ihn für einen der nettesten Menschen, denen ich je begegnet war. Ich war immer gerne mit Bruce verheiratet. Er war klug, geschickt, ruhig und voller Ideen. Ich flog noch fünf weitere Jahre, und meine Beziehung zu Bruce war fest und glücklich. Er produzierte Spielshows fürs Fernsehen und beschäftigte sich mit Computern. Wir hatten ein Segelboot und reisten viel. Wir kauften ein Haus (»reizend, renovierungsbedürftig«) und gingen Freundschaften ein, die bis heute andauern. Andy kam zur Welt, hübsch, fröhlich, ein wahrer Wonneproppen. Andy wurde größer, und uns ging es gut. Ein Jahr später zogen wir nach Los Angeles. Es war ein Sprung auf der Karriereleiter für Bruce – eine Chance, die er nicht auslassen durfte.

Die nächsten zwei Jahre liefen gut für uns. Wir lebten uns in unserer neuen Umgebung ein, Andy fand seine eigene neue Welt, und wir lernten neue Leute kennen. Dann wurde ich schwanger. Wir waren glücklich.

Im November 1979 kam Betsy Alison Burmester zur Welt. Schon als ich sie das erste Mal sah, machte ich mir Sorgen. Irgendetwas stimmte nicht. Die Apgar-Werte* waren tadellos, und der Kinderarzt sagte: »Scheint alles o.k. zu sein.« Aber ich wußte, Betsy war nicht in Ordnung. Sie war nicht rosig, sondern grau, sie konnte nicht saugen und hatte einen schwachen Muskeltonus. Ich schlüpfte ins Schwesternzimmer, um einen Blick auf ihre Karteikarte zu werfen und einen Anhaltspunkt dafür zu finden, was nicht in Ordnung sein könnte.

Zwei Wochen nachdem wir Betsy heimgeholt hatten, hörte sie auf zu atmen. Wir stürzten in die Notfallaufnahme, und Betsy blieb im Krankenhaus. Nach vielen Tests ohne schlüssige Ergebnisse nahmen wir sie mit einem Überwachungsgerät nach Hause. Diese Maschine registrierte den Herzschlag und schlug Alarm, wenn Betsy aufhörte zu atmen. Für uns begann ein langer Weg von Test zu Test, von Spezialist zu Spezialist, und wir sahen, wie sich unser Leben dramatisch veränderte.

≡ Stephanie und Emma Rose

Ich bin in Kalifornien geboren und aufgewachsen; ich war das älteste von vier Kindern. Wir sind oft umgezogen, aber wir lebten immer in der Nähe eines Colleges oder einer Universität, als mein Vater noch studierte und später, als er am College unterrichtete. Unsere ganze Familie wurde stark von seinen Interessen beeinflußt und in viele der politischen, sozialen und Selbsterfahrungsbewegungen der sechziger Jahre hineingezogen. Wir bildeten Menschenketten, gingen zu Rockfestivals und waren große Anhänger der Transzendentalen Meditation. Obwohl wir zeitweise sehr arm waren und immer im Umzug begriffen zu sein schienen, verstand es meine Mutter, ein liebevolles und stabiles Umfeld zu schaffen.

---

* Der »Apgar« ist ein Punkte-Schema zur Beurteilung des Gesundheitszustandes eines Neugeborenen unmittelbar nach der Geburt. Beurteilt werden unmittelbar nach der Geburt, sowie nach 5 und 10 Minuten die Herzfrequenz, die Atmung, der Muskeltonus, die Erregbarkeit von Reflexen, und die Hautfarbe. Im besten Fall kann ein Kind 10 Punkte erzielen, weniger als 7 Punkte bedingen weitere Beobachtungen. Der »Apgar« gilt heute eher als grobes Maß.

Meine Kindheitserfahrungen vermittelten mir sehr früh ein Bewußtsein für die sozialen und politischen Themen in unserem Land. Meine Familie half mir, Werte und Prinzipien zu entwickeln, die in unserer Kultur nicht immer beliebt sind, mir jedoch gut taten, besonders als ich dann selbst eine Familie gründete. Ich wollte immer nur Mutter sein, eine Rolle, die ich in vielerlei Hinsicht zutiefst befriedigend finde.

Mit 22 lernte ich Paul kennen. Wofür ich am dankbarsten in meinem Leben bin, ist die Tatsache, daß wir uns gefunden haben und heirateten. Wir hatten beide das untrügliche Gefühl, daß wir von einer Vorsehung zueinander geführt wurden. Paul ist ein Mensch von großer Stärke, Entschlossenheit und Geschicklichkeit, aber was ich am meisten an ihm bewundere und liebe, ist seine Fähigkeit, andere zu lieben und für sie zu sorgen.

Wir waren zwei Jahre verheiratet, als ich schwanger wurde. Wir freuten uns sehr darüber. Wir wollten eine Hausgeburt, da eine normale Schwangerschaft unserer Meinung nach nicht wie eine Krankheit behandelt werden sollte, die einen Krankenhausaufenthalt erfordert. Wir fanden ein paar Bücher über alternative Geburt und eine Entbindungsstation, die sich auf Hausgeburten spezialisiert hatte. Paul war bei allem dabei.

Am 30. September 1980 kam Emma Rose zur Welt. Nach einer unerwarteten Steißgeburt atmete sie gut, aber ihr Körper war schlaff, und sie schrie nicht. Durch den Apgar-Test ist sie voll durchgefallen. Ich habe vergessen, welcher Punktwert es war; ich glaube, es war das erste Mal, daß ich ein Testergebnis abgelehnt habe.

Emma sah sehr schön aus. Sie hatte rotes Haar und ein hübsches, zartes Gesicht. Ihre Haut schimmerte blaßrosa. Ihr erster Laut war ein leises »waa«. Sie trank nicht, statt dessen drückte sie die Unterlippe mit einem Gesichtsausdruck nach vorn, der mich stutzig machte. Sie zeigte keinen Saugreflex oder konnte es einfach nicht, und mir kam es so vor, als sei sie ärgerlich darüber, daß man sie zwang, es zu versuchen.

Unser Kinderarzt kam, um Emma zu untersuchen, und stellte ein gebrochenes Schlüsselbein fest – nicht ungewöhnlich bei Steißgeburten –, vermutlich eine Hüftdysplasie und eventuell ein Herzgeräusch. Am meisten war er jedoch wegen des fehlenden Muskeltonus und ihrer Unfähigkeit zu trinken besorgt, deshalb riet er uns, sie sofort ins Krankenhaus zu bringen.

Plötzlich, nach dem intensiven Erlebnis der Hausgeburt und der hektischen Aktivität, waren alle weg. Statt unsere neue Gemeinschaft zu dritt zu erleben und zu genießen, waren mein Mann und unser Kind im Krankenhaus, und ich saß mutterseelenallein zu Hause, überwältigt von

Traurigkeit. Auf einmal hatten sich alle unsere schön ausgemalten Erwartungen in Luft aufgelöst. Emma hatte uns die erste und wichtigste Lektion erteilt: sie als einzigartiges Wesen anzunehmen und zu lieben.

Sie blieb für neun Tage zur Beobachtung und Untersuchung im Krankenhaus. Die Ärzte führten alle Tests durch, die ihnen zur Verfügung standen. Aber sie fanden keine Erklärung für ihren Zustand, und einige Spezialisten sprachen von möglicher Retardierung und neurologischem Trauma. In all diesen schwierigen Tagen hatten wir, was Emma angeht, ein gutes Gefühl – nicht weil wir ihre gesundheitlichen Probleme geleugnet hätten, sondern weil wir sicher waren, daß sie auf ihre ganz eigene Weise schon o.k. war. Nach einer Woche bemerkten wir, daß sie viel lebhafter war und stärker reagierte, wenn man sie aus dem Brutkasten nahm. Deshalb baten wir darum, sie draußen zu lassen. Daraufhin verbesserte sich ihr Trinkverhalten, und sie konnte schließlich entlassen werden.

Sechs Wochen später diagnostizierte man bei ihr eine Chromosomenstörung ähnlich dem Prader-Willi-Syndrom, aber niemand konnte uns sagen, wie es auf lange Sicht mit ihr weitergehen würde.

≡ Janet und Ryan

In meinem Leben gab es viele kulturelle Einflüsse. Die Eltern meines Vaters kamen aus Griechenland und Mexiko, die Eltern meiner Mutter aus Puertorico. Mutter hatte sieben Geschwister, Vater drei. An jedem Wochenende traf sich die Familie, mal bei den einen, mal bei den anderen. Es gab fast nichts, was nicht gefeiert wurde; Feiern ist deshalb ein wesentlicher Teil meiner Familiengeschichte, und ich habe auch heute noch die Einstellung, daß man lebt, um zu feiern. Wir hatten säckeweise Taufen, Erstkommunionen, Schulabschlüsse, Geburtstage, Polterabende und Hochzeiten. Ich stelle mir diese Erlebnisse gerne als einen Vorrat an schönen Erinnerungen vor – für Zeiten, wenn das Leben kein Zuckerschlecken ist, und für Tage der Besinnung und des stillen Gedenkens.

Mein Vater arbeitete für eine der großen Telefongesellschaften – vor allem im Marketing, seine wahre Liebe jedoch gehörte dem Entertainment. Er tanzt immer noch wie Fred Astaire, er ist ein echter Gentleman und dazu einer der herzlichsten Menschen, den Sie sich vorstellen können.

Mutter blieb zu Hause, um uns fünf – drei Mädchen und zwei Jungen – großzuziehen. Sie kochte phantastisch, einer der Hauptgründe dafür, daß alle unsere Freunde gerne bei uns herumlungerten. Sie und Vater gaben sich alle erdenkliche Mühe, uns soviel wie möglich zu bieten. Über Geld sprachen sie nie mit uns, aber bei fünf Kindern, die alle kirchliche Schulen besuchten und Zahnspangen trugen, kann nicht viel für sie selbst übriggeblieben sein.

Ich ging in eine kirchliche Schule und – es geniert mich, es zuzugeben – spielte viermal hintereinander die Jungfrau Maria bei der Weihnachtsfeier. Obwohl ich schon vor Jahren gelobt hatte, Nonne zu werden, versicherte mir Schwester Marie Louise, ich könnte in der Tat alles mögliche werden, aber ganz gewiß keine Nonne.

Musik und Kunst waren mir immer sehr wichtig. Ich lernte ganz ernsthaft Klavier spielen (im Alter von 13 Jahren hatte ich sogar sechs Schüler) und erhielt schließlich ein 2-Jahres-Stipendium für das Musikstudium. Dann änderte ich meine Pläne. Ich lernte Chris kennen, einen liebenswerten, zurückgezogen lebenden Genius, der eine Klasse über mir war. Am Anfang dachte ich, er sei vielleicht etwas zu ruhig für mich, aber er sagt, er habe vom ersten Augenblick an gewußt, daß ich die richtige sei. Das höre ich gern. Nach unserer Heirat arbeitete ich für eine große Fluggesellschaft, und wir waren dauernd in den Lüften. Von einer Minute auf die andere warfen wir ein paar Sachen in die Tasche, und los ging's. In den ersten drei Jahren kosteten wir alles aus, und ich bin froh, daß wir diese Zeit hatten, danach hatten wir eine Weile überhaupt keine mehr.

Chris ging zurück auf die Universität, machte einen Abschluß als Betriebswirt und wurde als Finanzanalyst bei einer großen Telefongesellschaft angestellt. Wir kauften ein Haus, und ein Jahr später kündigte sich unser sorgfältig geplanter Beginn der Elternschaft an. Alle waren wie elektrisiert. Wir waren beide die ältesten Geschwister in unseren Familien; unser Baby würde das erste Enkelkind, die erste Nichte oder der erste Neffe sein.

Meine Schwangerschaft verlief bilderbuchmäßig. Wir tapezierten und fließten das Bad, ich bemalte die Wände des Kinderzimmers von Hand mit Disneyfiguren. Wir kauften Möbel und hängten Gardinen auf, ich saß in einem übergroßen Schaukelstuhl und wartete auf das Wunder der Geburt.

12. November 1979. Es ist ein Junge! Ryan Christopher Dieterle. Alle meine Träume waren wahr geworden. Und dann breitete sich auf einmal Stille im Kreißsaal aus. Der Gynäkologe verkündete, unser Baby habe ein paar Probleme: eine Gaumenspalte, Klumpfüße, eine seitliche Rückgratverkrümmung, einen sehr kleinen Kiefer und ein fliehendes Kinn.

Ich bekam einen Schock. Mein Körper begann, unkontrollierbar zu zucken. Die Schwestern deckten mich zu und nahmen Ryan hastig weg, noch bevor ich überhaupt Gelegenheit hatte, seinen dunklen Körper zu berühren. Für mich war eine Welt zusammengebrochen. Chris und ich, wir hielten uns in den Armen und weinten.

Chris folgte den Ärzten und Ryan überall hin und kam immer wieder ins Zimmer zurück. »Es geht Ryan gut. Wir versuchen nur, ihn zu stabilisieren«, sagten sie. Ich hatte genügend Ärztefilme im Fernsehen gesehen. Ich wußte, daß es kein gutes Zeichen war, wenn jemand stabilisiert werden mußte.

Was ging hier vor, und warum war das passiert?

Am nächsten Tag kamen die Genetiker. Man sagte uns: »Wir glauben, er hat eine seltene Anomalie, das sogenannte Pierre-Robin-Syndrom. Das Wichtigste ist jetzt, daß Sie Verbindung zu Spezialisten aufnehmen, die dafür sorgen, daß er alles bekommt, was er aus medizinischer Sicht braucht. Im Augenblick kann er schlecht Luft holen, da er eine schmale Luftröhre hat. Deshalb haben wir einen Tubus gelegt, um ihm beim Atmen zu helfen. Sein Kinn wird wohl noch ein bißchen wachsen, und seine Zunge wird sich noch etwas nach vorne bewegen, dann fällt ihm das Atmen leichter. Vermutlich kann er in ein paar Wochen nach Hause.«

An diese Worte klammerte ich mich; ich zählte die Tage, die Stunden, die Minuten. Sein Zustand verbesserte sich anscheinend nicht, aber ich fragte trotzdem jede Stunde nach. Endlich nahmen sie ihm den Schlauch aus dem Hals, aber Ryan hielt es ohne diesen nicht aus. Er verfärbte sich, und man mußte ihm ein paarmal einen Klaps versetzen, um ihn zum Weiteratmen zu bringen. Dann mußten sie ihm erneut den Tubus legen. Das Wechselbad der Gefühle nahm seinen Anfang.

Am nächsten Tag konnte ich Ryan das erste Mal in den Arm nehmen. Die Schwestern ermahnten mich, auf dieses und jenes Kabel zu achten und vorsichtig mit den Schläuchen zu sein, die in den Venen an seinem Kopf steckten. Ich zwang mich zu einem freundlichen Lächeln, obwohl mir nicht im mindesten danach war. Sobald ich ihn im Arm hatte, liebte ich ihn. Aber ich mußte darum kämpfen, ihm nahe sein zu dürfen, denn die Situation war wirklich ernst.

Ich konnte das Krankenhaus verlassen, aber ich war 12–15 Stunden am Tag dort. Chris kam jeden Abend nach der Arbeit ins Krankenhaus und verbrachte das ganze Wochenende mit mir zusammen dort. Er hatte sich eine Woche freigenommen für unsere erste gemeinsame Woche als Familie. Aber sein Urlaub war bald vorbei.

Wie ein kleines Kind wünschte ich, jemand würde mir sagen, daß das nicht geschehen war, daß ich mir das alles eingebildet hätte. Aber ich wußte, es war wahr, und ich konnte es kaum ertragen. Chris und ich, wir weinten viel während dieser Zeit. Eines Tages, Ryan war etwa zwei Wochen alt, waren Chris und ich über den Brutkasten gebeugt, und Chris sagte: »Es ist verdammt schwer, sich auf die Arbeit zu konzentrieren. Manchmal möchte ich alles liegen- und stehenlassen und hierher kommen, um Ryan in den Arm zu nehmen.« Chris' Liebe zu Ryan war so intensiv. Ich wußte, sie hatten eine tiefe Beziehung zueinander. Er hatte eine Beziehung zu unserem Sohn, wie ich sie nicht hatte. Ich hatte schreckliche Angst, daß ich Ryan verlieren könnte, und ich versuchte so, mich vor noch mehr Kummer zu schützen.

Es war eine furchtbar anstrengende Zeit. Meistens konnten wir nichts weiter tun als dasitzen und Ryan beim Kampf um den nächsten Atemzug beobachten. Wir wollten ihn so gerne auf unseren Knien schaukeln, aber wir durften ihn nur ganz vorsichtig hochnehmen wegen all der Kabel und auch immer nur für wenige Minuten.

Die Tage waren lang; manchmal wurden sie durch Besuche von Freunden oder Verwandten unterbrochen. Wenn andere da waren, habe ich immer nur das Positive in Ryan gesehen, weil sie so traurig dreinschauten und nicht zu wissen schienen, was sie sagen sollten. Ich hatte das Gefühl, ihnen versichern zu müssen, daß es langsam besser würde, obwohl es in Wirklichkeit düster aussah. Meine Eltern kamen jeden Tag, sie waren eine echte Hilfe, weil sie sich immer nur auf den Augenblick konzentrierten.

Ich saß stundenlang am Inkubator, hielt Ryans kleine Hand und wartete. Jeden Tag brachte ich ihm frische Sachen zum Anziehen. Ryan wurde über eine Sonde ernährt, ein Schlauch, der – je nachdem was am betreffenden Tag leichter ging – über Mund oder Nase eingeführt wurde. Er sah aus wie ein Fisch auf dem Trockenen, der flehentlich darum bat, wieder ins Wasser geworfen zu werden, damit es ihm besser ginge. Seine Farbe veränderte sich von bleich nach dunkelgrau und umgekehrt. Ich machte Photos. Ich beobachtete die Monitore und übernahm den größten Teil der Pflege. Ich war eine von wenigen Müttern, die so wachten. Die Schwestern erzählten mir, daß viele Mütter Schwierigkeiten hätten, diesen Raum zu betreten und ihre Kinder in dieser Verfassung zu sehen. Ich hielt es für ungewöhnlich, ein Baby in einer solchen Situation allein zu lassen, dennoch konnte ich diese Gefühle verstehen. Eine der Schwestern kritisierte die anderen Mütter heftig, ich sagte ihr: »Wissen Sie was, Sie haben nicht das Recht, über sie zu urteilen. Sie tun, was sie können.«

Einen Monat später verließ ich das Krankenhaus für ein paar Stunden und ging mit meiner Mutter einkaufen. Es tat gut, einmal herauszukommen. Im Krankenhaus hatte ich immer mehr das Gefühl zu ersticken. Ich fühlte mich zehn Jahre jünger, als ich zurückkam, um Ryan zu füttern.

Drei Schwestern standen auf dem Flur und unterhielten sich. Eine Schwester war im Säuglingszimmer und fütterte ein Kind auf der anderen Seite des Raumes. Ich warf einen Blick auf Ryan in seinem Brutkasten. Irgend etwas war nicht in Ordnung. Sein Körper war gegen das Kopfende des Brutkastens gedrückt. Ein Tubus steckte in seinem Mund, so ein Ding, das man benutzt, um Kinder abzusaugen, die zuviel Schleim in der Lunge haben.

Ich griff in den Brutkasten. Ryans kleiner Körper war kalt, weiß und schlaff. Er atmete nicht. »Ryan ist tot!« schrie ich. »Ist denn hier niemand?«

Schwestern rannten herbei. Eine brachte mich in ein kleines Zimmer. »Sie müssen jetzt fest an Ryan denken. Er braucht Ihre Gedanken mehr denn je. Sie kümmern sich um ihn, versuchen, ihn wiederzubeleben, und Sie müssen für ihn beten.« Ich begann, unkontrollierbar zu zittern. Was geschah nun? Konnten sie ihn retten? Ich hatte das Gefühl, in ein Loch zu fallen.

Eine Schwester erschien in der Tür. »Ryan atmet wieder. Wir haben ihn zurückgeholt, Gott sei Dank.« Ich ging ins Säuglingszimmer und nahm ihn hoch. In diesem Augenblick spürte ich das Band zwischen uns, die tiefe Beziehung, gegen die ich mich so lange gewehrt hatte. Niemals würde ich ihn gehen lassen.

Am nächsten Morgen trafen wir den Arzt und einen ganzen Trupp Fachpersonal im Krankenhaus. »Wir haben nicht viel Zeit. Wir müssen sofort einen Luftröhrenschnitt machen, um Ryans Leben zu retten.«

Wir gingen zur Kinderintensivstation. Da lag mein winziges Baby, das bei der Geburt über sechs Pfund gewogen hatte und jetzt auf fünf Pfund heruntergerutscht war. Sein Muskeltonus und seine Reflexe waren sehr viel schwächer geworden; sein Hals war ganz dünn, und er sah immerzu erschöpft aus von seinem Ringen nach Luft.

Zwei Stunden nach der Operation war Ryan ein anderes Kind. Sein Atem ging ruhig, und obwohl er müde war, hatte er einen wacheren Blick auf die Welt um ihn herum. Seine Haut schimmerte rosa. Er ruderte mit Armen und Beinen, seine Augen waren weit offen und sein Gesicht entspannt.

Der Arzt war sehr ernst und sagte: »Ich denke, er wird die Trachealkanüle ein Jahr lang tragen müssen.« »Ein Jahr? Kein Problem«, sagten Chris und ich wie aus einem Mund. Wir waren überglücklich, ja eupho-
risch, denn wir hatten gedacht, er würde sterben. Wir waren so froh, daß
wir alle Leute, die wir kannten, anriefen und zum Essen ausgingen.

Ich hatte mich so vor der Tracheotomie gefürchtet, aber als ich
dann den friedlichen Ausdruck in Ryans Augen sah, als er endlich Luft bekam, fragte ich mich, warum sie damit so lang gewartet hatten. Jetzt fühlte
ich mich auch wie eine Mutter. Chris und ich, wir waren aus dem Häuschen
vor Freude; wir empfanden ein unbeschreibliches Glück. Unsere Sorgen
hatten ein Ende. Aber was wußten wir schon.

Teil I
Die vier Stadien der Anpassung

Die Idee der vier Phasen

Während der Diskussionen für dieses Buch blickten die vier Mütter zurück und versuchten, vorauszuschauen. Sie stellten viele Fragen, die sie selbst betrafen: Inwiefern sind sie anders als »damals«? Wodurch wurden diese Veränderungen erleichtert oder erschwert? Sind die Veränderungen auf die Fortschritte der Kinder zurückzuführen, oder sind sie Zeichen einer persönlichen Entwicklung, die mit dem Zustand der Kinder nichts zu tun hat? Wie haben sich in ihren Augen die Erfahrungen mit ihren Familien und Freunden, der Umgang mit Fachleuten und ihre Reaktionen auf die Einstellungen der Gesellschaft gegenüber Behinderungen verändert, seit ihre Kinder zur Welt kamen?

Ich hatte kein vorgefertigtes Modell, um die Veränderungen zu beschreiben, die sie erfuhren. Erst nach vier Jahren beobachtender Teilnahme an ihrem Leben, nach unzähligen Diskussionen in der Gruppe und mit den einzelnen Frauen und nach häufigem Lesen der Abschriften unserer Gespräche kam dieses spezifische Muster zum Vorschein. Anfangs widerstrebte mir das Konzept der »Stadien«, denn es handelte sich nicht um klar abgegrenzte Phasen, die, wenn man sie erst einmal hinter sich gebracht hatte, bewältigt und abgehakt waren. Aber es gab eindeutige Veränderungen: Alle Mütter hatten das Gefühl, mehr Kontrolle über ihr Leben zu besitzen, ihr Selbstvertrauen und ihre elterlichen Fähigkeiten waren gewachsen, ihr Leben verlief ausgeglichener, sie sahen anders in die Zukunft. Diese Frauen hatten sich an ihr Leben als Mütter von behinderten Kindern in einer Weise angepaßt, die sie als positiv und erfüllend empfanden. Diese vier Mütter waren zufrieden mit sich und ihrem Leben. Sie waren weit entfernt von den ängstlichen, traurigen, verwirrten Muttis, die ich vor sechs Jahren kennengelernt hatte.

Ich habe lange hin- und herüberlegt, wie man das Muster nennen könnte, das wir beobachtet hatten, und beschloß, daß »Stadien der Anpassung« den Prozeß am besten beschrieb, den die Mütter durchmachten. Offenbar gibt es vier verschiedene Stadien, die ich »Überleben«, »Suchen«, »Normalisierung« und »Trennung« genannt habe. Im allgemeinen treten sie in dieser Reihenfolge auf, allerdings kommt nicht eines nach dem anderen zum Vorschein, jedes zu seiner Zeit sozusagen, sondern sie sind immer alle gleichzeitig im Hintergrund vorhanden. Zu einem bestimmten Zeitpunkt werden ein oder zwei aktiviert und treten als vorübergehender Zustand in den Vordergrund. Zum Beispiel, wenn ein Elternteil, das sich in der Phase der »Normalisierung« befindet und das Leben weitgehend »im Griff« hat, überraschend damit konfrontiert wird, daß sein Kind operiert werden muß. Dann wird das Stadium »Suchen« reaktiviert: Die Eltern suchen nach Chirurgen und weiteren Expertenmeinungen; sie versuchen, Urlaub zu bekommen. Vielleicht tauchen auch die Gefühle wieder auf, die sie zu Beginn des Stadiums »Überleben« hatten: Angst, Sorge, Verwirrung, Hilflosigkeit. Aber dieses Mal sind den Eltern diese Gefühle bereits vertraut; sie wissen, daß sie vorübergehen, sie wissen, wo sie Trost oder Hilfe finden. Sie haben ein Unterstützungsnetzwerk, im Gegensatz zum Gefühl des Alleinseins am Anfang. Die vordergründigen Zustände kommen und gehen. Sie können von Ereignissen oder Erinnerungen hervorgerufen werden, die mit dem Kind zu tun haben, oder wenn sich ein Elternteil müde oder krank fühlt oder zeitweise unter Stimmungsschwankungen leidet. Diese vordergründigen Zustände bedeuten nicht das Ende des Fortschritts, Rückschritte oder etwas Krankhaftes. Normalerweise sind es Reaktionen, die sich mit Hilfe einer Bewältigungsstrategie oder im Laufe der Zeit auflösen. Ein aktiviertes Stadium kann für Tage oder Wochen (manchmal noch länger) im Mittelpunkt stehen, häufig tritt es jedoch nur für ein paar Minuten in den Vordergrund.

Das Konzept der vier Stadien der Anpassung beschreibt nicht nur, was sich im Leben dieser vier Mütter abgespielt hat, sondern es half mir auch, einen für mich nachvollziehbaren, regelhaften, optimistischen, normalen Anpassungsprozeß zu begreifen, den vermutlich die meisten Familien mit behinderten Kindern durchlaufen. Wenn ich an andere Familien denke, mit denen ich arbeite oder die ich in den vergangenen 25 Jahren kennenlernen durfte, erlaubt dieses Modell ein neues Verständnis und eine andere Sichtweise der inneren Kräfte, die Eltern für ihre Anpassung nutzen.

Als nächstes werden die vier Stadien kurz vorgestellt, im Detail beschreibe ich sie dann in den nachfolgenden Kapiteln.

≡ Das Überleben

Überleben nennt man die Form des Weiterlebens, während Sie sich absolut hilflos fühlen, weil etwas, das völlig außerhalb Ihrer Kontrolle liegt, Ihr Kind bedroht. Diesen Schock zu überwinden äußert sich bei jedem Menschen anders; es kann eine Woche dauern oder Jahre. Manche dieser Gefühle sind ein Leben lang unterschwellig vorhanden, andere werden von absehbaren Ereignissen oder von unerwartet auftauchenden Erinnerungen ausgelöst. Überleben bedeutet reagieren und handeln; dazu gehört eine Vielzahl von unangenehmen Gefühlen, zum Beispiel Angst, Verwirrung, Schuld, Vorwürfe, Scham und Wut. Die Gefühle, die Sie und Ihr Partner empfinden, können unterschiedlich sein und zu verschiedenen Zeiten auftreten; manche kommen vielleicht nur bei einem von Ihnen vor.

Es gibt keinen einfachen Weg durch dieses Stadium, aber Sie können es sich leichter machen, wenn Sie sich ein paar Dinge zu Herzen nehmen: Die Gefühle, die Sie empfinden, sind ganz normal. Denken Sie in all der Zeit auch an sich selbst, und nehmen Sie Hilfsangebote von Freunden an.

Sie durchleben dieses Stadium auf Ihre Weise und Sie brauchen Ihre Zeit. Viele Eltern erinnern sich später an bestimmte Wendepunkte – als sie das erste Mal wieder ein Gefühl von Kontrolle, Optimismus und Hoffnung verspürten. Dann wußten sie, daß sie überlebt hatten.

Wenn man sagen kann »Ich habe überlebt«, heißt das »Ich habe durchgehalten. Ich habe mich behauptet. Ich habe gewonnen.« Es heißt auch, sein Leben entschlossen und mit Energie weiterzuleben, immer in der Zuversicht, daß man irgendwie eine Möglichkeit findet, damit fertigzuwerden.

≡ Das Suchen

Das zweite Stadium ist Suchen. Sie werden wahrscheinlich Ihr Leben lang mit diesem Kind immer wieder Phasen des Suchens durchlaufen. Es gibt zwei Arten der Suche – eine nach außen gerichtete und eine nach innen gerichtete. Die äußere Suche beginnt mit den Fragen: »Was ist nicht in Ordnung mit meinem Kind?« und »Läßt es sich heilen?« Die äußere Suche setzt ein, während Sie noch mit dem Überleben beschäftigt sind. Sie besteht in der Suche nach der Diagnose und den zuständigen Beratungs- und Betreuungseinrichtungen.

Die innere Suche beginnt, wenn Sie zum ersten Mal Fragen anderer Art stellen: »Warum?« oder »Was bedeutet das für mein Leben, meine Partnerschaft, meine anderen Kinder?« Innere Suche bedeutet, in seine Rolle als Mutter oder Vater eines behinderten Kindes hineinzuwachsen. Wie die nach außen gerichtete Suche setzt auch die innere ein, während Sie sich noch in der Überlebensphase befinden, und sie kann noch lange darüber hinaus anhalten. Die innere Suche ist der Versuch zu verstehen. Ihr Leben hat sich verändert, und Sie haben nicht gerade das Gefühl, viel Kontrolle darüber zu besitzen. Sie stellen fest, daß Sie Ihre eigene Einstellung zum »Anderssein« hinterfragen, und Sie achten mehr und mehr auf die Haltung der Gesellschaft gegenüber Menschen mit Behinderungen. Ihre Prioritäten verschieben sich allmählich, Beziehungen zu Freunden können sich verändern. Pläne, wieder arbeiten zu gehen, weitere Kinder zu haben, aufs Land zu ziehen, werden umgeworfen oder neu überdacht. Was bedeutet das für Sie?

Manche Eltern werden von diesen neuen Aufgaben eingeschüchtert; sie fühlen sich davon überrollt und überfordert. Andere sind hochmotiviert, voller Energie; sie haben das Gefühl, gebraucht zu werden, und finden darin ihre Erfüllung. Viele werden von widersprüchlichen Gefühlen hin- und hergerissen. Jede Mutter, jeder Vater ist anders. Es gibt in dieser Situation keine richtigen oder falschen Gefühle; Gefühle können sich verlagern oder verändern. In ein paar Wochen, Monaten oder Jahren empfinden Sie womöglich ganz anders als heute. Bei manchen Eltern hat die innere Suche keine größeren persönlichen Konsequenzen; für andere ist sie ein langer, schwieriger Prozeß, der unter Umständen dramatische Veränderungen im Lebensstil und in der Lebenseinstellung nach sich zieht.

≡ Die Normalisierung

Die Normalisierung ist das dritte Stadium im Anpassungsprozeß. Irgendwann nimmt die äußere Suche weniger Zeit in Anspruch. Ihr Kind geht in eine geeignete Schule, die erforderlichen Betreuungseinrichtungen sind am Ort. In der Normalisierungsphase sind die Problemfelder abgesteckt, Sie »schaukeln« den Terminkalender Ihres Kindes und Ihr Familienleben; Sie beginnen, viele Dinge anders zu sehen. Die äußere Suche nimmt ein zeitweiliges Ende und – was noch wichtiger ist – Ihre Einstellung dazu nimmt gemäßigte Formen an. Das atemberaubende Tempo läßt nach. Sie bemerken, daß Veränderungen Zeit benötigen und daß Sie es mit einem lebenslangen Prozeß zu tun haben. Sie bemerken, daß Ihre anderen Kinder mehr Aufmerksamkeit von Ihnen brauchen. Vielleicht möchten Sie jetzt wieder arbeiten, studieren oder noch ein Kind haben. Vielleicht merken Sie, daß Sie Ihre Beziehung zu Ihrem Partner auffrischen oder daß Sie Ihre Energien besser verteilen sollten.

Sie haben neue Fähigkeiten erworben. Sie besitzen mehr Information, mehr Selbstvertrauen, mehr Durchsetzungsvermögen. Wenn Sie Hilfe benötigen, können Sie auf ein Netzwerk von Menschen zurückgreifen, die Sie nur anzurufen brauchen.

≡ Die Trennung

Irgendwann tritt das vierte Stadium, die Trennung, als nächster Lebensabschnitt ins Blickfeld. Natürlich beginnt das Loslassen eigentlich schon bei der Geburt; es ist ein normaler Vorgang, der sich in winzigen Schritten fortschreitend durch die ganze Kindheit zieht. Bei einem behinderten Kind kann es jedoch notwendig sein, diesen Ablauf anders zu steuern oder zu verlangsamen. Kinder mit körperlichen oder geistigen Behinderungen sind häufig nicht dazu in der Lage, den Loslösungsprozeß in Gang zu bringen; die Eltern müssen ihren Kindern dann dabei helfen, unabhängig und selbständig zu werden. Oder es kann länger dauern, bis die Kinder die nötigen Fertigkeiten erworben haben – sei es, daß sie mehr körperliche Unterstützung brauchen oder daß sie das Gelernte öfter wiederholen müssen.

Und Ihr Teil am Trennungsprozeß – das Loslassen – muß auch stattfinden. Es ist so schwer, sich zurückzuhalten, das Risiko einzugehen, daß das Kind einen Fehler macht oder unsicher wird. Wenn Ihr Selbstbewußtsein, Ihr Selbstwertgefühl und Ihr Bedürfnis, gebraucht zu werden, eng mit dem Alltag Ihres Kindes verwoben sind, kann es noch sehr viel schwerer sein, sich zurückzuhalten. Loslassen wird dann wieder als Verlust empfunden und von Trauer begleitet.

»Normale« Kinder werden groß und gehen aus dem Haus – sie lösen sich von selbst. Bei Kindern mit Behinderungen müssen Sie den Ablösungsprozeß in Gang bringen, Sie müssen ihn planen, den richtigen Zeitpunkt erkennen und es geschehen lassen. Es kann sein, daß Ihr Kind regelmäßig oder gelegentlich an Veranstaltungen außer Haus teilnehmen soll – übers Wochenende, in den Ferien oder bei einer Klassenfahrt. Vielleicht profitiert Ihr Kind auch von einer Schule mit Internat oder von einer betreuten Wohngruppe. Die Entscheidungen zur Trennung fallen bei einem behinderten Kind zu anderen Zeitpunkten als bei anderen Kindern, und Ihre Pläne müssen unter Umständen den sich ändernden Bedürfnissen und den Fähigkeiten Ihres Kindes angepaßt werden.

Möglicherweise haben Sie mit einem behinderten Kind nicht so viele Trennungssituationen zu bewältigen wie normale Familien. Es geht nicht so oft zum Spielen zu anderen Kindern nach Hause oder will bei Freunden über Nacht bleiben oder Verwandte besuchen, wie das bei Kindern sonst der Fall ist.

Die Trennung ruft bei Ihnen wieder ähnliche Gefühle hervor wie die Überlebensphase: Schuld, Trauer und Hin- und Hergerissensein. Die nach außen und die nach innen gerichtete Suche verstärken sich. Und wenn Ihr Sohn oder Ihre Tochter das Haus verläßt, studiert oder aus irgendeinem anderen guten Grund weggeht, werden Sie sich wieder einzurichten wissen und einen neuen Platz im Leben Ihres Kindes einnehmen. Und das Leben geht weiter.

Die beschriebenen Stadien werden hier zwar so dargestellt, als ob sie sich linear nach- und auseinander entwickelten, in Wirklichkeit bilden sie ein dynamisches, zusammenhängendes System. Die Aufgaben der einzelnen Stadien überlappen sich und die Probleme, denen Sie sich in der Suchphase gegenübersehen, können Gefühle wiederkehren lassen, die Sie während der Überlebensphase hatten. Sie können durchaus zur Normalität gefunden haben, aber das Ende eines Förderprogramms oder ein gesundheitlicher Rückschlag bei Ihrem Kind wirft Sie unter Umständen wieder zurück in das Stadium der äußeren und inneren Suche. Und das erneute Suchen führt möglicherweise wieder zu den unangenehmen Gefühlen, die Sie aus der Zeit kennen, als Sie noch ums Überleben kämpften.

Menschliches Verhalten ist zu komplex und zu individuell, um es in einfache Schemen und Formeln zu pressen. Dennoch gibt es eine beträchtliche Menge von Forschungsergebnissen aus den Gebieten Sozialpädagogik, Anthropologie und Psychologie, die viele der Gedanken belegen, die in diesem Buch im Hinblick auf behinderte Kinder und ihre Familien und auf die normale körperliche und geistige Entwicklung von Kindern und Erwachsenen vorgestellt werden.

Die Überlebensphase

Überleben nennt man die Form des Weiterlebens, während Sie sich absolut hilflos fühlen, weil etwas, das völlig außerhalb Ihrer Kontrolle liegt, Ihr Kind bedroht.

Als Sie erfuhren, daß Ihr Kind spezielle medizinische, pädagogische oder therapeutische Versorgung benötigen würde, fühlten Sie sich wahrscheinlich ziemlich vor den Kopf geschlagen. Sie mußten sich mit etwas Neuem und Erschreckendem befassen und sich auf eine ungewisse Zukunft einstellen. Das erste Stadium dieses Anpassungsprozesses nennen wir Überleben. Jeder überlebt auf seine Weise.

Was ist Überleben?

Jeder überlebt auf seine Weise

Vielleicht wußten Sie schon vor der Geburt, daß Ihr Kind behindert sein würde – durch pränatale (vorgeburtliche) Untersuchungen. Oder Ihnen wurde schlagartig klar: Ihr Kind würde von Geburt an oder infolge eines Unfalls, einer Krankheit behindert sein. Vielleicht haben Sie die Einschränkungen Ihres Kindes auch erst allmählich entdeckt, einen ängstlichen Schritt nach dem anderen, als Zeichen dafür auftraten, daß etwas nicht in Ordnung war. Sie stellten Verzögerungen beim Lernen und bei der Entwicklung fest, ungewöhnliche Verhaltensweisen oder wiederkehrende medizinische Probleme. Vielleicht haben Sie ein Kind adoptiert, von dem Sie wußten, daß es behindert ist, oder Sie heiraten in eine Familie ein und werden so Stiefmutter oder Stiefvater von einem behinderten Kind, oder Ihr Pflegekind hat eine Behinderung.

Es spielt keine Rolle, ob dies Ihr erstes Kind, Ihr einziges, Ihr leibliches, ob es ein Junge oder ein Mädchen ist. Es macht auch keinen Unterschied, ob Sie junge oder alte Eltern oder alleinerziehend sind, ob Sie weiterarbeiten oder zu Hause bleiben wollen.

Die Art und die Schwere der Behinderung Ihres Kindes machen den Umgang damit weder leichter noch schwerer. Eine genaue Diagnose zu haben, ist nicht schwerer zu ertragen als nur zu wissen, das Kind »hat ein Risiko« oder »wird sich langsamer entwickeln«. Wann und wie Sie erfuhren, daß Ihr Kind ein Problem hat, macht den Anpassungsprozeß ebenfalls nicht leichter oder schwerer. Es sind die Einstellung und die Haltung Ihrer Fami-

lienangehörigen, Ihres Bekanntenkreises, Ihrer Kultur- oder Glaubensgemeinschaft, die die Anpassung erleichtern oder erschweren. Durch dieses Anfangsstadium führt kein »einzig richtiger« Weg. Sie brauchen zum Überleben Ihre Zeit und Ihren Weg.

Diane: Sie sagten uns, daß sie teilweise gelähmt sein würde. Aber alle Ärzte und Spezialisten waren sehr positiv gestimmt. Sie sagten, es sei nun mal so, aber man könne einiges tun. Sie würde nie laufen können, aber sie könne einen Rollstuhl benutzen. Wir versuchten, zuversichtlich zu sein. Ich dachte niemals: »Warum ich?« Ich wußte, daß wir am Anfang eines langen Weges standen; wir hatten viele Fragen, auf die es noch keine Antwort gab. Alles, was wir tun konnten, war, eine Sache nach der anderen in Angriff zu nehmen.

Janet: Manchmal träumte ich davon, einfach wegzulaufen. Irgendwo unter falschem Namen neu anzufangen. In jedem Traum ging ich an einen anderen Ort und stellte mir vor, wie es wäre, dort zu leben – Paris, Tahiti, sogar die Antarktis schien mir reizvoll. Keiner würde mich dort ausfindig machen. Diese Gedanken dauerten nur Sekunden, aber sie halfen mir, irgendwie damit zurechtzukommen.

Stephanie: Mit meinem Kind war meine Bereitschaft gewachsen, Verantwortung zu übernehmen. Emma beflügelte mich; sie konnte nur daliegen und lächeln, als ich Kleider für sie nähte und Puppen und Decken für sie machte. Wir hatten keine Ahnung, welche Fähigkeiten sie besaß, und es war sinnlos, sich deswegen verrückt zu machen. Ich wollte ganz einfach nur ihre Mutter sein.

Susi: Mich graut es heute noch, wenn ich an die ersten Monate denke, denn ich erinnere mich an nicht viel mehr als an die blanke Angst. Ich hatte nur noch Angst, die ganze Zeit. Ich erinnere mich an eine andere Mutter, die sagte, sie würde so gerne mal ins Bad gehen, einen Spaziergang machen oder irgendwohin gehen, wo sie nicht dauernd Angst um ihr Kind hätte. Aber es gab keinen solchen Ort.

Sobald Ihnen klar wird, daß Ihr Kind ein gesundheitliches Problem hat, ein solches entwickelt oder die Gefahr besteht, daß es eines entwickelt, beginnen Sie in zweierlei Weise mit der Information umzugehen – Sie agieren und Sie reagieren.

Agieren gehört zum Überleben

Agieren (Handeln) bedeutet hier, tun, was getan werden muß, wenn ein Problem anliegt – selbst wenn es Ihnen so vorkommt, als müßten Sie ein vollaufendes Boot alleine mit einem schweren Eimer ausschöpfen. Sie müssen Entscheidungen treffen, ohne sich ausreichend informiert und sicher zu fühlen. Sie haben mit Spezialisten zu tun, von deren Fachgebieten Sie noch nie gehört haben, deren Empfehlungen Sie nicht verstehen und mit Eingriffen, an deren Notwendigkeit Sie glauben müssen. Es kann sein, daß Sie das alles nicht aushalten oder daß Sie gut damit fertig werden, vielleicht sogar besser als Sie selbst gedacht hätten.

Wenn Sie Ihre neue Rolle als Eltern eines behinderten Kindes übernehmen, wissen Sie normalerweise gar nichts über verzögerte Entwicklung, Chromosomenaberrationen, infantile Zerebralparese, Epilepsie, Schwerhörigkeit, Lernschwäche, Spina bifida, Kiefer-Gaumen-Spalte – um nur ein paar Beispiele zu nennen. Sie kennen vielleicht ein paar Eckdaten der kindlichen Entwicklung, daß Ihr Kind mit etwa sechs Monaten sitzen und mit ungefähr einem Jahr gehen können sollte. Sie wissen auch, daß es ein paar Probleme geben wird (schließlich ist niemand vollkommen), beispielsweise weniger Schlaf, Änderungen im Lebensstil, vermehrte Ausgaben. Sie nehmen an, daß Sie regelmäßig zu den Vorsorgeuntersuchungen gehen, Ihr Kind in den Kindergarten schicken, sich durch Trotzphasen und Töpfchen-Training kämpfen werden. Aber was wissen Sie schon...

In weniger als einem Jahr wurden die vier Mütter, von denen hier die Rede ist, zu einem Expertenteam für Sondenernährung, Absauggeräte, Gaumen-Spalte, Klumpfüße, Kathetergastrostomie, Krankenversicherungsangelegenheiten, Aufnahmeformalitäten im Krankenhaus, Tracheotomie, Herz-Überwachungsgeräte, Milchpumpen, Pavlik-Zügel, Chromosomenaberrationen, Shunts, orthopädische und neurologische Operationen, Blutuntersuchungen, EEGs und so weiter. Sie hatten bei den verschiedensten Spezialisten Rat gesucht: Geburtshelfern, Kinderärzten, Neurologen, Orthopäden, Gastroenterologen, Kardiologen, Stillberaterinnen, genetischen Beratungsstellen, Sozialarbeitern, Krankenschwestern, Notärzten, Laborärzten, Physiotherapeuten, Beschäftigungstherapeuten, Mitarbeitern der Frühförderstellen und vielen anderen Fachleuten mehr. Agieren heißt, nicht lange fackeln, sondern etwas tun. Man hat dabei immer das Gefühl, sich gerade so durchzujonglieren, ohne jedoch einen entscheidenden Schritt weiterzukommen. Das liegt daran, daß Sie Ihre meiste Energie darauf verwenden, mit Ihrer Situation gefühlsmäßig fertigzuwerden, während Sie gleichzeitig an allen möglichen Stellen handeln müssen.

══   Überleben heißt reagieren

Reagieren nimmt Ihnen Kraft und zudem das Gefühl, Kontrolle über Ihr Leben zu besitzen. Sie haben keine Vorstellung, in welcher Richtung es nach dieser Wende in Ihrem Leben weitergehen wird. Sie wissen nicht, was vor sich geht und was als nächstes zu tun ist. Ihre Reaktionen können von Verwirrung über Angst bis zur Lähmung reichen und werden häufig von Gefühlen wie Trauer, Wut, Schuld und Hilflosigkeit begleitet.

Selbst wenn Sie es nicht als unangenehm oder negativ empfinden, daß Ihr Kind behindert ist, gehören zu dieser Erfahrung eine Reihe von Aspekten, mit denen Sie vielleicht nicht gerechnet haben und die Sie unter Umständen frustrieren und enttäuschen. Möglicherweise stellen Sie fest, daß die Betreuungseinrichtungen, die Ihr Kind braucht, nicht ohne weiteres zu erreichen sind, oder daß Familienangehörige und Freunde Sie anfangs nicht unterstützen wollen, oder daß die Probleme Ihres Kindes größer sind, als Sie zunächst dachten. Später, wenn Sie im Überlebensstadium ein Stück weiter sind, werden Sie anders reagieren: mit mehr Selbstvertrauen und mehr Gefühl von Kontrolle. Doch am Anfang ist Ihr seelisches Gleichgewicht noch sehr wackelig, und Sie sind sehr verletzlich; deshalb reagieren Sie überrascht, geschockt, besorgt, wenn Ihnen allmählich klar wird, daß niemand vollkommen ist.

══   **Die Reaktionen in der Überlebensphase**

Die Reaktionen, die ich gleich beschreibe, sind normal und häufig notwendig. Sie sind weder »schlecht« noch »falsch« noch »Zeichen von Schwäche«. Die meisten Menschen, die traurige oder erschreckende Nachrichten erhalten, reagieren so. Sie können alle erlebt haben oder keine davon. Aber niemand, der Ihnen erzählt, Sie sollten nicht so reagieren, war je in der gleichen Situation wie Sie. Niemand hat das Recht, über Ihre Gefühle zu urteilen. Alle diese Reaktionen gehen vorbei, auch wenn sie manchmal länger anhalten als einem lieb ist. Die meisten dieser Gefühle lösen sich auf, wenn Sie bereit sind weiterzumachen und Sie Ihr Leben langsam wieder in den Griff bekommen.

Schock

Das Überleben beginnt mit einem Schockzustand. Schock ist Benommenheit, Ungläubigkeit, Orientierungslosigkeit. Wenn man einen Schock hat, sieht alles »unwirklich« aus. Schock ist eine normale Reaktion auf ein schreckliches Erlebnis (Trauma) oder einen schweren Verlust – das kann ein Todesfall sein, eine Katastrophe oder eine Diagnose. Es ist ein vernichtender Schlag zu erfahren, daß es Ihrem Kind womöglich verwehrt ist, mit einem funktionierenden Körper aufzuwachsen oder mit einem klugen, kreativen Kopf, und daß es nicht die gleichen Aussichten und Möglichkeiten haben wird, zu heiraten, Kinder zu bekommen und so unabhängig zu leben wie die meisten anderen Menschen.

Der Schock ist eine physiologische (körperliche) Reaktion, die Körper und Seele davor schützt, von diesen Erlebnissen überwältigt zu werden. (Man kann auch nicht »beschließen«, keinen Schock zu haben; der Körper nimmt ihn in jedem Fall wahr.) Im Schockzustand sind die Reaktionszeiten oft verlängert; manche Menschen glauben, sie verlören das Gedächtnis (oder den Verstand); es kann zu Extremen kommen, etwa beim Appetit oder beim Schlafbedürfnis; das Unfall- und Verletzungsrisiko ist erhöht.

Streßsymptome

Müdigkeit. Schlafmangel, unruhiger Schlaf und die Sorgen, die Sie mit sich herumschleppen, machen Sie müde. Sie wünschen sich, von der nicht enden wollenden Müdigkeit übermannt zu werden – in Ihr Bett zu kriechen und nie wieder aufzustehen. Sie reißen sich am Riemen, um wieder bis zum Abend durchzuhalten und weiterzumachen. Das einzige, worauf Sie sich freuen, ist Schlaf.

Körperliche Beschwerden. In diesem Stadium treten häufig Kopfschmerzen, Schwindel, Magen- oder Brustschmerzen auf; der Appetit und die Lust auf Sex sind verringert. Auch andere körperliche Beschwerden sind möglich; sie können von Streß verursacht oder verschlimmert werden. Aber selbst wenn Sie glauben, daß Ihre Beschwerden auf den Streß zurückgehen, existieren sie und müssen ernst genommen werden.

Schwächegefühl und Empfindlichkeit. Viele Menschen fühlen sich in dieser Zeit schwach und verletzlich; sie sind empfindlicher als sonst und unberechenbar, was Gefühle und Verhalten angeht. Es kann ein paar Tage gut gegangen sein, und auf einmal brechen Sie mitten im Supermarkt in Tränen aus. Sie fühlen sich nicht nur hilflos in Ihrer gegenwärtigen Situation, Sie sind nicht einmal in der Lage, Ihre eigenen Gefühle und Ihr Verhalten zu erkennen und zu steuern. Es kann passieren, daß Sie sich einen Fingernagel abbrechen, deswegen heulen wie ein Schloßhund, und glauben, endgültig verrückt zu werden.

Susi: Ich konnte ein ganzes Flugzeug voller Menschen evakuieren, aber ich brach zusammen, wenn Betsy ihren Apfelsaft umwarf.

Trauer und Verlustgefühle

Trauer. Vielleicht überkommt Sie Trauer, weil die Träume, die Sie für Ihr Kind, für sich selbst, für Ihren Mann und für Ihre Familie hatten, nun nicht wahr werden können. Die Zukunft, die Sie sich für Ihr Kind ausgemalt hatten, ist in Frage gestellt; Angst und Unsicherheit sind an die Stelle der Wünsche und Hoffnungen getreten. Sie trauern um Ihr Kind, das die gleichen Chancen im Leben verdient wie jedes andere. Sie trauern um die Erfahrungen, die Ihr Kind in seinem Leben nicht wird machen können.

Hilflosigkeit und Einsamkeit. Das Überleben ist ein sehr intensiver, sehr persönlicher Prozeß. Was soll man anderen Menschen sagen? Was erwarten andere von einem? Wenn Sie Glück haben, können Sie mit Ihrem Partner, einem Freund oder jemandem aus der Familie über Ihre Gefühle reden. Aber es gibt Dinge, die betreffen nur Sie, und mit denen müssen Sie alleine fertigwerden. Es ist nicht immer leicht zu entscheiden, wann und wie man andere um Hilfe bitten sollte.

Diane: Ich wartete immer darauf, daß endlich der Wecker klingeln und mich wecken würde. Es war, als ob ich im Nebel umherliefe – an nichts konnte man sich festhalten. Ich sah nicht, wohin ich ging, und ich fühlte mich so allein, obwohl ich wußte, daß da draußen Leute waren, die mir helfen wollten, damit fertigzuwerden.

Niemand kann wirklich verstehen, wie das für Sie ist. Manchmal kommen Sie sich vor wie ein hilfloses Opfer. Sie fühlen sich ausgelaugt und kraftlos, aber Sie müssen weitermachen. Und wenn Sie völlig am Boden sind, müssen Sie stark sein für andere.

Janet: Ich wußte, daß ich stark genug war, aber ich wollte es nicht sein. Als ich zu meiner Mutter sagte, es sei eine Tragödie, antwortete sie: »Es ist keine Tragödie. Es ist schwer, aber es wird besser werden.« Sie erzählte mir, wie stolz Vater und sie auf mich waren. Sie lobte mich, wie gut ich mit dieser schwierigen Situation umging. Aber ich, ich hatte es satt, damit umzugehen.

Traurigkeit. Traurigkeit ist eine normale Gefühlsregung auf Ereignisse, Gedanken oder Geschichten, die die Erinnerung an einen Verlust wecken. Sie können traurig sein wegen der Veränderungen in Ihrem Lebensplan oder Lebensstil, die nun anstehen, oder wegen der Dinge, die Ihr Kind nicht wird tun können, oder weil Sie nicht wissen, wie Sie es Ihren Verwandten und Bekannten mitteilen sollen. Traurigkeit kommt und geht, manchmal hält sie länger an, und es kann passieren, daß Sie völlig unerwartet zu weinen beginnen.

Diane: Als Catherine acht Monate alt war, nahm ich Kontakt zur Spina-bifida-Gesellschaft auf und besuchte eine Mutter mit einem elfjährigen Mädchen. Wir saßen bei ihnen zu Hause, und das Mädchen lief mit den Krücken hin und her. Sie ging in eine normale Schule, lebte ein normales Leben, war hübsch und freundlich. Aber ich sah nur die Krücken. Ich versuchte zwar, auch die vielen normalen Sachen zu hören, aber ich war so traurig, daß meine Gedanken immer nur darum kreisten, daß sie nicht gehen konnte wie andere Kinder. Ihre Mutter sagte: »Da kommen Sie drüber weg. Das Schlimmste sind die Operationen.«

Depression. Eine Depression ist ein anhaltender Gemütszustand, der sich auf den Appetit und das Schlafbedürfnis (zuviel oder zuwenig) auswirkt. Wenn Sie keine Energie haben und sich wie von einer dunklen Wolke umgeben fühlen, kann das ein Anzeichen für eine Depression sein. Eine depressive Verstimmung ist normaler Bestandteil der Trauer; wenn sie jedoch länger anhält, sollte man dringend ärztliche Hilfe suchen.

Wenn Sie traurig sind, wissen Sie: Das geht vorbei. Bei einer Depression glauben Sie, es wird nie vergehen. Wenn Sie traurig sind, können Sie normalerweise trotzdem Ihrer täglichen Arbeit nachgehen. Bei einer Depression sind Sie unter Umständen nicht einmal in der Lage, das Bett zu verlassen.

Janet: Ryan war zehn Monate alt, und ich verkroch mich immer mehr zu Hause. Wenn Chris mich nicht drängte, einmal vor die Tür zu gehen, saß ich einfach nur herum. Wenn meine Familie uns nicht zu Ausflügen abgeholt hätte, ich wäre nicht gegangen. Ich war so depressiv, ich wollte über-

haupt nichts tun. Ich wußte, daß das Leben mehr zu bieten hatte als das hier, aber ich war völlig auf Ryan fixiert. Chris redete nicht viel. Er machte das Essen, und ich sagte: »Ich habe keinen Hunger.« Und er antwortete: »Aber du kannst doch nicht immer nichts essen. Du kannst doch nicht für immer traurig sein. Und sieh doch mal, wie süß Ryan ist.«

Angst und Unsicherheit

Verwirrung und Chaos. Während Sie noch dabei sind, sich an Ihre Situation zu gewöhnen und sehnsüchtig darauf warten, daß sich alles einspielt, daß ein wenig Ruhe und Frieden einkehrt, ist Ihr Leben voller Arzttermine, voller schlafloser Nächte vor Operationssälen oder zu Hause. Und Sie sind immer wachsam – suchen bei Ihrem Kind nach Zeichen, daß doch alles in Ordnung ist oder daß das Problem über Nacht verschwunden ist. Viele Eltern haben das Gefühl, immer weitermachen zu müssen – sie wissen nicht warum, wohin oder für wie lange, aber sie haben Angst davor aufzuhören.

Ungewißheit und zwiespältige Gefühle. Vermutlich sind Sie unsicher und hin- und hergerissen, weil Sie nicht wissen, was falsch und was richtig ist, was man am besten als nächstes tun sollte und weil Sie die Dinge nicht voll unter Kontrolle haben. Am Anfang können Ihnen auch die Spezialisten meistens nicht genau sagen, woher die Probleme Ihres Kindes kommen, wie schwer die Behinderung sein wird und welche Eingriffe und Behandlungen nötig sein werden. Niemand kann Ihnen sagen, wie es ausgehen wird.

Janet: Ein Jahr lang nannten mich die anderen Mütter »Frau Saubermann«. Bei Ryan war alles so ungewiß, daß es für mich fast zum Zwang wurde, das Haus peinlich sauber zu halten.

Angst. Ängste können sich auf körperliche Probleme oder auf die Entwicklung des Kindes beziehen und darauf, wie sich beides auf die Familie als Ganzes auswirkt. Sie haben vielleicht Angst, daß das Kind mehr braucht, als Sie zu geben vermögen. Sie können befürchten, daß Ihre Ehe dieser Belastung nicht standhält. Alleinerziehende haben Angst, daß sie es allein nicht schaffen.

Angstvolle Gedanken schießen Ihnen durch den Kopf: Werden wir finanziell über die Runden kommen? Wird die Krankenkasse alles übernehmen? Werde ich weiter arbeiten gehen können? Wie finde ich die richtigen Therapeuten und Einrichtungen für mein Kind?

Diane: Angst war bei mir das vorherrschende Gefühl. Angst um mein Kind und seine Zukunft. Angst, daß ich damit überfordert sein könnte – ohne zu wissen, welche Anforderungen überhaupt an mich gestellt wurden.

Konzentration auf das Kind. Es kann sein, daß Sie sich so auf Ihr behindertes Kind konzentrieren, daß Sie nicht dazu in der Lage sind, sich um irgend jemand anderen zu kümmern – nicht um Ihren Partner, nicht um Ihre anderen Kinder, nicht um sich selbst. Sie sind so besorgt, daß Ihr Kind immer zuerst kommt, und Sie weisen jeden ab, der Ihnen vorschlägt, eine Pause zu machen, zum Essen auszugehen oder sich selbst etwas Nettes zu gönnen.

Susi: Eines Tages sah ich in den Spiegel. Ich sah nicht besonders gut aus. War das die Frau, die so gern ausging, die die Geselligkeit auf Parties liebte? Ich fühlte mich so ausgelaugt. Kaum drehte ich mich um, gab es wieder ein medizinisches Problem oder Verwandte kamen vorbei und ich glaubte, mich stark zeigen zu müssen. Meine Kleider schlotterten nur so an mir. Ich war nur noch ein Schatten meiner selbst. Ich hatte mich innerlich verändert, das konnte man jetzt auch äußerlich sehen.

Sorgen. Sie machen sich Sorgen um die Zukunft, ob Sie nicht das Falsche tun und das Richtige versäumen. Sie machen sich Sorgen um Ihren Partner, um Ihre anderen Kinder, ob Sie noch weitere Kinder haben wollen. Sie machen sich Sorgen wegen des Geldes, wegen der Krankenkasse, wegen der Medikamente und möglicher Nebenwirkungen. Sie machen sich Sorgen, daß Ihr Kind krank oder nicht wieder richtig gesund werden könnte. Sie können nicht schlafen wegen Ihrer Sorgen, und das macht Ihnen Sorge. Sie machen sich Sorgen darüber, daß Sie sich zuviele Sorgen machen, aber Sie können einfach nicht abschalten, und das macht Ihnen gleichfalls Sorge.

Fragen ohne Antwort. Das Leben schien so einfach bisher. Sie haben sich niemals gefragt »Wird mein Kind ›normal‹ sein?«, »Wird es gehen (sprechen, denken, hören, sehen) können?«, »Wird man es akzeptieren, wenn es nicht gehen (sprechen, denken, hören, sehen) kann?«, »Wie wird es sein, wenn es erwachsen ist?«, »Was ist, wenn mir etwas zustößt?«, »Tue ich genug?« und all die Fragen, die mit »warum« beginnen.

Janet: Wie konnte Gott es zulassen, daß das Kind einer wunderbaren Liebe mit so furchtbaren Problemen zur Welt kommt? Schließlich hatten wir dieses Kind gewollt. Wir hatten unser Leben so sorgfältig geplant, und von einem Moment auf den anderen ist alles, an was du jemals geglaubt hast, in Frage gestellt.

Schuldgefühle und Selbstzweifel

Schuldgefühle. Sich verantwortlich für das Problem zu fühlen, ist eine Möglichkeit, sich mit dem Geschehenen auseinanderzusetzen. Das bedeutet, die Schuld auf sich zu nehmen, denn wenn jemand oder etwas daran schuld ist, hat man wenigstens eine Erklärung. Und wer hat noch am ehesten die Schuld? Die Mutter, die das Kind geboren hat. Denken Sie an Ihre Schwangerschaft. Wie oft haben Sie sich gefragt, ob Sie auch alles richtig machen? Welche kleinen schuldbesetzten Geheimnisse tragen Sie mit sich herum, von denen Sie befürchten, daß sie Sie jetzt einholen? Haben Sie Ihre Vitaminpillen vergessen? Hätten Sie früher aufhören sollen zu arbeiten? Kann es die Bildschirmarbeit gewesen sein? War es der Tag, an dem Sie Ihre Freunde besuchten, die gerade das ganze Haus gegen Ungeziefer behandelt hatten? Die »Was-wäre-Wenn« und die »Hätte-ich-Nur« ließen sich endlos fortsetzen.

Wenn Sie zu Schuldgefühlen neigen, haben Sie vermutlich auch welche wegen einer ganzen Reihe anderer Gefühle, über die wir hier sprechen. Manche Eltern entwickeln Schuldgefühle, weil sie wütend werden oder weil sie so empfindlich sind – und weil sie Schuldgefühle haben.

Susi: Das andere Problem waren die Schuldgefühle. Ich wußte, ich muß etwas getan haben. Ich muß etwas eingenommen, etwas getrunken, gegessen oder eingeatmet haben. Oder hatte ich zuviel Sport getrieben? Was war es? Aber es mußte an mir liegen. Ich war ihre Mutter. Für mich gab es keinen Zweifel: Ich war schuld.

Stephanie: Der Arzt sagte uns, sie hätte eine Chromosomenanomalie, aber sie wüßten nicht, was die Ursache dafür sei. Ich fühlte mich schuldig. Ich habe ihn dann tatsächlich gefragt, ob es an dem Thunfisch-Sandwich gelegen haben kann, das ich während der Schwangerschaft gegessen hatte. Das blöde Thunfisch-Sandwich war mir überhaupt nicht bekommen. Als der Arzt erklärte, es sei schon bei der Befruchtung passiert, fiel mir ein Riesenstein vom Herzen.

Selbstmitleid und Selbstzweifel. Sie suchen Antworten auf so viele Fragen: Warum ist das geschehen? Wie hätte man es verhindern können? Bin ich in der Lage, angemessen für mein Kind zu sorgen? Was muß ich als nächstes für mein Kind, meine Familie und mich selbst tun? Und vermutlich tun Sie sich auch selbst leid – das muß nicht lange anhalten, und Sie brauchen es auch nicht zuzugeben. Aber Ihr Selbstwertgefühl ist für eine Weile ziemlich am Boden.

Janet: Selbstwertgefühl? Um mich zu erinnern, was das ist, hätte ich im Lexikon nachsehen müssen.

Scham und Peinlichkeit. In der Geschichte menschlicher Gesellschaften hingen die Stärke und die Überlebensfähigkeit einer Gemeinschaft oft davon ab, daß ihre Mitglieder gesund waren und zum ökonomischen Auskommen der Gruppe beitragen konnten. Ein Kind zu bekommen, das unter Umständen eine Belastung für die Gemeinschaft darstellte – sei es aufgrund einer Behinderung, sei es, daß es das »falsche« Geschlecht hatte –, brachte Schande über die Familie. In einigen Kultur- und Religionsgemeinschaften wird es noch heute als Schande oder als peinlich empfunden, ein behindertes Kind zu haben. Und in manchen Ländern werden behinderte Kinder versteckt oder in Heimen untergebracht; Eltern und Kinder erhalten – wenn überhaupt – wenig Unterstützung.

Traditionen und überkommene Einstellungen wandeln sich nur langsam, und manche Familien schämen sich auch heute noch. Ein Kind mit einer Behinderung wird als unvollkommen, fehlerhaft, als Makel für die Familie und deren Ruf angesehen. In manchen Gemeinschaften gibt es kulturelle oder religiöse »Erklärungen« für Behinderungen, die die Schuld- oder Schamgefühle oft noch verstärken.

Es kommt immer wieder vor, daß fremde Menschen (manchmal jedoch auch Bekannte) Fragen nach dem Aussehen oder dem Verhalten Ihres Kindes stellen oder darüber Bemerkungen machen, die Ihnen unangenehm oder peinlich sind. Das ist aber natürlich, wenn diese Situation noch neu für Sie ist. Sie wissen noch nicht so recht, wie Sie sich als Mutter oder Vater eines Kindes fühlen, das sich wie ein behindertes Kind verhält oder so aussieht.

═══   Wut

Wut kann viele Formen annehmen. Sie können eine allgemeine »Warum-ich?«-Wut empfinden; sie kann sich jedoch auch speziell gegen eine Person richten, zum Beispiel gegen die Hebamme, die Ärzte im Kreißsaal, das Krankenhauspersonal, gegen die Person, die Ihnen die Diagnose mitgeteilt hat, oder die Person, die Ihnen die Diagnose nicht gesagt hat, gegen Ihren Partner oder Ihr Kind.

Unmut und Neid. Unmut und Neid sind Formen der Wut. Manche Eltern hegen Groll gegen Freunde und Verwandte mit »normalen« Kindern. Es fällt ihnen schwer, mit anderen Eltern zusammenzusein, die sich über die verschiedenen Windelmarken oder über das Zahnen austauschen. Sie stellen fest, daß ihnen andere Dinge wichtiger sind und daß Sie sich mit Menschen nicht mehr verstehen, die Ihnen jahrelang nahe waren.

Susi: Ich dachte, ich dürfe nicht wütend sein.

Janet: Ich dachte: Es ist einfach ungerecht. Wir sind in dem Bewußtsein erzogen worden, daß es sich auszahlt, wenn man alles gut und richtig macht. Und wenn nun so etwas passiert, müßte ich also etwas falsch gemacht haben. Deshalb packte mich die kalte Wut, wenn ich an all die Dinge dachte, die ich in meiner Schwangerschaft richtig gemacht hatte, und mir dann meinen Sohn ansah.

Diane: Ich war wütend auf die Ärzte, weil mir keiner die normalen Dinge sagte, zum Beispiel wie schwer Catherine war. Sie waren völlig auf ihr Problem konzentriert, und niemand eröffnete mir eine andere Perspektive.

Vorwürfe. Es gibt einem ein wenig das Gefühl von Kontrolle, wenn man jemanden findet, der an allem schuld ist. Auf diesen Menschen kann man dann wütend sein – sei es der andere Elternteil, der Arzt im Kreißsaal oder das Krankenhauspersonal. Manchmal lassen sich Vorwürfe festmachen, zum Beispiel bei einem Kunstfehler oder einem Versäumnis; meistens jedoch gibt es keinen Schuldigen.

Das Gefühl, betrogen zu sein. Sie waren »guter Hoffnung« wie die meisten Eltern und nahmen an, daß es halbwegs gerecht zugeht im Leben und daß Ihr Kind vielleicht nicht ganz, aber doch ziemlich vollkommen sein würde. Sie hatten das gleiche Anrecht darauf wie jeder andere, und nun kommt es Ihnen vor, als hätte jemand sein Versprechen gebrochen oder Ihr Vertrauen mißbraucht.

Janet: Ich las Teile meiner Schwangerschaftsbücher ein zweites Mal, weil ich sehen wollte, ob ich ein Kapitel vergessen hatte. Aber ich merkte bald, daß ich nichts übersprungen hatte. Die Leute schreiben nichts von den traurigen Dingen, die geschehen können, es sei denn, es gibt doch noch ein Happy-End, oder es ist schon vorbei. Für mich fing es aber gerade erst an, nur daß ich nicht wußte, was »es« war.

Verdrängen

Die Verdrängung ist ein Schutzmechanismus unseres Verstandes, der sich einschaltet, wenn wir noch nicht bereit sind, mit einem Problem oder seinen Folgen fertigzuwerden. Es gibt zwei Arten von Verdrängung: bewußte und unbewußte.

Bewußtes Verdrängen. Typisch für die bewußte Verdrängung ist der Gedanke: »Vielleicht geht es weg, wenn ich so tue, als sei es nicht da.« Eventuell haben Sie »so ein komisches Gefühl«, daß etwas nicht stimmt, aber der Kinderarzt sagt: »Machen Sie sich mal keine Gedanken.« – Na prima. Sie wollten es sowieso nicht glauben, und sonst ist es ja niemandem aufgefallen. Vielleicht haben Sie sogar eine recht genaue Vorstellung von der »Wahrheit«, aber Sie sind nicht in der Verfassung oder der Stimmung, sich jetzt damit auseinanderzusetzen (Gott sei Dank), und Sie werden sich damit beschäftigen, wenn es anliegt. Sie sagen sich: »Heute habe ich zuviel anderes zu tun, um mich mit diesem Problem aufzuhalten; bis morgen existiert es einfach nicht.«

Stephanie: Es ist die gleiche Art, wie Scarlett O'Hara in »Vom Winde verweht« zu reagieren pflegte: »Morgen ist auch noch ein Tag.«

Susi: Es ist gesund und richtig, die Dinge auszublenden, mit denen man nicht fertig wird. Man muß sich nicht an jeder Kleinigkeit aufreiben.

Janet: Man setzt sich immer mit dem auseinander, was gerade anliegt. Was soll die Eile?

Stephanie: Für einen Außenstehenden ist es immer leicht zu sagen: »Du verdrängst es.« – So als ob man es völlig abblocken wollte.

Diane: Eigentlich weiß man immer, daß es da ist. Aber man muß manchmal einfach Abstand davon haben.

Unbewußtes Verdrängen. Unbewußte Verdrängung findet statt, wenn Sie die Fakten sehen, aber überzeugt davon sind, daß sie nicht stimmen, oder Sie sie anders deuten. Verdrängung kann manchmal hilfreich sein, aber Sie können Ihrem Kind damit auch schaden, wenn dadurch notwendige medizinische oder andere Maßnahmen verzögert werden.

Manche Eltern verdrängen wenig, andere viel. Es ist einfacher, ein Problem zu verdrängen, wenn man es nicht sehen kann. Es ist einfacher zu verdrängen, wenn man sich unter Menschen aufhält, die das Verdrängen fördern, indem sie das Problem verharmlosen. Es ist einfacher zu verdrängen, wenn Sie ihm einen anderen Namen geben.

Susi: Ich sagte immer: »Sie ist nicht geistig behindert, sie hat nur eine verzögerte Entwicklung.« Verzögert klang so, als ob sie es aufholen könnte, und das war es, was ich gerne glauben wollte. Eine geistige Behinderung war etwas Endgültiges, und ich war noch nicht soweit, das zu akzeptieren.

Sie werden alle möglichen Hinweise finden, daß Ihr Kind gar nicht so schlecht dasteht, wie es die anderen immer behaupten. Manchmal fördern Freunde und Verwandte das Verdrängen, ohne es zu wollen, indem sie überhaupt nichts zu dem Thema sagen. Sie vermuten vielleicht ein Problem und scheuen sich, es als erste anzusprechen, weil sie Sie nicht verletzen oder beunruhigen wollen.

Wie das Überleben leichter wird

Das Überlebensstadium ist äußerst unangenehm; es kann Wochen oder Monate dauern. Die Gefühle, die wir gerade beschrieben haben, kommen und gehen, manchmal wie erwartet, manchmal völlig überraschend. Sie halten eine Weile an, oder sie blitzen nur für einen Augenblick auf. Es kann aber auch sein, daß Sie keines von ihnen verspüren.

Ihre Gefühle sind ganz normal

Manchmal möchten Sie alles treiben lassen, laut aufschreien, bitterlich weinen oder in Mitleid mit sich und Ihrem Kind versinken. Sie müssen wissen, daß diese Gefühle normaler Bestandteil dieses Prozesses sind. Das hilft Ihnen, wenn Sie andere Eltern treffen, die sich in der gleichen Situation befinden. Der »Ehrlichkeitsfaktor« vergrößert sich, wenn Sie nicht so zu tun brauchen, als ob es Ihnen phantastisch ginge und Sie alles unter Kontrolle hätten.

Und denken Sie daran: Jeder Mensch reagiert anders. Manche Eltern arrangieren sich leicht, andere quälen sich jahrelang mit Wut und Traurigkeit. Für viele Eltern kommt dieses Stadium schubweise – ein Auf und Ab ohne vorhersehbares Muster und ohne einfache Rezepte.

Das Leben geht weiter, und Sie bewegen sich mit, sobald Sie wieder dazu in der Lage sind. In der Zwischenzeit machen Sie sich klar, daß das Überlebensstadium normal und notwendig ist und daß es vorübergeht. Wenn Sie den Eindruck haben, daß Sie in einem Gefühl »festsitzen« oder es für Sie unerträglich wird, brauchen Sie vielleicht zusätzliche Hilfe. Es gibt verschiedene Therapie- und Beratungseinrichtungen, wo Sie Trost finden können, wo man Ihnen zuhört, ohne über Sie zu urteilen, und versucht, Ihren Schmerz zu lindern.

Nehmen Sie sich Zeit für sich selbst

Sie wurden aus der Bahn geworfen, deshalb ist es nur natürlich, daß Sie durcheinander, irritiert, gereizt oder sonstwie reagieren, bis Sie Ihr Leben wieder einigermaßen im Griff haben.

Doch sowie Sie ein Verständnis für diese Vorgänge entwickeln, lernen Sie auch, die Situationen vorherzusehen, die Sie aus dem Gleichgewicht bringen können. Sie lernen, sie zu vermeiden oder die Unannehmlichkeiten gering zu halten, und Sie finden Wege, in dieser Zeit auch etwas für sich selbst zu tun. Wenn Sie nicht auch an sich selbst denken, sind Sie nicht in der Lage, sich richtig um andere zu kümmern. In der folgenden Liste finden Sie ein paar Möglichkeiten, etwas für sich selbst zu tun.

- Nehmen Sie sich Zeit zum Alleinsein – um zu trauern, zu verarbeiten, nachzudenken, Ruhe zu finden.
- Nehmen Sie sich Zeit für Ihren Partner, um Ihre Beziehung zu pflegen.
- Nehmen Sie sich Zeit für Ihre anderen Kinder, um deren Leben im Gleichgewicht zu halten.
- Nehmen Sie sich Zeit für Freunde, die Sie verstehen und unterstützen.
- Nehmen Sie sich Zeit für Sport, Vergnügen, um Ihr inneres Gleichgewicht zu bewahren.

━━   Nehmen Sie Hilfe in Anspruch

Die Versuchung ist groß, andere Menschen aus dem eigenen Leben auszuschließen und zu glauben, alle Verantwortung selbst tragen zu müssen. Sie würden am liebsten die Vorhänge zuziehen und für immer drinnen bleiben. Aber weisen Sie die Menschen nicht ab, die vorsichtig bei Ihnen anklopfen. Verwandte, Freunde, Nachbarn, Arbeitskollegen möchten Ihnen gerne unter die Arme greifen, wissen aber oft genug nicht, was sie tun können, und wollen sich nicht in Ihre Privatangelegenheiten einmischen. Diese Zeit ist auch für andere schwierig, und Sie können ihnen das Gefühl geben, sich nützlich zu machen, und dabei helfen, sich sicherer zu fühlen.

Denken Sie darüber nach, ob Sie sich nicht einer Elterngruppe anschließen wollen. Anfänglich fällt es vielen Eltern schwer, sich mit anderen über ihre Situation auszutauschen, für manche ist es auch zu schmerzhaft, sich die Probleme anderer Leute anzuhören. Doch die Kontaktaufnahme mit anderen Eltern könnte sich als der wichtigste Schritt überhaupt herausstellen: Diese verstehen besser als jeder andere, was Sie durchmachen, sie unterstützen Sie seelisch-moralisch, sie lassen Sie an ihren Informationsquellen teilhaben und helfen Ihnen, mit Problemen fertigzuwerden.

≡   **Wendepunkte vom Überleben zum Suchen**

Irgendwann werden Sie feststellen, daß sich ein paar Dinge ganz klar abzuzeichnen beginnen:

1. Sie wollen wissen, in welche Richtung die Reise gehen soll. Sie brauchen Ziele.
2. Sie haben es satt, jedes Problem, das auftaucht, nur »irgendwie« über die Bühne zu bringen.
3. Sie wissen, daß Sie sich Kompetenz erwerben, Informationen besorgen und ein paar Dinge erledigen müssen.
4. Reagieren genügt jetzt nicht mehr. Sie müssen jetzt selbst die Initiative ergreifen.
5. Sie spüren wieder Energie und wissen, was Sie wollen.
6. Es ist Ihnen nicht mehr egal, wie Sie aussehen.
7. Sie stellen fest, daß es hätte schlimmer kommen können. Die Welt ist nicht untergegangen.
8. Ihnen wird bewußt, daß Sie der Anwalt Ihres Kindes sind.

9. Ihre Einschätzung, was und wer im Leben wichtig ist, beginnt sich zu verändern.
10. Ihre Wertvorstellungen verlagern sich in andere Bereiche.

Wann und wie werden Ihnen diese Dinge klar? Manchmal geschieht es nach und nach, manchmal schlagartig. Manche Menschen müssen erst ganz am Boden sein, bevor sie sich freikämpfen können. Eine Wende im Gesundheitszustand Ihres Kindes kann der Auslöser sein oder der Zuspruch von jemandem, der Ihnen sehr viel bedeutet, oder Ihre eigenen Überzeugungen gewinnen Oberhand über die Prognosen und Empfehlungen der Spezialisten.

Janet: Eines Tages saß ich den ganzen Tag auf der Couch. Ich stellte mir vor, wie es wäre, wenn ich wieder arbeiten ginge – lachen, mit Freunden reden, Geld verdienen, Sachen für das Haus kaufen. Und ich sah mich, wie ich gerade lebte – den ganzen Tag daheim, mit Ryan zu tausend Ärzten gehen, putzen, allein sein. Am Ende dieses Tages war mir klar, daß ich wieder arbeiten gehen mußte. Das war das beste, was ich je getan habe.

Susi: Sechs Wochen nach Betsys Geburt kam die Verwandtschaft zu Besuch. Ich machte Kaffee und Kuchen, hielt unsere Tochter im Arm, bot wieder Kaffee an, und starb innerlich tausend Tode. Meine Tante, ein kleines altes Frauchen von über 80 Jahren, kam zu mir und sagte: »Liebes, auch das geht vorbei.« Das war mit das Wichtigste, was je jemand zu mir sagte. In diesem Augenblick erkannte ich, daß es wohl Dinge gibt, die nicht in Ordnung sind, die sich aber ändern würden. Und damit konnte ich umgehen.

Wendepunkte kennzeichnen das Ende des Überlebensstadiums. Das Leben geht weiter. Sie sind nicht länger ein passives Opfer, das nur auf seine Situation und die Menschen um es herum zu reagieren vermag. Sie können wieder Energie tanken, eine Richtung und einen Sinn sehen, und Sie fangen wieder an, die Dinge selbst in die Hand zu nehmen statt die Probleme nur abzuhaken, so wie sie kommen.

Das heißt nun aber nicht, daß all die beschriebenen Gefühle verschwinden und Sie sie für immer los sind. Einige bleiben, andere tauchen wieder auf, aber Sie gehen anders mit ihnen um, weil Sie nun wissen, was es damit auf sich hat. Das liegt daran, daß Sie in dem Entwicklungs- und Reifungsprozeß, den Sie selbst durchmachen, Ihre Stärken und Schwächen besser kennenlernen; so können Sie zukünftige Situationen leichter in den Griff bekommen.

Wenn Sie Ihre Gefühle wieder besser unter Kontrolle haben (und das wird irgendwann passieren) und wenn Sie wissen, wo es langgehen soll (und auch das wird geschehen), dann gibt es auch wieder eine neue Lebensperspektive für Sie; Sie werden sich neue Prioritäten setzen und sich neuen Herausforderungen stellen. Und Sie werden wissen: Ich habe es überlebt.

Das Stadium des Überlebens dauert nicht ewig. Es sieht nur manchmal so aus.

Die Suchphase

Das Stadium des Suchens ist eine Zeit des aktiven Handelns, der Vorwärtsbewegung, der Entfernung von Ihrer Überlebensphase. Ihre Energiequelle beginnt wieder zu sprudeln, Sie bekommen allmählich Ihre Gefühle und Ihr Leben in den Griff, Sie versuchen herauszufinden, was mit Ihrem Kind, mit Ihrer Familie, mit Ihnen selbst los ist.

Die zweite Phase der Anpassung ist das Suchen – das äußere Suchen nach Antworten auf die Probleme Ihres Kindes und das innere Suchen, um herauszufinden, was diese Probleme für Ihr Leben bedeuten. So manche Suche ist lang und schwierig, andere lassen sich relativ leicht bewerkstelligen.

Suchen auf einem bestimmten Gebiet kann im Vordergrund stehen, während Sie noch mit den hochschlagenden Emotionen des Überlebens kämpfen. Nach manchen Dingen sucht man eine Zeitlang, nach anderen zeitlebens.

Während Sie das Suchstadium durchlaufen, gewinnen Sie an Sachverstand und Selbstvertrauen in Ihrer Elternrolle. Außerdem entwickeln Sie um so mehr Fingerspitzengefühl für die Dinge, je mehr sich die Prioritäten in Ihrem Leben verschieben. Suchen ist eine Zeit der persönlichen Weiterentwicklung und Entfaltung, eine Zeit, in der Sie ganz neue Stärken an sich entdecken, wenn es darum geht, für Ihr Kind die geeigneten Förder- und Betreuungseinrichtungen zu finden.

☰ Was bedeutet Suchen?

Suchen ist ein verschlungener Weg, auf dem es Hilfen für Ihr Kind und sich selbst zu entdecken gilt. Sie werden bald merken, daß Sie über mehr Kraft verfügen, als Sie je geglaubt hätten, und daß Ihnen mehr Hilfen angeboten werden, als Sie sich je hätten träumen lassen.

Das Suchen beginnt noch im Stadium des Überlebens, denn die medizinische Versorgung Ihres Kindes und die Suche nach Hilfe können nicht warten, bis Sie mit Ihren Gefühlen und Fragen im reinen sind. Das Suchen setzt verstärkt ein, wenn die Gefühle, die in der Überlebensphase aufgetreten sind, analysiert, erklärt und gelöst wurden, während Sie parallel dazu wieder so etwas wie Selbstbestimmung entwickelten.

Es gibt zwei Arten der Suche – die innere und die äußere Suche. Zu beiden gehört das Stellen und das Beantworten von Fragen. Bei der äußeren Suche lautet die Frage: »Was fehlt meinem Kind, und wie kann es behoben werden?« Die innere Suche führt zu Antworten auf die Frage: »Was bedeutet das für mich?«

Die äußere Suche

Die äußere Suche ist der Versuch, die Behinderung Ihres Kindes zu verstehen. Es ist außerdem eine Jagd nach den richtigen Stellen und Einrichtungen für Ihren speziellen Fall.

Die äußere Suche gibt Ihnen Wissen

Die Suche nach der Diagnose. Ihre äußere Suche ist die Suche nach einer Diagnose, nach Behandlungsmöglichkeiten, sogar nach Heilung. In der amerikanischen Gesellschaft läßt man uns gerne glauben, es gebe eine Lösung für beinahe jedes Problem. Und deshalb haben Sie sich wie die meisten Eltern vermutlich in dem Glauben auf den Weg gemacht, daß es die geeigneten Behandlungsmaßnahmen gibt, daß Hilfsangebote verfügbar sind, und daß die Probleme Ihres Kindes erklärt, behandelt und vielleicht sogar behoben werden können.

Janet: Ryan war ein Jahr alt. Im Krankenhaus war er über eine Sonde ernährt worden, doch zu Hause war das sehr schwierig. Ich brachte den Schlauch einfach nicht rein – man kann ihn durch die Nase oder den Mund schieben –, aber er blieb stecken, oder es kam Blut, und ich hatte Angst, ihn in die Lungen zu bringen. Ich bat um Hilfe und bekam Krankenschwestern, die kein Englisch sprachen; einmal kam eine Schwester, die noch nie eine Absaugvorrichtung gesehen hatte. Ich versuchte, ihn mit Babynahrung zu füttern, aber er begann zu würgen und wegen seiner Gaumenspalte lief ihm das Zeug zur Nase raus. Wenn ich mit ihm zu den Hals-Nasen-Ohren-Ärzten ging, kümmerten die sich nur um Kopf, Hals und Ohren. Sie sagten: »Machen Sie sich mal keine Gedanken. Er ist nur dünn. Er wird klein bleiben.« Sie waren nicht in der Lage, das ganze Kind zu sehen; sie sahen nicht, daß er stark unterernährt war. Die Ringe unter meinen Augen hingen schon bis zum Knie. Wenn du es nicht schaffst, dein Kind zu füttern, und es kein Gewicht zulegt, fühlst du dich wie ein elender Versager.

Mit 14 Monaten wog er zwölf Pfund und lag wegen einer Lungenentzündung im Krankenhaus – zum achten Mal. Eine andere Mutter dort brach bei seinem Anblick in Tränen aus. »O Gott«, sagte sie. »Ihr Kind verhungert.« Ich antwortete: »Keiner will mir helfen.« Und sie sagte: »Schlagen Sie mit der Faust auf den Tisch. Machen Sie Rabatz. Sagen Sie, daß Sie das Krankenhaus nicht eher verlassen, als bis sie etwas unternommen haben.«

Genau das tat ich. Ich blieb standhaft und beharrte auf einer Gastrostomie. Ryan nahm in fünf Wochen fünf Pfund zu. Einen Monat später krabbelte und lief er gleichzeitig.

Sie werden mit Spezialisten aus Fachgebieten zusammentreffen, von denen Sie noch nie gehört haben. Sie werden mit Fachbegriffen um sich werfen, die Sie vorher nicht einmal aussprechen konnten, und Sie werden genug über neuromuskuläre Funktionen, Chromosomenstrukturen, Diagnoseverfahren, Operationstechniken und Nebenwirkungen von Medikamenten lernen, daß Sie mit so manchem Mediziner konkurrieren können.

Für manche Eltern bedeutet Suchen, medizinische Fachzeitschriften nach endgültigen Antworten und Sonderfällen durchzustöbern, die eventuell auf ihr Kind zutreffen. Für andere heißt Suchen, sich einer Organisation oder Selbsthilfegruppe anzuschließen, Kongresse zu besuchen, Spezialliteratur, Bücher oder Zeitschriften über Behinderte zu lesen und entsprechende Fernsehsendungen anzusehen.

Die Suche nach einem »Etikett«. Sie haben eine Diagnose für Ihr Kind – ein Etikett. Ist das gut? Oder Sie haben noch keine eindeutige Diagnose für Ihr Kind und somit kein Etikett. Ist das schlecht? Oder ist es genau umgekehrt? Einerseits wollen Eltern ein »Etikett« für das Problem ihres Kindes, denn wenn man eine Sache benennen kann, hat man viel eher das Gefühl, daß sich herausfinden läßt, was es damit auf sich hat und wie man es behandeln kann. Ein Etikett kann bei genetisch bedingten Erkrankungen wichtig sein, wenn man nach speziellen Förderprogrammen sucht oder nach Forschungsergebnissen, die den Ursachen und möglichen Heilungschancen auf der Spur sind, oder nach Vereinigungen von Eltern, die Kinder mit der gleichen Erkrankung haben. Ein Etikett ist etwas, an dem man sich festhalten kann, das einem sagt, womit man zu tun hat. Man kann Bücher und Zeitschriften über diese Erkrankung finden und hat eine Antwort auf die Frage der Leute: »Was ist mit Ihrem Kind?« Mit einem Etikett hört manchmal die äußere Suche auf, weil Sie wissen, woran Sie sind. Oder das Etikett hilft Ihnen, die äußere Suche gezielter zu betreiben, weil Sie jetzt wissen, in welcher Richtung Sie suchen müssen.

Andererseits kann ein Etikett zu klischeehaften Vorstellungen führen – zu bestimmten Erwartungen, zu welchen Dingen Ihr Kind in der Lage sein wird oder nicht. Das Etikett Down-Syndrom, spastische Lähmung, Schwerhörigkeit, Autismus oder geistige Behinderung ruft immer bestimmte Vorstellungen über Menschen hervor, die davon betroffen sind. Unter Umständen treffen Sie auf Spezialisten, die nur sehr eng umgrenzte Erwartungen haben, die sich auf dieses Etikett gründen, und eventuell schränkt das Etikett auch Ihre eigenen Hoffnungen und Erwartungen ein. Ein Etikett kann manchmal den Handlungsspielraum einschränken oder gar in die Irre führen.

Wenn keine exakte Diagnose gestellt werden kann, zum Beispiel »verzögerte Entwicklung«, »Lernstörung«, »Verhaltensstörung«, weiß man häufig nicht, ob es Sinn hat, noch weiter zu suchen, oder welche Behandlungsmaßnahmen eingeleitet werden sollten. Aber ohne Etikett sind die Erwartungen oft weniger eingeschränkt; viele Eltern empfinden das als eine Erleichterung.

Die äußere Suche ermöglicht eine andere Betrachtungsweise von Behinderung

Kontakt mit anderen Familien. *Die äußere Suche führt Sie zu Familien, die ebenfalls Kinder mit einer Behinderung haben.* Sie werden Kinder und Familien mit ähnlichen Problemen kennenlernen und solche, deren Schwierigkeiten größer oder geringer zu sein scheinen als Ihre eigenen. Sie können erfahren, wie sich andere Familien durchgekämpft haben und mit dem Chaos der Gefühle im Überlebensstadium beziehungsweise den Problemen der Suchphase zurechtgekommen sind.

Jede Familie betrachtet Behinderung anders und geht auf ihre eigene Weise damit um; das hängt von persönlichen und religiösen Wertesystemen ab, von kulturellen Eigenheiten und von der Persönlichkeit der einzelnen Familienmitglieder.

Neues Bewußtsein. *Die äußere Suche macht Ihnen erst bewußt, wie behinderte Menschen in unserer Gesellschaft angesehen und behandelt werden.* Bevor Sie selbst mit Ihrem Kind solche Erfahrungen machten, haben Sie vermutlich nicht viel über die Einstellung der Leute zu Behinderten und Behinderungen nachgedacht. Ihnen werden in Ihrer Nachbarschaft, beim Einkaufen oder Spazierengehen Menschen begegnen, die Dinge sagen, daß Ihnen die Spucke wegbleibt – wegen ihrer Feinfühligkeit oder dem völligen Mangel daran. Sie werden feststellen, daß Sie Nachrichten und Zeitungsartikel gezielt auf die Erfahrungen von Behinderten hin ansehen oder lesen. So werden Sie darauf aufmerksam, was die Gesellschaft für Menschen mit Behinderungen tut oder nicht tut.

Diane: Ich verbrachte viel Zeit damit, Artikel über behinderte Kinder oder Erwachsenen, aus Zeitungen und Zeitschriften auszuschneiden. Ich habe immer noch eine ganze Menge davon. Die anderen Mütter haben mich deswegen ständig aufgezogen. Sie hatten vergilbte Zeitungsausschnitte von der ersten Mondlandung oder dem Kennedy-Attentat, und ich hatte Artikel über Kinder mit offenem Rücken. Sogar Freunde und Verwandte schickten mir Sachen. Ich habe auch oft an Prominente geschrieben – die DeBolts, die so viele behinderte Kinder adoptiert hatten, und Mr. Rogers, der in seine Fernsehsendungen behinderte Kinder einbezog. Meistens habe ich die Briefe nicht abgeschickt, aber ich hatte ernsthafte Absichten. Was immer im Fernsehen kam, sah ich mir an, und für eine Weile führte ich auch ein Tagebuch. Ich kann nicht genau sagen, was mir das brachte, vermutlich war es eine Art, mir zu zeigen, daß ich nicht die einzige in einer solchen Situation bin.

Die äußere Suche stärkt

Kompetenz und Kontrolle. *Die äußere Suche gibt Ihnen Kompetenz und ein Gefühl von Kontrolle.* Im gleichen Maße wie Sie den eingeschlagenen Weg fortsetzen und ein paar Erfolge sehen – so klein diese auch sein mögen –, wächst Ihr Selbstvertrauen, da Sie in der Lage sind, Ihrem Kind ein wenig zu helfen. Je mehr Einrichtungen und Antworten Sie herausfinden (oder zumindest je mehr Sie lernen, die richtigen Fragen zu stellen), desto mehr Zutrauen gewinnen Sie in Ihre Kompetenz und in Ihre Möglichkeiten, den Alltag ein wenig zu steuern. Die Suche nach einem Etikett, einer Behandlungsmethode, einem neuen Medikament gibt Ihnen das Gefühl, einbezogen zu sein. Sie haben etwas, worauf Sie sich konzentrieren können, etwas, das die Angst und die Unsicherheit lindert.

Janet: Ich hatte kaum mit Ryan gesprochen, bevor wir am UCLA-Förderprogramm teilnahmen; damals war er 18 Monate alt. Stellen Sie sich ein Kind vor, das nicht richtig schreien kann, das einen Schlauch im Hals und einen im Bauch hat, dessen Füße eingegipst sind, und Sie selber sind vollauf damit beschäftigt, es überhaupt durchzubringen. Da kommen Sie gar nicht dazu, »dadada« oder so was Ähnliches zu sagen. Ich erklärte der Beschäftigungstherapeutin: »Er kann nicht essen. Und er versteht überhaupt nichts.« In dieser ersten Stunde brachte sie ihm vier Worte in der Zeichensprache bei. Sie sagte zu mir: »Das ist ein kluges Kerlchen. Lassen Sie sich nicht von ihm an der Nase herumführen. Er versteht alles. Sie müssen ab jetzt mit ihm reden.«

Von diesem Augenblick an beschrieb ich jede meiner Bewegungen: »Wir fahren mit dem Auto, jetzt schalte ich in den zweiten Gang, nun biegen wir um die Ecke.« Ich sang ihm vor. Ich las ihm vor. Ich habe geredet und geredet. Ich sah ihn als ein Kind mit einer Behinderung, statt nur seine vielen Behinderungen zu sehen.

Sobald Sie merken, daß es »draußen« wirklich Hilfe gibt, fühlen Sie sich nicht mehr so niedergeschlagen und hilflos. Sie entwickeln wieder Energie, die Sie zielgerichtet einsetzen, Sie verspüren Aufbruchstimmung. Sie schöpfen wieder Hoffnung, Ihr Optimismus kehrt allmählich zurück, und Sie fangen an, Ihrem Instinkt zu vertrauen.

Neuer Schwung. *Ihre äußere Suche kann Sie regelrecht beflügeln.* Je mehr Zuversicht und Selbstvertrauen Sie entwickeln und je mehr Sie sich mit der Bürokratie und anderen Hindernissen herumschlagen, desto mehr Lust verspüren Sie vermutlich, den Kampf gegen das System aufzunehmen – sei es nun Ihre Schule, das Gesundheitssystem oder die Regierung. Und wenn Sie dann andere Eltern mit behinderten Kindern kennenlernen und feststellen, daß man in der Gruppe mehr vermag denn als Einzelner, entdecken Sie vielleicht, daß es Ihnen an Leib und Seele guttut, Energie, Fähigkeiten und Zeit zu investieren, wenn damit einer Vielzahl von behinderten Menschen geholfen werden kann.

Hindernisse bei der äußeren Suche

Manche Antworten lassen sich leicht und mit geringem Aufwand finden. Andere sind schwer zu fassen, wenn es sie denn überhaupt gibt. Die Suche nach Lösungen kann sich als nervenaufreibende Mischung von Erfolg und Mißerfolg, Hoffnung und Verzweiflung, Zufriedenheit und Enttäuschung erweisen.

Ihre äußere Suche könnte Sie schnurstracks zu den richtigen Lösungen führen. Im Idealfall würde man bei Ihrem Kind rasch die richtige Diagnose stellen, dann würde es ohne größere Umstände in ein geeigne-

tes und bezahlbares Förderprogramm aufgenommen, in dem man ihm die
richtige Behandlung angedeihen ließe und sich auch um die Familie kümmern würde. Und selbstverständlich übernähme die Kasse alle Kosten. Sie
könnten tief durchatmen und sich eine Weile zurücklehnen, denn Ihr Kind
und Sie wären in guten Händen. Aber wenn es Ihnen ergeht wie den meisten Familien, erleben Sie den Normalfall, bei dem eben nicht alles glatt
läuft.

Schwierigkeiten, die mit dem Kind zu tun haben. Es kommt
immer wieder vor, daß sich Kinder in einer bestimmten Therapie oder einem
bestimmten Förderprogramm nicht wie erhofft entwickeln. Oder sie gehen
so ungern dahin, daß die Eltern beschließen, der Kurs sei das Theater nicht
wert, das es jedesmal vorher gibt. Manchen Kindern fehlt es auch an Kraft
oder bestimmten Fertigkeiten, um bei allem mitzumachen, oder ihr Gesundheitszustand schwankt so unvorhersagbar, daß sie nicht regelmäßig
teilnehmen können. Manchmal greift eine Therapie oder ein Programm
nicht, weil das Verhalten des Kindes zu sprunghaft oder zu aggressiv ist.
Und manchmal führt selbst eine mit den besten Absichten angewandte spezielle Therapie dazu, daß das Kind sich schlechter fühlt als vorher.

*Diane: Catherine nahm an einem speziellen Turnunterricht an ihrer
Schule teil. Sie mochte es nicht, daß man sie aus ihrer Klasse herausholte.
Die Übungen langweilten sie. Ein paarmal kam der Lehrer einfach nicht.
Also ging ich ins Schulsekretariat und fragte: »Welche Papiere muß ich
unterschreiben, damit sie davon befreit ist?« Mit ihrer Klasse zusammenzusein, auch wenn sie nicht überall mitmachen konnte, war für sie sehr
viel wichtiger.*

Schwierigkeiten, die bei den Eltern liegen

- *Suchen kann Ihnen das Gefühl vermitteln, ohnmächtig zu sein,*
  wenn Sie gegen ein verkrustetes System ankämpfen oder wenn
  man Sie stundenlang auf einen Rückruf warten läßt.
- *Suchen kann frustrierend sein und wütend machen,* wenn Fördergel-
  der gestrichen werden oder wenn Ihr Kind nicht in ein Programm
  aufgenommen wird, von dem Sie glauben, daß es gut für es wäre.
- *Suchen kann verwirrend sein,* wenn der eine Spezialist sagt »sofort
  etwas unternehmen« und der andere »abwarten und beobachten«.
- *Suchen kann viel Kraft kosten,* wenn Sie Stunden auf der Auto-
  bahn oder in Wartezimmern zubringen, versuchen, all Ihren Verpflichtungen nachzukommen, und dann nicht schlafen können,
  weil Sie wissen, daß es morgen wieder von vorne losgeht.

● *Suchen kann Ihnen wie ein Ablenkungsmanöver vorkommen*, um sich nur nicht mit unverarbeiteten Gefühlen aus der Überlebensphase beschäftigen zu müssen oder um andere wichtige Themen unter den Teppich zu kehren.

Sie werden manchmal einfach die Nase voll haben von den ewigen Terminvereinbarungen, und wieder eine neue Therapie, und wieder neue Leute, und dann kommt der nächste Schritt, und alles beginnt von vorn. Vielleicht möchten Sie zur Abwechslung einfach mal zu Hause bleiben. Oder das Geld ist knapp. Oder Sie haben das Gefühl, jemand anderes aus der Familie könnte sich mal betätigen.

Möglicherweise sind Sie unsicher und wissen nicht, woher Sie Information bekommen und mit wem Sie sprechen sollten. Wenn Sie schüchtern sind, wenn Sie es nicht gewohnt sind, um Hilfe zu bitten, wenn es Ihnen schwerfällt, sich auszudrücken, wissen Sie vielleicht nicht einmal, nach welchen Einrichtungen oder Institutionen Sie fragen sollen.

Es kann auch sein, daß Ihr Kind eine Therapie mitmacht, von der Sie unsicher sind, ob sie ihm wirklich hilft. Deshalb gehen Sie nicht regelmäßig mit ihm hin; Sie kommen oft zu spät; Sie lassen Termine ausfallen.

Und manchmal können Sie ein Angebot nicht richtig nutzen, weil Ihnen noch ein paar unverarbeitete Gefühle aus der Überlebensphase im Weg stehen, zum Beispiel Unsicherheit und Unbehagen, was Ihre Rolle als Mutter oder Vater eines behinderten Kindes angeht.

Susi: Viele Mütter meldeten ihre Kinder zum Reiten an. Aber ich machte mir nicht mal die Mühe, für Betsy nachzufragen. Es hätte ihr vermutlich großen Spaß gemacht. Aber ich wußte, daß sie mit ihrer geistigen Behinderung sofort aufgefallen wäre, und damit konnte ich damals noch nicht umgehen.

Wenn andere persönliche Probleme Sie belasten – eine Depression, Eheprobleme, eine Sucht –, die es Ihnen zusätzlich erschweren, Hilfe für Ihr Kind zu organisieren, sollten Sie sich nicht scheuen, einen Arzt oder eine entsprechende Beratungsstelle aufzusuchen. Manchmal hilft es schon, einen unbeteiligten wohlmeinenden Menschen zu haben, der bereit ist, sich Ihre Sorgen anzuhören und mit Ihnen darüber nachzudenken, wie man einen Schritt vorwärtskommen könnte.

Schwierigkeiten, die mit der Behandlung zu tun haben: verwirrende Auswahl, harte Entscheidungen. Unter Umständen wird eine Therapie, die Ihr Kind braucht, nicht in Ihrem Raum angeboten, oder sie ist zu teuer. Oder Sie treffen auf Spezialisten, die Ihre Fragen nicht ausreichend beantworten beziehungsweise eine falsche Diagnose stellen. Oder Sie hören von Therapieformen, mit denen bei einem Kind wie Ihrem »phantastische Erfolge« erzielt wurden – Medikamente, Akupunktur, Homöopathie, neue Operationsmethoden, Wachstumshormone, Vitamine oder Mineralstoffpräparate, Bewegungstraining, unterstützte Kommunikation und so weiter. Es gibt die verschiedensten Angebote: Schwimmkurse, therapeutisches Reiten, Gymnastik, Pfadfindergruppen, Ferienlager, olympische Spiele für Behinderte, Physiotherapie, sensorische Integrationstherapie, Sprachtherapie, Computer, elektronische Kommunikationshilfen. Was hilft? Was nicht?

Stephanie: Wir gingen mit Emma zum Orthopäden, weil sie nach der Geburt eine kleine Dysplasie an einer Hüfte hatte. Er röntgte sie, sah aber keine Dysplasie, doch um sicherzugehen, empfahl er, ihr für zehn Wochen eine Pavlik-Bandage anzulegen. Also gut, die Ärzte werden's schon wissen.

Die Bandage stützte ihre Beine, so daß sich die Gelenke besser entwickeln konnten. Eigentlich sollte sie sie die ganze Zeit anbehalten, was bedeutet, man konnte sie nicht baden, sondern nur waschen. Aber wir stellten schon bald fest, daß sie anfing, sich zu bewegen, sowie sie ins Wasser kam. Sie fand es einfach toll und planschte nur so herum. Also sagten wir, pfeif auf die Bandage und badeten sie jeden Tag. Was Ärzte angeht, waren wir furchtbar naiv. Wir dachten, wenn wir nicht tun, was sie sagen, passiert etwas mit Emma, was sich nicht wieder gutmachen läßt.

Nach zehn Wochen gingen wir wieder in die Praxis, und er sagte: »Lassen Sie die Bandage sicherheitshalber noch fünf Wochen dran.« Wir taten es und hörten nach fünf Wochen: »Noch einmal fünf Wochen wäre gut.« Ich glaube, er hat Emma irgendwie mit seinen 5000 anderen Babys durcheinandergebracht. Ich ging nach Hause, nahm die Bandage ab und warf sie in die Ecke. So etwas ist mir nicht noch einmal passiert.

Wieviel Hilfe verträgt Ihr Kind? Sie hören sich widersprechende Meinungen, und jede für sich klingt vernünftig. Sie suchen und probieren soviele Therapieformen wie möglich, weil Sie nicht wissen, was Ihr Kind *nicht* braucht. Und niemand kann Ihnen mit Sicherheit sagen, welche Behandlungsmaßnahmen in welcher Kombination bei Ihrem Kind die besten Ergebnisse bringen.

Wann wird aus viel *zuviel* Hilfe? Manche Kinder nehmen an sovielen Kursen teil, daß man die positiven Auswirkungen gegen die Kosten für das Kind und seine Familie aufwiegen muß. Wenn man dann etwas zurückschrauben will, steht man vor dem Problem, zu entscheiden, welche Therapien die wichtigsten sind. Es ist nicht leicht, beim Terminkalender des Kindes aufs »große Ganze« zu achten, also auch genügend Freiraum zum Spielen lassen, Zeit, die nicht »verplant« ist. Kann man auf eine Therapie verzichten? Vielleicht wäre gerade sie es, die das Kind einen entscheidenden Schritt weiterbringt.

An diesem Punkt werden Sie als Eltern ebenfalls zu Fachleuten. Sie sehen das Kind als Ganzes, als Individuum, und nicht nur als eine Ansammlung behandlungsbedürftiger Fehlfunktionen. Wenn Sie sich über bestimmte Therapieformen oder ihre Zahl Gedanken machen, sprechen Sie mit einigen der anderen Fachleute, die Ihr Kind und Ihre Situation kennen. Probieren Sie unter Umständen einfach einmal eine andere Kombination von Therapien und schauen Sie, wie sich das anläßt. Um die richtigen Entscheidungen für Ihr Kind zu treffen, müssen Sie Ihrem Gefühl vertrauen – dabei sollte es auch noch Kind sein und die kleinen Freuden der Kindheit genießen dürfen.

Die äußere Suche: Tun, was getan werden muß

Suchen ist eine individuelle, zutiefst persönliche Irrfahrt, mit dem Ziel, Antworten, Behandlungen, Heilung für die Erkrankung Ihres Kindes zu finden. Dafür gibt es keinen falschen oder richtigen Kurs. Jeder wird Ihnen etwas anderes raten oder empfehlen. Manche werden sagen, Sie tun zuviel (was stimmen kann), andere meinen, Sie tun zu wenig (was falsch sein kann). Sie alleine bestimmen, wie weit, wie tief und wie lange Ihre Suche geht. Um herauszufinden, was Ihr Kind braucht, müssen Sie alles versuchen, was Sie für versuchenswert halten. Vielleicht tun Sie tatsächlich zuviel oder zuwenig, oder das Richtige zur falschen Zeit, oder zu lange das Falsche, oder das Richtige nicht lange genug. Es gibt keine hundertprozentige Methode, keinen risikofreien Eingriff, keine schnelle Heilung. Dennoch werden Sie ein paar ausgezeichnete Entscheidungen treffen und Ihr Kind wird von der Erfahrung und der liebevollen Betreuung durch viele schreckliche Spezialisten profitieren. Sie spielen in Ihrer eigenen Abenteuer-Serie mit – mit Triumphen und Niederlagen. Niemand ist vollkommen.

≡ Die innere Suche

Die innere Suche ist eine Entdeckungsreise ins Ich, die damit beginnt, daß Sie feststellen: Mein Leben wird anders als geplant verlaufen. Es ist die Suche nach einem neuen Selbstverständnis, zu dem auch die Erkenntnis gehört, Mutter oder Vater eines behinderten Kindes zu sein. Es ist das Bemühen, die eigenen Einstellungen und Werte in bezug auf die menschliche Unvollkommenheit zu verstehen, und die Revision von Lebenszielen und Prioritäten, die über die Elternschaft hinausreichen.

Susi: Eines Morgens sah ich mich um. Betsy saß in ihrem Hochstuhl am Küchentisch, stierte vor sich hin und benahm sich »nicht normal«. Die Wohnung sah aus wie ein Schlachtfeld, und draußen regnete es. Ich schaute in den Spiegel, aber ich sah nicht furchtbar aus. Ich wußte, daß jetzt schnell etwas geschehen mußte. Aber ich wußte nicht was.

Ich mußte zu Hause bleiben wegen Betsy, aber ich mußte auch zurück ins Leben. Ich wollte, daß es anders würde, und merkte, daß ich selbst etwas tun mußte.

Zufällig sprach ich ein paar Tage später mit einer der Mütter aus der Fahrgemeinschaft meines Sohnes. Sie hatte für eine Wohltätigkeitsveranstaltung 65 Leute zu sich nach Hause eingeladen und suchte händeringend Hilfe. Ich versprach, ihr zu helfen. Ich bereitete das Buffet vor. Es wurde ein großer Erfolg und der Grundstein für meinen privaten Party-Service.

Mein Geschäft nahm mich voll in Anspruch. Es gab mir die Möglichkeit, über Kuchen zu jammern, die sich nicht aus der Form lösen, oder über unmögliche Ansinnen von Kunden, statt über ein Kind, das einfach aufhört zu atmen oder keinen Muskeltonus entwickelt. Ich wußte, daß ich nur eine Sorte Probleme durch eine andere ersetzte, doch über diese hatte ich Kontrolle, über Betsy nicht.

Alte Gewohnheiten, Erwartungen, Pläne und Träume müssen unter die Lupe genommen und neue Prioritäten gesetzt werden. Für manche Eltern bedeutet die innere Suche vor allem, ihre Erwartungen an das Kind und an ihr Familienleben zu revidieren.

Auch Sie hatten Erwartungen – wie wohl alle Eltern: Ihr Kind würde mehr oder weniger »normal«, gesund, brav und glücklich sein, es würde flügge werden, aus dem Haus gehen, vielleicht heiraten, Kinder haben und so weiter und so fort. Daß es ein *paar* Probleme geben würde, ha-

ben Sie vermutlich angenommen. Könnte sein, daß es in Mathe nicht so gut wird oder sich auf dem Fußballplatz etwas tolpatschig anstellt oder einen Dickkopf hat; aber eigentlich gäbe es nichts, womit man nicht fertigwürde.

Zur inneren Suche gehören Grundsatzfragen

Fragen, auf die es keine unmittelbare Antwort gibt, machen den größten Teil der inneren Suche aus. Es sind Grundsatzfragen, mit denen sich die meisten Eltern herumplagen. Auch die Eltern von nichtbehinderten Kindern müssen ihre Wertvorstellungen, Ziele und Prioritäten hin und wieder neu definieren, denn alle Heranwachsenden bereiten ihren Eltern früher oder später irgendwelche Sorgen. Der größte Unterschied liegt darin, daß viele Ihrer Sorgen mit einem bestimmten, möglicherweise ernstlichen Problem, dessen Ausgang nicht absehbar ist, und ohne Vorwarnung auftauchen.

> **Stephanie:** *Inneres Suchen ist erzwungene Persönlichkeitsentwicklung. Du bist immer damit beschäftigt, Antworten auf Fragen zu finden, um die sich die Eltern von »normalen« Kindern meistens nur wenig Gedanken machen müssen. Ich muß sagen, ein behindertes Kind zu haben, ist eine enorm wichtige Erfahrung, selbst wenn es einem am Anfang sehr zusetzt.*

Die Fragen auf Seite 69 werden Sie sich vermutlich auch stellen; sie sind alle ganz normal. Ebenso Gefühle von Angst, Niedergeschlagenheit oder Ratlosigkeit, die Sie vielleicht überkommen, weil Sie sie nicht beantworten können (und niemand kann sie für Sie beantworten). Die Antworten entwickeln sich im Laufe der Zeit. Einige werden Sie nicht eher erfahren, als bis die Zeit reif für Sie ist – bis dahin haben sich vermutlich Ihre Fragen gewandelt. Zum Beispiel hat die Frage »Wie wird die Behinderung meines Kindes meine anderen Kinder beeinflussen?« viele Antworten. Jedes Ihrer anderen Kinder erlebt diese Situation zu verschiedenen Zeiten auf unterschiedliche Weise; eine Rolle spielt dabei auch, welche anderen Dinge jeweils gerade in ihrem und Ihrem Leben wichtig sind.

Im Augenblick – und besonders wenn bei Ihnen gerade die innere Suche im Vordergrund steht – glauben Sie vielleicht, daß die Behinderung Ihres Kindes immer alles beherrschender Mittelpunkt sein wird. Aber das Leben geht weiter, und die Dinge ändern sich. Die Behinderung Ihres Kindes ist wohl immer präsent, aber der damit verbundene emotionale Druck läßt nach, und die Bedeutung der Behinderung ändert sich für Sie. Am Anfang hingen in Ihren Augen das Glück und die Zukunft Ihres Kindes einzig und allein von der Behinderung oder der Diagnose ab. Im Verlauf Ihrer inneren Suche erkennen Sie Ihr Kind mehr und mehr als ganzen Menschen, der viel Selbstbewußtsein, Hartnäckigkeit, Optimismus und Unterstützung braucht, um mit ein paar Einschränkungen fertigzuwerden, die sich aus seiner Behinderung ergeben. Während dieser Zeit der inneren Suche stellen Sie sich eine Menge Fragen – und Sie finden viele Antworten über sich selbst in Ihrer persönlichen Entwicklung.

- Bin ich eine gute Mutter/ein guter Vater, kann ich für mein Kind alles tun, was notwendig ist?
- Wie beeinflußt die Behinderung meines Kindes meinen Partner, und inwieweit wird sich unsere Beziehung verändern?
- Welchen Einfluß nimmt die Behinderung meines Kindes auf meine anderen Kinder?
- Welchen Einfluß nehmen unsere Lebensumstände auf meinen Wunsch oder meine Fähigkeit, Kinder zu bekommen?
- Was wird aus meinem Beruf, meiner Ausbildung, meinen anderen Interessen?
- Was wird aus unseren Freundschaften und verwandtschaftlichen Beziehungen?
- Wer kann überhaupt verstehen, was ich durchmache?
- Was ist, wenn mein Kind älter wird und nicht in der Lage ist, selbständig zu leben, zu heiraten, Kinder zu haben?
- Wird mein Kind zur Schule gehen können und Freunde haben?
- Wird mein Kind normal, gesund und glücklich sein?
- Wer kümmert sich um mein Kind, wenn mir etwas passiert?
- Werde ich je aufhören, mir darüber Gedanken zu machen?

Susi: Ich dachte an meine Familie. All meine Geschwister hatten begabte, fröhliche, prachtvolle Kinder. Sie waren nie krank, hatten tolle Freunde; sie lasen alle zehnmal besser als andere Kinder ihres Alters; sie malten, spielten Instrumente und machten alles mit links. Ich kam mir vor wie ein Fremdkörper in meiner Familie.

Sie werden bei Ihrer inneren Suche eine Menge überraschender Dinge über sich selbst erfahren. Sie werden ungeahnte Stärken an sich entdecken und Schwachstellen, die Sie lieber nicht gekannt hätten. Es können auch ein paar von den Gefühlen zurückkehren, die Ihnen in der Überlebensphase begegnet sind; vor allem solche, die Sie weggeschoben und nicht vollständig verarbeitet hatten.

===   Zur inneren Suche gehören auf Sie selbst bezogene Fragen

Selbstbezogene Fragen sind bestimmte praktische Fragen, die damit zu tun haben, wie Sie sich den Alltag erleichtern können, während Sie noch auf die Beantwortung der Grundsatzfragen warten. Persönliche Fragen können Ihnen dabei helfen, sich selbst besser zu verstehen, die eigenen Stärken und Schwächen zu erkennen und sich selbst weiterzuentwickeln.

Selbstzerstörerische Gedanken. Ein wichtiger Schritt in Ihrer persönlichen Weiterentwicklung ist die Erkenntnis, worüber Sie Kontrolle ausüben können. Konzentrieren Sie sich auf diese Dinge, versuchen Sie, sie zu verändern, damit Sie ein Gefühl von Stärke und Planmäßigkeit verspüren. Es gehört jedoch auch dazu, die Dinge, über die Sie keine Kontrolle haben, hinzunehmen und sie zu ignorieren oder daran zu arbeiten. Selbst wenn Sie keine Kontrolle über Ihre Situation haben, können Sie normalerweise kontrollieren, wie Sie darauf reagieren. Manchmal sind wir selbst unsere schlimmsten Feinde: Wir tragen negative, pessimistische, selbstzerstörerische Gedanken mit uns herum, die uns daran hindern, Fortschritte zu machen. Meistens lernen wir diese Gedanken schon in unserer Kindheit, und häufig ist uns gar nicht bewußt, wie negativ und selbstzerstörerisch sie sind. In der folgenden Liste finden Sie einige weitverbreitete negative Gedanken, die das Selbstwertgefühl und das Selbstvertrauen herabsetzen.

– Zu glauben, Sie seien ein Opfer der Umstände und könnten an Ihrer Situation doch nichts ändern.
– Unrealistische Hoffnungen und Erwartungen aufrechtzuhalten und dann ein ums andere Mal enttäuscht zu sein.
– Nur die Enttäuschungen, Hindernisse, Rückschläge und Niederlagen zu sehen.
– Darauf zu warten, daß Sie jemand errettet und Ihr Leben besser macht.
– Zu erwarten, daß andere Mitleid mit Ihnen haben.
– Zu glauben, vom Leben zu Höherem bestimmt gewesen zu sein, und deswegen bitter und zornig zu sein.
– Zu glauben, wenn Ihr Kind ein so ernstes Problem habe, dürften Sie nicht glücklich sein.

Ein paar Dinge, die Ihnen vielleicht während Ihrer inneren Suche klar werden

– Das Leben ist ungerecht.
– Niemand interessiert sich für Ihre Probleme so sehr wie Sie selbst, und niemand kann je wirklich verstehen, was das alles für Sie bedeutet.
– Niemand wird Sie erretten und alles wieder in Ordnung bringen.
– Wenn Sie all Ihre Zeit, Ihre Energie und Ihre Gedanken Ihrem Kind widmen, wird jemand den Preis dafür zu bezahlen haben – dieser Jemand könnte Ihr Kind sein.
– Die Fähigkeiten und die Einschränkungen Ihres Kindes realistisch zu sehen, bedeutet nicht, die Hoffnung aufzugeben.
– Selbst wenn Ihr Kind nicht in dem Maße Fortschritte macht, wie Sie es sich wünschen, heißt das nicht, daß Sie versagt haben.
– Ihr Kind und die Behinderung Ihres Kindes haben mit Ihrem Selbstwertgefühl nichts zu tun.
– Wie Ihr Kind seine Fähigkeiten und Einschränkungen empfindet, ist wichtiger als das, was es kann und was nicht.
– Die Dinge ändern sich. Manches wird schwieriger, manches einfacher, auf jeden Fall wird es anders. Worauf es ankommt, ist, wie Sie damit umgehen.
– Sie sind heute ein anderer Mensch als Sie es wären, wenn Ihr Kind keine Behinderung hätte. Sie können das als Enttäuschung, als Aufgabe oder als Segen betrachten.
– Auf dem Weg, den Sie zu gehen haben, werden Sie immer wieder Fehler machen. Niemand ist vollkommen, warum sollten Sie das von sich erwarten?

Wenn innere und äußere Suche zusammentreffen

Als Folge ihrer inneren und äußeren Suche beginnen viele Eltern, sich in unterschiedlicher Form für behinderte Kinder und ihre Belange zu engagieren. Sie greifen einen Bereich heraus, in dem sie sich auskennen, oder sie entwickeln ganz neue Talente, die sie in Förderprogrammen, Wohltätigkeitsveranstaltungen, als Fürsprecher, in ehrenamtlicher Tätigkeit entfalten, oder sie gehen zurück auf die Universität, um über ein Gebiet, das in irgendeiner Form mit Behinderung zu tun hat, mehr Wissen zu erwerben. Viele Eltern werden Anwälte, Sozialarbeiter, Sprachtherapeuten, Beschäftigungs- und Physiotherapeuten, Lehrer, Sozial- oder Freizeitpädagogen. Viele Angebote, an denen Ihr Kind teilnehmen kann, gäbe es nicht ohne den direkten oder indirekten Einsatz von Eltern. Viele Änderungen im Schulwesen und in der Gesetzgebung wurden von engagierten Familien und Freunden behinderter Kinder angestoßen.

Wendepunkte vom Suchen zur Normalisierung

1. Sie stellen fest, es gibt keine schnellen und einfachen Lösungen: Die meisten behinderten Kinder brauchen eine Vielzahl von Fördermaßnahmen und Fachleuten und das über lange Zeit. Veränderungen können unerträglich langsam vor sich gehen. Sie wissen, daß Sie die angebotenen Hilfen nicht ewig erhalten können, aber wenigstens eine Zeitlang können Sie das Ruder aus der Hand geben und die Situation genießen.
2. Sie stellen fest, daß es auf einige Ihrer Fragen keine Antworten gibt und daß Sie sich daran gewöhnen müssen, mit Zweifeln und Unsicherheit zu leben. Das ist nicht leicht. Aber manchmal scheint die Unvorhersehbarkeit das einzig Vorhersehbare zu sein.
3. Sie erkennen, daß sich die meisten Ihrer Sorgen über das langfristige Wohlergehen Ihres Kindes nicht klären lassen, solange es noch klein ist, weil seine Zukunft von so vielen verschiedenen Dingen abhängt. Die Fortschritte können gleichmäßig und unspektakulär sein, aber es kann genausogut zu medizinischen Komplikationen oder unerwarteten Lernschwierigkeiten kommen. Sie erkennen, daß sich jedes Kind anders entwickelt und daß sich manche Dinge nicht vorhersehen lassen. Sie werden die tollsten Geschichten über Kinder hören, die alle Vorhersagen widerlegt und sämtliche Spezialisten Lügen gestraft haben.

4. Sie werden feststellen, daß es immer neue Durchbrüche in Bereichen gibt, die die Lebensqualität Ihres Kindes verbessern oder neuen Technologien, Medikationen, Operationen oder Fördermöglichkeiten den Weg bereiten, die es ihm ermöglichen, selbständig, in die Gesellschaft integriert und zufrieden zu leben. Sie bleiben mit solchen Programmen, Leuten und Organisationen auf Tuchfühlung, über die Sie neue Informationen und Hilfe erhalten.

Das Suchen hört nie wirklich auf, es gehört zu einem aktiven, bewegten Leben dazu. Zeiten der inneren Suche wird es immer wieder geben – sei es freiwillig, sei es notgedrungenermaßen. Die innere Suche entfaltet, sobald sie einmal eingesetzt hat, ihre eigene Dynamik. Sie werden bemerken, daß Sie sich immer weiter entwickeln. Sie gewöhnen sich an das neue Leben, die besonderen Bedürfnisse Ihres Kindes werden Teil Ihrer Identität, die Sie wiederum in Ihr eigenes Lebensbild einpassen. Mit den Aufgaben, die sich Ihnen durch Ihr Kind neu stellten und immer wieder neu stellen werden, haben Sie neue Einsichten und Erfahrungen gewonnen, die sich in allen Bereichen Ihres Lebens auswirken. Sie werden ein paar große und viele kleine Entscheidungen zu treffen haben. Sie können heute noch nicht wissen, was Sie sich in einem oder in zehn Jahren einmal für sich oder Ihr Kind wünschen. Sie erobern die Zukunft einen Tag nach dem anderen und machen aus jedem Tag das Beste.

Die Normalisierungsphase

Jeder Tag, den wir gut leben, läßt die Vergangenheit als glücklichen Traum und sogar die Zukunft als hoffnungsfroh erscheinen.
(Unbekannter Autor)

Normalisierung heißt, die Welt und sich selbst realistisch zu betrachten. Es heißt, die intensiven Gefühle der Überlebensphase zu überwinden. Es heißt, zu spüren, wie der Druck des Suchens nachläßt. Und es heißt, mehr Kontrolle und Ausgeglichenheit in den Alltag zu bringen.

Die Normalisierung ist das dritte Stadium des Anpassungsprozesses. Das Leben verläuft ruhiger, vorhersehbarer, selbst wenn Sie noch manchmal mit Suchen beschäftigt sind und hin und wieder mehr oder weniger heftig von Gefühlen aus der Überlebensphase heimgesucht werden. Sie gliedern die besonderen Bedürfnisse Ihres Kindes in Ihren Alltag ein und bemühen sich, zu einer neuen Stabilität und Harmonie innerhalb der Familie zu gelangen.

Susi: Jedes Jahr, wenn die Mädchen der Pfadfindergruppe herumgingen, an den Haustüren klingelten und ihre selbstgebackenen Plätzchen verkauften, fiel ich in eine Depression, weil ich wußte, daß Betsy das nie würde tun können. Heute weiß ich, was passiert, und stelle mich darauf ein. Inzwischen bin ich sogar soweit, daß ich nicht jedesmal 50 Schachteln mit Plätzchen kaufe.

Was heißt zur Normalität finden?

Während der Überlebensphase waren Sie vollauf damit beschäftigt, überhaupt über die Runden zu kommen. Sie reagierten, ohne lange zu überlegen, Sie waren nicht in der Lage, vorauszudenken oder vorauszuplanen. Sie taten immer nur, was gerade getan werden mußte. Vielleicht sind einige der unangenehmen Gefühle aus dieser Zeit noch präsent. Manche sind hartnäckiger als einem lieb ist; manche werden unerwartet von irgendeinem Ereignis, einer Erinnerung, einer schlechten »Tagesform« wieder an die Oberfläche befördert. Aber diese Gefühle bleiben meist nicht lange, und Sie wissen, daß Sie sie in den Griff bekommen.

Als das Suchen in den Vordergrund trat, verwendeten Sie viel Zeit und Energie darauf, Informationen über die Behinderung und die besonderen Bedürfnisse Ihres Kindes zu beschaffen und sich über Ihre eigenen Gefühle angesichts dieser Lebensveränderung klar zu werden. So manches Mal werden Sie nicht nur dringend, sondern sogar verzweifelt nach Hinweisen gesucht haben, weil Sie befürchteten, Ihr Kind würde unwiderbringlichen Schaden erleiden, wenn Sie nicht schnell genug alle nur denkbaren Behandlungsmöglichkeiten ausfindig machten. Das Suchen kann sehr viel Kraft kosten, vor allem weil Sie nie genau wissen, welche Maßnahmenkombination zu welchem Zeitpunkt bei Ihrem Kind die besten Ergebnisse bringt – oder unmöglich die Veränderungen herbeiführen kann, die Sie sich erhoffen.

Die Gefühle, die Ihre äußere Suche begleiteten, treten in den Hintergrund, sobald Sie wieder zu einer Normalität zurückgefunden haben. Vielleicht zeigen Sie noch typische Verhaltensmuster der Suchphase – zum Beispiel nach Förderangeboten Ausschau halten oder Spezialisten aufsuchen –, aber Ihre Einstellung dazu hat sich verändert.

Die innere Suche kann ebenfalls zurücktreten, aber bei vielen Eltern bleibt sie auch während der Phase der Normalisierung im Vordergrund stehen. Aber nicht selten verschiebt sie sich von den eher abstrakten und oft nicht zu beantwortenden Sinn- und Grundsatzfragen hin zu direkteren, konkreten, auf die momentane Situation bezogenen persönlichen Fragen. Sowie Sie merken, daß die Energie und die Lebensgeister zurückkehren, die während der Überlebens- und der Suchphase blockiert waren, sind Sie auch wieder in der Lage, sich besser um den Alltag und Ihre persönliche Lebensqualität zu kümmern.

Die drei Ecksteine der Normalisierung: innere Einstellung, Schwerpunktsetzung, Kontrolle

Normalisierung bedeutet eine Veränderung der inneren Einstellung

Es wird immer deutlicher, daß sich Ihre innere Einstellung verändert. Das geschieht in der Regel nicht schlagartig, und vermutlich können Sie auch nicht angeben, wann und wie die Veränderungen eingesetzt haben. Es vollzieht sich in verschiedenen Bereichen zu unterschiedlichen Zeiten und ist unter Umständen abhängig von Ihrer Laune oder vom Befinden Ihres Kindes an einem bestimmten Tag.

Ihre Definition von »normal« verändert sich. Ihre Situation ist nicht »normal« in dem Sinne, wie Sie es früher benutzten, aber Sie entwickeln eine neue Normalität für sich und Ihre Familie. Zu Ihrer »neuen Normalität« gehört ein relativ großer Zeitaufwand: Termine sind einzuhalten, Medikamente müssen besorgt, Hilfsmittel gewartet oder organisiert werden, Anträge an die Krankenkasse wollen geschrieben und spezielle Förderangebote abtelefoniert sein. Aber das ganze Spektrum von Freud und Leid, täglichen Pflichten, Spaß und Ärger gehört ebenfalls dazu.

Sie fühlen sich nicht mehr so sehr unter Druck. Der Druck, der auf Ihnen lastete, als die Zeit der Suche begann, läßt allmählich nach. Ihnen wird klar, daß therapeutische Maßnahmen Zeit brauchen, daß keine sofortigen Ergebnisse zu erwarten sind, daß Ihr Kind auch Phasen des Stillstands durchläuft, in denen es nichts Neues zu lernen scheint, oder eine Zeitlang sogar Rückschritte macht. Ihnen wird klar, daß Sie Ihrem Kind nicht 24 Stunden am Tag »etwas beibringen« können und daß »mehr« nicht unbedingt »besser« ist.

Sie geben unrealistische Erwartungen auf. Je mehr sich Ihre Definition von »normal« verändert, desto stärker lösen Sie sich von unrealistischen Erwartungen. Sie merken, daß sich Ihre Gefühle aus der Überlebensphase nicht ein für allemal ad acta legen lassen. Ihr ganz privater »Gefühlscocktail« kommt immer wieder zum Vorschein – wenn Sie einen schlechten Tag haben, wenn eine erneute Operation oder ein Schulwechsel ansteht. Sie können diese Gefühle jetzt akzeptieren und glauben nicht mehr, eines Tages ganz frei von Traurigkeit, Schuldgefühlen oder Ängsten zu sein. Und Sie wissen, daß auch die Suchphase von Zeit zu Zeit wieder reaktiviert wird, selbst wenn Ihr Kind an einem Programm teilnimmt, von der Sie annehmen und hoffen, daß es noch lange andauert.

Unrealistische Erwartungen aufzugeben, dazu gehört auch, sich mit den Tatsachen abzufinden. Die Tatsachen sehen nicht immer so positiv und optimistisch aus, wie Sie sie sich vorgestellt hatten. Eine vielversprechende Operation kann fehlgeschlagen sein, ein neues Medikament hat keine Wirkung gezeigt, eine Fördermaßnahme hat nicht so gegriffen, wie man gedacht hatte.

Sie machen sich nicht mehr so viele Gedanken wie vorher. Wahrscheinlich machen Sie sich schon noch Gedanken, aber Sie merken, daß Grübeln unheimlich viel Energie kostet, Sie ärgert und Sie traurig macht. Sie merken, daß Grübeln nichts ändert – selbst wenn es Ihnen manchmal das Gefühl gibt, die Dinge unter Kontrolle zu haben, weil Sie darüber nachdenken.

Janet: Wir haben uns mit Schrecken vorgestellt, was wäre, wenn er in eine andere Schule gehen müßte oder wenn er in die Pubertät käme. Aber wenn es dann soweit ist, gehst du einfach durch. Du mußt dir Informationen beschaffen und praktisch denken und handeln. Durch Grübeln wird alles nur schwieriger.

Sie sehen die Behinderungen und die Bedürfnisse ihres Kindes mit anderen Augen. Zum Beispiel betrachten Sie den Rollstuhl nicht mehr als Zeichen der Hoffnungslosigkeit, als Eingeständnis, daß Ihr Kind nie wird laufen können, sondern Sie sehen ihn als Möglichkeit für Ihr Kind, mobil und unabhängig zu sein. Sie denken nicht mehr »Sie ist zum Rollstuhlfahren verurteilt«, sondern »Durch den Rollstuhl gewinnt sie an Freiheit«. Sie hatten sich auf das konzentriert, was Ihrem Kind fehlte, was es nicht konnte. Nun gehen Sie dazu über, Mittel und Wege zu finden, wie es dasselbe dennoch bewerkstelligen kann – und sei es nur teil- oder annäherungsweise. Rollstühle und andere Bewegungshilfen, Zeichensprache, Schreibtafeln, elektronische Kommunikationshilfen, Stöcke und Krücken, Sicherheitshelme, spezielle Ausrüstung – viele Eltern wehren sich anfänglich dagegen, weil diese Dinge für sie Symbole der Behinderung darstellen und scheinbar das Aufgeben der Hoffnung auf Heilung signalisieren. Aber wenn sich Ihr Blickwinkel verändert, erkennen Sie, daß alle diese Hilfen Ihrem Kind mehr Unabhängigkeit und soziale Integration ermöglichen.

—— *Normalisierung bedeutet eine Verschiebung der Schwerpunkte*

Am Anfang stand für Sie die Heilung im Mittelpunkt – die Fehlfunktionen bei Ihrem Kind sollten behoben, korrigiert werden. Je älter Ihr Kind wird und je besser Sie sich an die Situation angepaßt haben, desto mehr arbeiten Sie am weiteren Umfeld der Behinderung. Ihnen wird immer klarer, daß Sie Ihrem Kind helfen müssen, seine Schwachstellen zu kompensieren, das heißt in anderen Gebieten Stärken zu entwickeln, und ein gesundes Selbstwertgefühl aufzubauen.

Sie setzen neue Prioritäten für sich und Ihr Kind. Sie wissen, daß Sie nicht alles tun können, was möglich wäre, und Ihr Kind nicht an allen nur denkbaren Therapien und Förderprogrammen teilnehmen kann. Sie stellen fest, daß Sie es vielleicht eine Zeitlang etwas ruhiger angehen und in bestimmten Bereichen mal eine Pause einlegen sollten. Sie wissen, daß manche Angebote kaum die Mühe wert sind, die Sie aufbringen müssen, um aufgenommen zu werden. Sie sind jetzt viel besser in der Lage auszu-

wählen, was momentan wichtig ist, was warten kann und auf was sich verzichten läßt. Und das ist für Sie auch so in Ordnung.

Diane: Am Anfang haben wir um absolut alles gekämpft, aber irgendwann kommt der Punkt, an dem du sagst »Diesen Kampf werde ich wohl verlieren, und es ist auch o.k.« oder »Es lohnt den Aufwand nicht«.

Stephanie: Die Sprachtherapie wurde für Emma abgelehnt. Wir hätten widersprechen können, aber es war die Mühe nicht wert. Man muß eine Menge Staub aufwirbeln und sich ziemlich viel herumärgern. Wenn man heult und laut genug herumschreit, bekommt man, was man will. Manchmal lohnt es sich, aber man muß es gegen den Aufwand abwägen. Was sie in den 30 Minuten pro Woche in einer künstlichen Umgebung bekommen hätte, hätte sie nicht unbedingt sehr viel weiter gebracht. Vielleicht lohnt sich die halbe Stunde Fahrt später einmal, im Moment jedoch nicht. Und ich habe nicht die geringsten Gewissensbisse deswegen.

Sie haben jetzt alle Bedürfnisse Ihres Kindes im Auge. Die Behinderung beansprucht weniger Energie und Aufmerksamkeit von Ihnen, und Sie können das Kind jetzt mit allen seinen Bedürfnissen sehen. Sie verwenden nicht länger den größten Teil Ihrer Energie, Ihrer Aufmerksamkeit, Ihrer Gespräche und Gedanken auf die Probleme Ihres Kindes. Sie gehen damit um, aber Sie halten sich nicht länger als nötig damit auf. Sie fragen sich, ob Ihrem Kind eine Sache Spaß macht statt ob es etwas dabei lernt. Sie sind in der Lage, mit ihm zu spielen, ohne zu überlegen, ob das nun stimulierend oder strukturiert genug ist.

Stephanie: Die Normalisierung ist eine Art wohltuender Nachlässigkeit. Ich sage alle Stunden ab und lasse sie gerade so sein, wie sie ist. Sie darf mehr riskieren, mehr Fehler machen und selbst herausfinden, wie sie ihre Zeit verbringen will.

In anderen Lebensbereichen geht es gleichfalls vorwärts. Nicht nur die besonderen Bedürfnisse Ihres Kindes erfordern Beachtung, sondern auch die Bedürfnisse eines jeden anderen Familienmitglieds – Sie eingeschlossen. Sie sind ein Meister im Zeitmanagement; Sie lernen mit den Erfordernissen des Alltags zu jonglieren, während Sie auf die Stundenpläne und Terminkalender der anderen Rücksicht nehmen und nebenbei noch etwas Zeit für sich selbst zu finden versuchen.

Ihr Alltag ist berechenbarer geworden. Wenn Sie Glück haben, gibt es weniger medizinische Krisen und Ihr Kind erhält eine Therapie oder Förderung, die noch eine Weile läuft. Vielleicht ist es nur die Ruhe vor dem Sturm, aber Sie erkennen eine Atempause, wenn sie sich auftut, und Sie wissen sie zu schätzen, wenn sie eingetreten ist.

Diane: Wir hatten keine andere Wahl und versuchten, das Beste draus zu machen. Andere Leute sagten: »Ich könnte das nicht, was ihr tut.« Woher wollen sie das wissen?

Sie lernen, andere Schwerpunkte zu setzen, wenn manche Dinge leichter, manche schwerer und viele einfach nur anders werden.

Diane: Der neue Rollstuhl ist toll. Es ist ein Sport-Rollstuhl, und er ist so leicht, daß ich ihn ins Auto hieven kann, ohne mir einen Bruch zu heben. Wenn wir einkaufen gehen, müssen wir jetzt nicht ständig auf Catherine warten oder uns setzen und eine Pause machen, weil sie müde ist. Sie kann jetzt mithalten, und es macht ihr Spaß, mit dem Ding zu spielen. Wir müssen sie dauernd ermahnen, daß sie keine Leute über den Haufen fährt.

Susi: Es machte mir nichts aus, überall im Haus Kindersicherungen einzubauen, als Betsy zwei war. Aber jetzt ist sie acht, und ich muß immer noch alles außer Reichweite halten. Das nervt mich langsam.

Je älter Ihr Kind wird, desto schwerer ist es in der Regel, es zu heben, zu bewegen, zu baden, anzuziehen oder ihm in den beziehungsweise aus dem Rollstuhl zu helfen; unter Umständen ist es schwerer, sein Verhalten in der Öffentlichkeit unter Kontrolle zu halten, oder anderen Menschen unangemessene Verhaltensweisen zu erklären. Wenn der Abstand zu anderen Kindern seines Alters größer wird, zieht es möglicherweise mehr negative Aufmerksamkeit auf sich.

Häufig bessern sich die Probleme mit dem Alter und durch die Therapien, und Ihre Fähigkeiten, damit umzugehen, steigern sich ebenfalls. Sie reagieren besser, Sie lernen, vielen unangenehmen Gefühlen aus dem Weg zu gehen, und wenn doch mal welche durchbrechen (was immer wieder vorkommt), halten sie nicht lange an.

Susi: Wann immer wir uns irgendwo wohlfühlen, es den Kindern gut geht, und wir im Gleichgewicht sind, warten wir insgeheim darauf, daß irgend etwas passiert. Wir glauben einfach nicht, daß das Leben so weitergeht. Und wißt ihr was? Wir haben recht, so zu denken. Es ist eine Art Schutz, so sind wir immer wachsam, denn wir können uns nicht darauf

verlassen, ewig in dem kleinen Sommerhaus mit dem blühenden Garten zu leben. Das heißt nicht, daß etwas passieren muß. Es ist auch nicht pessimistisch. Aber es ist besser, vorbereitet zu sein und zu sagen: »Ich weiß, daß etwas auf mich zukommt, und ich kann damit umgehen. Und wenn das vorbei ist, nehme ich das nächste in Angriff.«

Janet: *Kannst du dann eigentlich noch den Augenblick genießen?*

Susi: *Du mußt beides können, sozusagen zweigleisig fahren. Du bist immer wachsam, aber du setzt dich nicht hin und wartest darauf, daß etwas passiert.*

—— Normalisierung bedeutet eine Verschiebung der Kontrolle

Es gibt ein paar Dinge im Leben, über die Sie keine Kontrolle haben – selbst wenn Sie alles richtig machen. Sie fühlen sich nicht länger hilflos, unwissend, ängstlich und verwirrt (jedenfalls nicht mehr oft). Vorbei ist auch die Zeit, da Sie das Gefühl hatten, nur auf etwas von außen Kommendes reagieren zu können, das Ihr Leben, Ihre Gefühle und Ihre Zukunft zu kontrollieren schien.

Susi: *Das Urteil ist noch nicht gefällt, glaube ich. Dieses Jahr ging's gut, aber was ist nächstes Jahr? Und was ist morgen? Wir haben morgen vormittag ein Gespräch über spezielle Fördermaßnahmen für Betsy. Hoffentlich geht das gut. Wir müssen hartnäckig sein, um das Beste für sie herauszuholen. Ich will ja auch konstruktiv mitarbeiten.*

Sie verfügen über wesentlich mehr Informationen als am Anfang. Sie sind nicht nur sehr viel besser informiert als während der Überlebens- und der Suchphase, Sie wissen jetzt auch, wie Sie an Informationen kommen, die Sie nicht haben. Sie wissen mehr über Ihr Kind, über Ihre Ansprüche, über die verfügbaren Angebote und über fehlende Angebote. Sie haben wahrscheinlich ein paar Antworten auf die Frage nach der Behinderung Ihres Kindes. Vermutlich besitzen Sie eine Diagnose, eine Perspektive für die nahe Zukunft, ein bewährtes Medikationsschema oder ein besseres Verständnis für das Krankheitsbild, mit dem Sie zu tun haben.

Sie besitzen mehr Erfahrung im Suchen. Sie vergeuden bei weitem nicht mehr so viel Zeit mit dem Warten auf Rückrufe oder dem Herumsitzen in Wartezimmern. Sie treten bestimmter auf und Sie verfügen über mehr Kenntnisse, das merken auch die Fachleute, mit denen Sie zu tun haben.

Janet: Wenn ich mich um Ryans medizinische Versorgung kümmere, komme ich mir eher vor wie ein Hausarzt. Ich versuche zu vermeiden, daß zu viele verschiedene Leute an ihm herumfummeln. Ich übernehme dann eine andere Rolle; ich setze den Medizinerblick auf, werde ganz objektiv und überlege, welche Alternativen es gibt.

Sie spüren, es geht vorwärts, und zwar mit Elan und Entschlossenheit. Sie bemühen sich, Ihre Familie so gut wie möglich zu stabilisieren und zusammenzuschweißen. Sie fühlen sich nicht mehr in die Defensive gedrängt und unwohl in Ihrer Situation. Sie verbringen weniger Zeit damit zurückzuschauen und darüber nachzugrübeln, ob Sie nicht doch diese Therapie hätten versuchen oder jener Empfehlung hätten folgen sollen.

Diane: Man kann das Rad nicht zurückdrehen mit »Hätten wir nur...« oder »Wäre es vielleicht besser gewesen, die Operation nicht durchführen zu lassen?«

Stephanie: Das sagst du so schön, aber warum tun wir es dann?

Sie merken, was Ihnen hilft. In dem Maße, wie Sie herausfinden, was bei Ihnen funktioniert, wächst das Gefühl, die Situation im Griff zu haben. Und wenn Sie glauben, etwas Kontrolle über Ihr Leben zu haben, fällt es Ihnen leichter, Entscheidungen für Ihr weiteres Leben zu treffen. Es fällt Ihnen leichter, positiv, neutral oder – wenn Sie wollen – wütend zu sein; Sie können die wichtigen Gefechte austragen und die anderen sein lassen. Sie wissen, daß Sie nicht immer im Griff haben, was geschieht, aber Sie können entscheiden, wie Sie darauf reagieren.

Sie verfügen über ein Netzwerk von Menschen. Mit der Zeit hat sich ein Netzwerk von Fachleuten und anderen Eltern herausgebildet, und je mehr Beziehungen Sie knüpfen, desto mehr profitieren sowohl Sie als auch Ihr Kind davon, wenn darin auch andere Behinderte eingeschlossen sind. Über Kontakte mit anderen Jugendlichen und Erwachsenen, die eine ähnliche Behinderung haben, kann Ihr Kind eine Menge lernen, zum Beispiel praktische Fertigkeiten für den Alltag, aber auch wie man als behinderter Mensch in unserer Gesellschaft lebt. Es erlebt Vorbilder für ein positives Selbstwertgefühl und für den Umgang mit Frustrationen und neuen Anforderungen.

Sie und Ihr Netzwerk verfügen über »Quellen«, und jeder von Ihnen kennt wiederum andere Leute, die über »Quellen« verfügen. Sie wissen, wen Sie anrufen können, wenn Sie Hilfe suchen oder wenn Sie sich bei jemandem ausweinen müssen. Netzwerke sind außerdem wirkungsvoller als Einzelpersonen, weil sie zusammen als Fürsprecher auftreten können, wenn es darum geht, eine Bordsteinkante zu senken, einen Aufzug zu installieren oder eine Verwaltungsvorschrift zu ändern.

Sie sind viel flexibler als früher. Nun, da Sie Ihre Gefühle besser im Griff haben und mehr Selbstvertrauen in Ihrer neuen Rolle besitzen, läßt die Anspannung nach und Sie können lockerer mit den Höhen und Tiefen des Alltags umgehen. Sie sind zuversichtlicher, daß es im Prinzip vorwärtsgeht und sich die meisten täglichen Probleme irgendwie von alleine geben. Ihnen wird klar, daß es eine Menge Dinge gibt, auf die Sie überhaupt keinen Einfluß haben, aber Sie schaffen es, sich deswegen nicht mehr verrückt zu machen und es sich nicht allzusehr zu Herzen zu nehmen. (Wenn die Kinder plärren und nörgeln, zum Beispiel, heißt das nicht automatisch, daß Sie schlechte, unfähige Eltern sind.)

Das Gefühl, etwas im Griff zu haben, gibt mehr Spielraum. Und wenn Sie es schaffen, viele von den Dingen, die Sie kontrollieren wollten, wirklich nicht mehr so ernst zu nehmen, dann passiert etwas Interessantes – Sie gewinnen sogar noch mehr Kontrolle über Ihr Leben. Weshalb? Weil Sie entscheiden, über was Sie sich aufregen und über was nicht. Wer sich entscheiden kann, wie er auf Ereignisse reagieren will, gewinnt nicht nur an Kontrolle, sondern auch an Freiheit.

Hemmnisse bei der Normalisierung

Manche Familien können sich nicht über das Gefühl der einkehrenden Normalität freuen, oder dieses Stadium des Anpassungsprozesses tritt mit Verzögerung ein. Wir nennen einige Beispiele für Probleme auf dem Weg in die Normalisierung.

● Es kann sein, daß die Suche nach Lösungen weiter anhält, wenn der Gesundheitszustand eines Kindes immer wieder kritisch ist, wenn es aggressives oder selbstzerstörerisches Verhalten an den Tag legt oder wenn die seelische oder körperliche Gesundheit eines anderen Familienmitglieds bedroht ist. Dabei spielt es keine Rolle, ob nach kurz- oder langfristigen Lösungen gesucht wird. Die Erfordernisse liegen in jeder Familie anders, und jede Stadt verfügt über andere Einrichtungen und Hilfsangebote.

● Obwohl Qualität und Vielfalt der Angebote sich in den letzten Jahren im deutschsprachigen Raum deutlich verbessert haben, und auch viele Leistungsträger (Krankenversicherungen, soziale Sicherungssysteme wie die Sozialhilfe in Deutschland und Österreich, die Invalidenversicherung in der Schweiz) den Anliegen der Eltern mit behinderten Kindern aufgeschlossen gegenüberstehen, macht sich die allgemeine Wirtschaftslage auch hier bemerkbar. Verunsicherung und tatsächliche Verknappung von Ressourcen nehmen auch diesen Bereich mittlerweile nicht mehr aus.

● Manche Kinder haben so schwere medizinische, seelische, Lern- oder Verhaltensstörungen, daß ihre Familien nicht dazu in der Lage sind, sie zu Hause zu betreuen. Solche Kinder brauchen unter Umständen eine Beaufsichtigung rund um die Uhr (bei schwerem aggressiv-zerstörerischem Verhalten) oder einen festen Rahmen für ihre alltäglichen Verrichtungen, damit sie sich besser einfügen und selbständiger werden. Die Entscheidung, ein Kind in ein Heim zu geben, ist nie leicht. Doch manche Familien sind außerstande, die auf der gesamten Familie liegenden Belastungen zu ertragen, trotz größter Anstrengungen und Unterstützung durch Hilfsdienste.

● Möglicherweise droht Ihre Ehe oder Ihre Lebensgemeinschaft an dieser Wende in Ihrem Leben zu zerbrechen. Sie verändern sich, Ihr Partner verändert sich, oder einer von Ihnen schafft es nicht, sich auf die besonderen Bedürfnisse Ihres Kindes einzustellen. Vielleicht gab es vorher schon Risse in Ihrer Beziehung, die jetzt so groß werden, daß sie sich nicht mehr kitten lassen.

● Wenn Sie aus welchen Gründen auch immer alleinerziehend sind, lastet die ganze Verantwortung für das Suchen auf Ihnen. Niemand ist da, um Ihnen bei der Suche und der Beurteilung von Angeboten zu helfen, niemand, der Ihr Kind hinbringt und wieder abholt, niemand, der zu schätzen weiß, wie großartig Sie Ihre Aufgabe meistern. Deshalb müssen Sie Ihre Suche ausdehnen, um jemanden zu finden, bei dem Sie seelisch-moralische Unterstützung finden und der Ihnen ein paar der täglichen Aufgaben abnimmt. Selbsthilfegruppen sind für Sie besonders wichtig – auch wenn es eine Anlaufstelle mehr bedeutet und einen Abend mehr, an dem Sie nicht zu Hause sind.

● Die unangenehmen Gefühle aus der Überlebens- und der Suchphase können sich immer wieder in den Vordergrund spielen. Sie stellen fest, daß die Normalität kommt und geht; tage-, wochen-

und monatelang läuft alles ganz normal, mit den alltäglichen Höhen und Tiefen. Wenn Sie über längere Zeit nur kritische Phasen gehabt haben, kommen Ihnen sogar ein oder zwei Tage der Erleichterung vor wie ein neu geschenktes Leben! Sie lernen, was die Gefühle der Überlebensphase wiederaufleben läßt und wie Sie sie klein halten oder ganz vermeiden.

Susi: Wenn der Druck zu groß wird, mußt du rausgehen. Egal, was das für dich heißt – Freunde besuchen, in ein Museum gehen –, irgendwas, was den Teufelskreis durchbricht.

Diane: Insgesamt geht es uns besser als früher. Die schwierigen Zeiten werden kürzer. Früher dauerte es eine Woche, heute ein paar Augenblicke.

Natürlich gibt es immer wieder Phasen des Suchens. Das kann der Fall sein, wenn ein Förderprogramm umgestellt wird oder Ihr Kind zusätzliche Therapiemaßnahmen benötigt. Wenn Sie in eine andere Stadt (oder vielleicht sogar nur in einen anderen Stadtteil) ziehen, müssen Sie wieder nach neuen Schulen, Fachleuten, Einrichtungen suchen. Oder eine Reform des Gesundheitswesens mit Leistungskürzungen wird angekündigt.

Inzwischen wissen Sie vermutlich schon, daß selbst wenn alles schon ganz normal läuft, Gefühle aus der Überlebens- und der Suchphase zusammen auftreten können. In dem Augenblick, in dem Sie glauben, die Wut hinter sich zu haben, geht der Rollstuhl wieder kaputt. In dem Augenblick, in dem Sie glauben, Ihre Schuldgefühle überwunden zu haben, erfahren Sie, daß die Klinik, die Sie vor zwei Jahren beinahe angerufen hätten, tatsächlich eine wirksame Behandlungsmethode hatte.

Janet: Die medizinischen Probleme drängen bei Ryan immer in den Vordergrund. Ich denke, es geht ihm jetzt gut. Wenn sich seine Skoliose nicht verschlimmert, seine Füße nicht schlechter werden und ich seine Gaumenspalte nicht noch mal operieren lassen muß, ist alles in Ordnung. Ich muß alle sechs Monate mit ihm zu Kontrolluntersuchungen wegen seiner Ohren, seiner Augen und seiner Füße, wegen seines Rückens sogar alle vier Monate. Nicht jeder medizinische Eingriff ist gut, und schon gar nicht immer das Beste. Manchmal gewinnt man was dabei, oft genug gibt man aber etwas anderes dafür auf. Wir versuchen, das bei unseren Entscheidungen zu berücksichtigen.

≡ Die Frage der Akzeptanz

Unter Eltern und Fachleuten wird viel über den Begriff »Akzeptanz« geredet. Eltern sprechen von »Akzeptanz« oft wie von einem fernen Ziel, das sie längst erreicht haben sollten. Häufig wissen sie nicht einmal genau, was Akzeptanz ist, scheuen sich aber, darüber zu sprechen, weil sie Angst haben, als Versager dazustehen, die »es« noch nicht geschafft haben. Und manche Fachleute verschlimmern die Situation zusätzlich, indem sie »Akzeptanz« zum Maßstab für die Anpassung der Eltern stilisieren und zum Ziel erklären, das die Eltern mit ihrer Hilfe erreichen sollen. Hatten Sie auch schon das Gefühl, daß Akzeptanz bedeutet »es zugeben« oder »sich damit abfinden«? Manchmal schwingt bei »Akzeptanz« der Unterton mit, Sie sollten lieber »die Wahrheit akzeptieren und nicht versuchen, sie zu bekämpfen« wie eine unheilbare Krankheit. In der Tat war das die typische, allgemein anerkannte Einstellung zu der Zeit, als Menschen mit Behinderungen noch weggesperrt und keine anderen »Behandlungsmaßnahmen« für möglich gehalten wurden. Von daher gesehen kommt der Betrachtung von Akzeptanz als Aufgaben historisches und kulturelles Interesse zu; es erlaubt uns auch, die Fortschritte im Verständnis und in der Arbeit mit behinderten Menschen zu würdigen.

Die Situation akzeptieren in dem Sinn, daß Sie sich zurücklehnen und Hilfe oder Verbesserung für Ihr Kind weder suchen noch erwarten, macht alle Kontrolle und Ihr ganzes Selbstvertrauen zunichte. – Es ist heute schlicht inakzeptabel, Akzeptanz so zu verstehen.

Was also ist Akzeptanz? Eine Definition lautet: »willig und ohne Protest annehmen, für richtig und passend erachten«. Gibt es Eltern, die die Behinderung ihres Kindes willig und ohne Protest annehmen? Kann man die Behinderung eines kleinen Kindes je als richtig und passend erachten? Warum sollten Eltern etwas akzeptieren, das jeder andere als inakzeptabel ansieht?

Aber Akzeptanz hat noch eine zweite Bedeutung: »eine Situation anerkennen, sie verarbeiten, sich damit abfinden und das Beste daraus machen«. Entspricht das nicht viel mehr dem, was Sie tun? Nach der ersten Definition nehmen Sie zwar Ihr Kind, nicht aber seine Behinderung an. Nach der zweiten Definition erkennen Sie an, daß Ihr Kind behindert ist, Sie verarbeiten (»verdauen«) es, finden sich mit der Behinderung ab und machen das Beste daraus. In anderen Worten, Sie sagen: »Also gut, so ist es nun mal. Das Problem existiert und verschwindet nicht. Wie können wir es verstehen, in unser Leben integrieren und für unser Kind und unsere Familie das Beste draus machen?«

Studieren, Verstehen, Beherrschen –
die Grundlagen der Akzeptanz

Akzeptieren heißt anerkennen, daß ein Problem existiert, das Problem studieren, seine Bedeutung für Ihr Leben verstehen und es beherrschen, indem Sie die besonderen Bedürfnisse Ihres Kindes in Ihr eigenes Leben integrieren.

Stephanie: Akzeptanz ist eine Folge der inneren Suche, der Arbeit, die du schon geleistet hast, um dein Kind und die Situation, in die seine Existenz dich und deine Familie gebracht hat, zu akzeptieren. Es fängt damit an, daß du denkst: »Das ist mein Kind, und mir ist es egal, was mit ihm nicht stimmt. Ich liebe es um seiner selbst willen.« Diese Akzeptanz und dieser Respekt vor der Einzigartigkeit eines Kindes sollte eigentlich Grundlage jeder Eltern-Kind-Beziehung sein, aber vielleicht ist es manchmal sogar einfacher bei einem behinderten Kind. Dann, wenn uns die Umstände dazu zwingen, alle unsere Erwartungen aufzugeben, und wir feststellen, daß es nicht wichtig ist, ob es Präsident oder Bundeskanzler wird, sondern daß es sein Potential (und mag es noch so beschränkt sein) entfalten kann. Seine Einzigartigkeit anzuerkennen, zu würdigen und zu respektieren ist eines der größten Geschenke, das wir als Eltern jedem unserer Kinder machen können.

Wendepunkte von der Normalisierungs- zur Trennungsphase

Die Phase der Normalisierung kann Jahre anhalten, in manchen Fällen besteht sie auch nur aus kurzen Verschnaufpausen von einer sehr intensiven Pflegetätigkeit. Den meisten Familien gelingt es, die Normalität für längere Zeitabschnitte herzustellen. Irgendwann in dieser Zeit der Normalität merken Sie, daß Sie anfangen müssen, über das Loslassen nachzudenken. Ihnen ist klar, daß es in irgendeiner Form in den nächsten paar Jahren auf Sie zukommt. Sie beginnen sich zu fragen, wie Sie Ihr Kind und den Rest der Familie darauf vorbereiten können.

Diese Frage zeigt, daß jetzt das vierte Stadium des Anpassungsprozesses in den Vordergrund tritt. Andere Fragen wären:

- Welche praktischen Hilfen gibt es für mein Kind? Nach welchen Ausrüstungen, Hilfsmitteln für den Alltag oder Kommunikationshilfen sollen wir suchen?

● Welche anderen Menschen sollen wir nach und nach in unser Betreuungsteam integrieren? Helfer für die Pflege, Helfer beim Lernen, zusätzliche Betreuer fürs Wochenende...?

● Welche Angebote in unserer sozialen Umgebung können mithelfen, daß unser Kind sich besser integrieren kann? Wie weit kann mein Kind eine Regeleinrichtung besuchen, welche spezielle Förderung braucht es (als zusätzliche Therapie/Förderung, als Förderung in einem Sonderkindergarten oder einer heilpädagogischen Tagesstätte, in einer Förderschule...)? Sollen wir Einrichtungen suchen, in denen gleichaltrige Kinder mit ähnlichen Behinderungen sind (z.B. für Hörgeschädigte oder Körperbehinderte...)?

● Welche alternativen Lebensformen gibt es? Was braucht mein Kind? Über welche Möglichkeiten sollten wir nachdenken?

● Wie wird unsere Familie mit dem Thema Trennung umgehen – egal wie die Trennung aussehen wird? Welchen Platz nehmen unsere anderen Kinder in den Zukunftsplänen für unser behindertes Kind ein?

Auch wenn absehbar ist, daß Ihr Kind nicht vor einem bestimmten Alter das Haus verlassen wird, falls überhaupt, muß die Vorbereitung für Trennung sowohl auf seelischer wie körperlicher Ebene früh beginnen. Wenn Sie beispielsweise glauben, daß Ihr Kind als Erwachsener eine betreute Wohngruppe benötigen wird, kann es vom Ausmaß seiner Selbständigkeit abhängen, welche Einrichtungen und Förderprogramme ihm offen stehen. Deshalb werden Sie sich bei Ihrer Suche also auf Angebote konzentrieren, die die soziale Entwicklung, die körperliche Verfassung und die Schulbildung betonen, um Ihr Kind bestmöglich auf das Erwachsenenleben vorzubereiten.

Zwanzig Ziele zum Hineinwachsen
Ziele sind Ideale. Sie sind Eckpunkte, die uns helfen, unsere eigenen Grenzen immer wieder hinauszuschieben und uns weiterzuentwickeln. Diese Ziele spiegeln die Philosophie dieses Buches wider, und vielleicht helfen Sie Ihnen, Ihre eigenen Ziele zu benennen.

1. Ich betrachte die Fähigkeiten und Beschränkungen meines Kindes realistisch und respektiere es als vollwertigen Menschen.

2. Was die Fähigkeiten meines Kindes angeht, gestehe ich mir keine unrealistischen Erwartungen – und daraus resultierende wiederholte Enttäuschungen – zu.
3. Ich plane für die Zukunft, was möglich ist, aber ich lebe für den Tag und vertraue darauf, daß ich mit dem, was morgen, nächstes Jahr oder in zehn Jahren sein wird, schon regeln werde.
4. Ich verfüge über das Wissen und das Können, an Informationen und andere Quellen zügig und kreativ heranzukommen.
5. Ich hoffe, ohne Wunder zu erwarten.
6. Mein Selbstwertgefühl ist intakt. Ich bemesse meinen Wert nicht an den Fähigkeiten oder Beschränkungen meines Kindes.
7. Ich versuche, die Welt aus dem Blickwinkel meines Kindes zu sehen.
8. Ich bin in der Lage, mit anderen zu fühlen, kann mir ihre Standpunkte anhören und dabei doch zu meinen Prioritäten stehen.
9. Ich habe die unproduktiven Gefühle der Schuld, der Scham, der Wut, der Vorwürfe und der Selbstkritik abgeschüttelt.
10. Im allgemeinen betrachte ich ein Glas eher als halbvoll denn als halbleer, und ich kann jeden Augenblick voll ausleben.
11. Ich überblicke mein Leben, meine Probleme und meine Ärgernisse.
12. Ich habe Humor und kann über mich selbst lachen.
13. Ich habe Verständnis für individuelle Unterschiede und respektiere sie.
14. Ich unterhalte ein Netzwerk von Familienangehörigen und Freunden.
15. Ich kümmere mich so gut wie möglich um die Bedürfnisse der ganzen Familie.
16. Ich merke, daß ich nicht alles tun kann, und habe deswegen kein schlechtes Gewissen.
17. Ich will mein Kind nicht ständig irgend etwas lehren, es stimulieren oder behandeln. Manchmal will ich einfach nur mit ihm spielen und Spaß haben.
18. Ich mache mir keine Vorwürfe, wenn mein Kind in irgendeinem Gebiet keine Fortschritte erzielen kann.
19. Ich muß nicht jedem Auskunft über mich und/oder mein Kind geben.
20. Was andere Leute denken, liegt außerhalb meiner Kontrolle.

Die Trennungsphase

Das »Abnabeln« ist ein normaler, notwendiger Vorgang, der die gesamte Kindheit hindurch in winzigen Schritten abläuft. Jeder Schritt ist ein Schritt zur Unabhängigkeit, je älter Ihr Kind wird und je mehr Sie es loslassen – immer ein fester Schritt nach dem anderen.

Die Trennung ist das vierte Stadium der Anpassung. Zu diesem Prozeß gehört beides, das *gefühlsmäßige* Loslassen und das *körperliche* Loslassen, das bei einem behinderten Kind früher oder später eintreten kann als »normal«. Vom Augenblick der Geburt an nimmt der Ablösevorgang in winzigen Schritten durch die gesamte Kindheit hindurch seinen Lauf, je älter Ihr Kind wird und je mehr Sie es zulassen – indem Sie loslassen.

☰ Was ist mit Trennung gemeint?

Das Thema Trennung rückt für viele Familien mit der Pubertät in den Vordergrund, wenn Fragen nach der Zukunft ihres Kindes für Eltern eine neue Dringlichkeit erhalten. Ihnen wird klar, daß sie ihr Kind auf ein Leben als Erwachsener in einem so normalen Lebensumfeld wie möglich vorbereiten müssen.

In dieser Zeit arbeiten Sie verstärkt daran, Ihrem Kind Fertigkeiten für das Leben in der Gemeinschaft beizubringen und sich selbst auf das Loslassen vorzubereiten. Es ist gut möglich, daß auch alte, nicht voll verarbeitete Gefühle aus der Überlebensphase wieder zu Tage treten. Suchen spielt ebenfalls wieder eine Rolle, denn Sie wollen Möglichkeiten für Ihr Kind ausfindig machen, wie es mehr Selbständigkeit erlangen kann; und dann schauen Sie natürlich nach innen und fragen sich, was die Trennung für Sie selbst und Ihr Leben bedeutet. Bei einem behinderten Kind geht die Trennung nicht so selbstverständlich vor sich wie bei anderen Kindern. Sie müssen oft selbst die Initiative ergreifen, und die Trennung kann ganz unterschiedlich aussehen.

Manche Familien müssen sich bereits mit dem Thema Trennung beschäftigen, während sie noch mit den Gefühlen der Überlebensphase zu kämpfen haben. Fragen der Heimunterbringung oder eines längeren Krankenhausaufenthaltes sind zu klären. Manche Themen der inneren und äußeren Suche rücken ebenfalls in den Vordergrund.

Selbst bei einer räumlichen Trennung von Ihrem Kind (wenn sie denn eintritt) gibt es nie eine gefühlsmäßige; Sie werden wahrscheinlich im-

mer bis zu einem gewissen Ausmaß am Leben Ihres Kindes teilhaben, selbst wenn es erwachsen ist. Aber es gehört zum natürlichen Lauf der Dinge, daß Eltern und Kinder auseinandergehen; irgendwann ist es Zeit, daß sich Eltern wieder neu orientieren. Das Loslassen ist ein weiterer Schritt in ihrer persönlichen Entwicklung.

Die winzigen Schritte des Ablöseprozesses

Das Ablösen und Loslassen beginnt bei der Geburt. Jeder Wachstumsschub ist ein Schritt in Richtung Selbständigkeit und Ablösung. Als Eltern wissen Sie, daß das »Abnabeln« der Kinder ein natürlicher Vorgang ist. Eltern von normalen Kindern gehen davon aus, daß ihre Kinder mit der Zeit lernen, selbständig zu denken und zu handeln, Entscheidungen zu treffen und mit deren Folgen umzugehen, daß sie finanziell unabhängig werden und sich ein eigenes Zuhause schaffen.

Wie lösen sich Kinder ab? Sie krabbeln weg, sie spielen »Guckguck, wo bin ich?«, sie gehen zur Kindertagesstätte, sie bleiben über Nacht bei den Großeltern, sie bleiben allein mit dem Babysitter, sie gehen allein über die Straße, sie fahren ohne Stützrädchen Fahrrad, sie klettern auf Bäume, sie testen Regeln und erproben ihre Grenzen, indem sie »nein« sagen oder »Ich will das nicht tun«, sie gehen in den Kindergarten, sie ziehen sich selbst an (und wenn es auch verkehrt herum ist) und sagen »Siehst du, ich kann es alleine«, sie kaufen mit ihrem eigenen Geld ein Spielzeug im Laden, sie übernachten bei Freunden, sie decken den Tisch, sie gehen mit Freunden zum Bummeln oder ins Kino, sie gehen ins Ferienlager, zum ersten Rendezvous und so weiter und so fort.

Ein behindertes Kind aufziehen

Es war einmal… eine Vogelmutter mit ihren Jungen. Alle Jungen, außer einem, waren flügge geworden. Das letzte Junge war schwächlich; jedesmal, wenn es über den Nestrand lugte, zog es sich gleich wieder ängstlich zurück. Die Mutter schob und schubste es, bis es aus dem Nest fiel. Das Vogeljunge versuchte, seine Flügel auszubreiten, aber sie waren zu schwach, und so stürzte es in die Tiefe. Da plötzlich flatterte die Mutter an seiner Seite, fing es mit ihrem Flügel auf und trug es zurück ins Nest. Sie sagte zu ihrem Kind: »Ich weiß, daß es schwer ist, alleine zu fliegen, und es wird noch eine Weile dauern, bis du es kannst, aber du mußt jeden Tag üben. Solange du mich brauchst, werde ich dasein und dich auffangen, wenn du fällst.«

Susi: Betsy hat keine Verantwortung für ihre Zukunft. Die tragen wir. Andere Kinder können die Verantwortung für ihre Zukunft übernehmen. Meine Sorgen spielen in der Zukunft. Ich lebe im Morgen. Wir tun jetzt alles, was wir können, um ihr die lebenspraktischen Fertigkeiten beizubringen. Da sind wir dran, und man kann es nicht überstürzen. Sie braucht ewig, bis sie etwas gelernt hat, das heißt, wir müssen üben, üben, üben.

☰ Was bedeutet Trennung für ein behindertes Kind?

Die alltäglichen kleinen Erfahrungen, die Kinder brauchen, um Unabhängigkeit in sicherem, behüteten Rahmen einzuüben, fallen Ihrem Kind vermutlich nicht leicht. Für behinderte Kinder muß das Ablösen oft von den Eltern angestoßen, geplant oder überwacht werden. Normalerweise läuft das nicht so, sondern Eltern und Kinder sind gleichermaßen aktiv an diesem Prozeß beteiligt. Wenn Ihr Kind jedoch nur eingeschränkt beweglich ist, seine Wahrnehmungsfähigkeit beeinträchtigt ist, sein Sprachvermögen oder sein Sozialverhalten nachhinkt, müssen Sie sich besonders große Mühe geben, um Ihrem Kind Erfahrungen zu ermöglichen, die ihm das Gefühl vermitteln, Unabhängigkeit und Selbständigkeit zu gewinnen. Ihr Kind braucht in der Regel mehr Zeit und ein intensives Training, um

Wissen zu erwerben und sich Fertigkeiten anzueignen, die ihm eine breitere Palette an Wahlmöglichkeiten für das Leben, Arbeiten und die Integration in die Gesellschaft eröffnen.

Diane: Sie hat jetzt neue Schienen, und das ist ein echter Fortschritt. Damit kann sie besser stehen und besser gehen. Andererseits hat sie damit etwas Unabhängigkeit verloren, denn sie braucht mich, um sie anzuziehen und abzulegen. Ich habe der Physiotherapeutin gesagt: »Es muß doch andere Kinder geben, die das können. Kennen Sie jemanden, der Catherine zeigen könnte, wie man die Schienen an- und ablegt?« Und sie fand tatsächlich jemanden. Catherine lernte es und ist ganz stolz auf sich.

Susi: Wir saßen mit den Fachleuten zusammen, um über die Fortschritte in der Förderung zu reden, und die sagten zu uns: »Sie rollt einen Ball in 80 Prozent der Fälle richtig zum Ziel.« Das heißt gar nichts. Mit so kleinen Zielen zu arbeiten, bringt überhaupt niemandem etwas. Wir sollten Bücher wegwerfen, die so was behaupten, und uns endlich mit praktischen Dingen beschäftigen. Ich sagte: Das Wort, das in ihren Förderplan gehört, ist »Selbsthilfe«. Ich möchte, daß Betsy lernt, sich selbst zu helfen. Wir wissen einfach nicht, was am Ende dabei rauskommt. Ich frage mich, wie lange wird sie noch lernen, und mir wird angst und bange. Vergeßt den Ball und bringt ihr bei, die Strümpfe anzuziehen.

Voraussetzungen für eine erfolgreiche Trennung

Selbstwertgefühl, Hartnäckigkeit, Humor. Ihr Kind braucht vor allem ein ausgeprägtes Selbstwertgefühl, Hartnäckigkeit und Humor; das sind seine stärksten Verbündeten beim Selbständigwerden. Diese Eigenschaften erwirbt es am leichtesten, wenn andere – also auch Familienangehörige, Lehrer, Spielkameraden und Therapeuten – es entsprechend behandeln.

Stephanie: Was ich an Emma wirklich bewundere und was mich manchmal richtig beflügelt, ist, daß sie immer wußte, wer sie ist, und daß sie sich so akzeptiert, wie sie ist. Sie strengt sich bei allem, was sie lernen muß, immer sehr an. Und auf ihre Art ist sie erfolgreich.

Lebenspraktische Fertigkeiten. Ihr Kind muß möglicherweise in vielen kleinen und durchstrukturierten Schritten lernen, die alltäglichen Aufgaben zu bewältigen. »Normale« Kinder lernen das meist schneller als behinderte. Sie können außerdem oft mehr alleine tun, also ohne Ihre Hilfe. Sie möchten, daß Ihr Kind soviel wie möglich lernt, damit es später mehr Wahlmöglichkeiten hat und auch besser am gesellschaftlichen Leben teilnehmen kann, wenn es einmal in einer Wohngemeinschaft, einer betreuten Wohngruppe oder völlig unabhängig lebt.

Auf die äußere Erscheinung achten. Es ist wichtig, daß Ihr Kind lernt, auf sein Äußeres zu achten, also Körperpflege, Kleidung, Gewicht. Leider ist es noch immer so, daß Menschen jemandem, der mit einer Behinderung oder ungewöhnlichem Verhalten Aufmerksamkeit auf sich zieht, zurückhaltend oder gar ablehnend begegnen. Wenn Ihr Kind nachlässig gekleidet ist oder ungepflegt aussieht, wird es doppelt bestraft.

Umgangsformen. Ihr Kind muß ausreichend Gelegenheit erhalten, Umgangsformen und Verhalten in der Öffentlichkeit zu üben – zum Beispiel die angemessene Art der Begrüßung, Benehmen in Bussen und Bahnen oder im Supermarkt, um nur einige zu nennen. Ihr Kind muß sich im öffentlichen Raum bewegen, damit es unter Anleitung die vielen unausgesprochenen sozialen Regeln lernt, die nicht in der Schule gelehrt werden können. Angemessenes soziales Verhalten ist unumgänglich für eine Teilnahme am gesellschaftlichen Leben. Deshalb muß Ihr Kind diese Fertigkeiten mit Anleitung und Unterstützung üben können.

Susi: Betsy kann jetzt viel mehr anstellen, einfach weil sie größer ist. Und ich bin nicht in der Lage, sie unter Kontrolle zu halten, das heißt, wir können nicht überall hingehen. Aber ich achte jetzt nur noch auf sie und niemand anderen sonst. Ich sorge dafür, daß sie aus Erfahrung lernt; das ist alles Training. Und alles dient dazu, sie in die Gesellschaft zu integrieren. Sie ist elf, und wir fangen nun an, uns Gedanken zu machen, welche Art Umgebung sie braucht und wo sie sich aufgehoben fühlt.

Selbstdisziplin. Ihr Kind braucht Selbstdisziplin, vielleicht sogar mehr als andere Kinder. Sie können nicht auf ewig den Schutzengel oder Sanitäter für es spielen. Ihr Kind muß seine Stärken und seine Schwächen kennen und wissen, wie wichtig Selbstbeherrschung ist. Es muß mit seinen Enttäuschungen umgehen lernen, seine Gefühle angemessen ausdrücken, merken, wenn es sich zuviel zugemutet hat, und wissen, wie es sich selbst beruhigt.

Janet: Wenn ich Ryan den kleinen Finger reiche, nimmt er sofort die ganze Hand. Er weiß genau, was schwierig ist, und jammert: »Ich kann das nicht, es ist zu schwer«, und ich sage: »Ich weiß, daß es schwer ist, du mußt es aber trotzdem tun.«

Die Behinderung verstehen und mit ihr leben. Ihr Kind muß seine Behinderung verstehen und lernen, mit seinen Problemen selbst fertigzuwerden. Es muß wissen, wie es seine körperlichen Bedürfnisse befriedigt, auch die, die mit seiner Behinderung zusammenhängen. Außerdem muß es in der Lage sein, auf Fragen und Kommentare von anderen zu reagieren.

Wenn Ihr Kind außerhalb Ihrer Familie leben will, braucht es einen eigenen Freundes- und Bekanntenkreis, dem idealerweise auch andere behinderte Menschen angehören. Durch den Kontakt mit anderen, die dieselben alltäglichen Aufgaben und Probleme zu gewärtigen haben, findet Ihr Kind Verständnis, es lernt neue Techniken, die seine Unabhängigkeit noch vergrößern, und es erfährt so einen weiteren Zuwachs an Selbstvertrauen und Selbstbewußtsein.

Lernen, mit Herausforderungen fertigzuwerden. Ihr Kind darf nicht verwöhnt, es muß gefordert werden. Sie müssen seine Hand loslassen und ihm zeigen, daß Sie an es glauben, wenn es etwas probiert. Auch wenn es nicht auf Anhieb klappt, muß Ihr Kind wissen, daß Sie es loben, weil es den Versuch gewagt hat. Sie untergraben Ihre eigentlichen Ziele – Unabhängigkeit und Selbstvertrauen –, wenn Sie zu lange warten oder es verwöhnen. Wenn Sie zögern, bleibt es stehen. Wenn Sie Angst haben, glaubt es womöglich, es gebe etwas, vor dem es sich fürchten müsse. Wenn Ihr Kind aus seinen Fehlern lernen soll, muß es die Möglichkeit haben, welche zu machen – und der sicherste Ort, Fehler zu begehen, ist zu Hause.

Loslassen: Die Rolle der Eltern im Ablöseprozeß

Wann erlauben Sie Ihrem Kind zum ersten Mal, eine Entscheidung zu treffen, die es vorwärtsbringt, oder auf etwas zu verzichten? Wie wissen Sie, wann Ihr Kind sicher genug ist, um zu beurteilen, was es kann und was nicht? Manche Kinder tun sich schwer mit neuen Erfahrungen, aber andererseits kann ein Kind nicht immer rational entscheiden, ob es etwas probieren will oder nicht.

Eltern mit einem irgendwie behinderten oder benachteiligten Kind neigen oft zum Festhalten und Überbehüten. Sie wissen, daß die böse Welt ihm ein paar herbe Tiefschläge verpassen wird, und wollen ihm die Enttäuschung so lange wie möglich ersparen. Es ist schwer, zu drängen, wenn man weiß, daß ein Kind sich anstrengen muß, um ein Ziel zu erreichen.

Loslassen heißt, hart bleiben. Was heißt hart bleiben? Wo fängt das an? Wie hart soll man sein? Es gibt ein paar Punkte, an denen müssen Sie hart bleiben, auch wenn es schwerfällt. Hart bleiben bedeutet, Sie treffen eine Entscheidung und stehen dann dazu. Wahrscheinlich bleiben Sie schon hart, wenn es darum geht, die Sicherheitsgurte anzulegen, nicht auf die Straße zu rennen oder nicht mit Streichhölzern zu spielen.

Janet: Mit der Zeit lernen wir als Eltern, hart zu bleiben. Es hat keinen Wert, deswegen traurig zu sein. Wir leben nun mal in dieser Welt und wir müssen unsere Kinder darauf vorbereiten, so gut es geht, damit fertigzuwerden.

Diane: Manchmal versucht sie, ihre Behinderung zu benutzen, aber nicht oft. Zum Beispiel, wenn es darum geht, ihre Wäsche wegzuräumen. Sie sagt: »Das kann ich nicht.« Und ich sage: »Wenn du eins nach dem anderen nimmst, schaffst du es.« Ihre Schwester nimmt einen ganzen Arm voll und ist gleich fertig. Catherine sieht das und fängt vor Wut an zu heulen. Sie muß eben jedes Teil einzeln nehmen und in ihr Zimmer tragen. Das ist hart. Aber so ist ihr Leben. Ich weiß, daß sie an einem Nachmittag mehr Energie aufbringt als wir in zwei Tagen brauchen. Aber es ist nun mal so: sie muß mehr dafür tun. Ich habe lange gebraucht, um dahin zu kommen.

Loslassen heißt, etwas gewinnen. Loslassen ist eine Bestätigung dafür, daß sich all Ihre Mühen gelohnt haben. Darin liegt der Stolz, daß Ihr Kind alle Ziele erreicht hat, für die Sie gekämpft haben. Loslassen führt in gewissem Sinne zur Befreiung von elterlichen Pflichten, selbst wenn Ihr Kind vielleicht nie ganz und gar unabhängig wird.

Loslassen bedeutet, etwas Kontrolle aufgeben. Loslassen kann heißen, andere an den Betreuungs-, Pflege- oder Unterrichtsaufgaben teilhaben zu lassen. Vermutlich glauben Sie, kein anderer könne Ihr Kind so gut betreuen wie Sie selbst, aber auch das gehört zum Loslassen. Sie können nicht immer überall dabei sein, Ihr Kind muß auch mit anderen Menschen arbeiten und von ihnen lernen können.

Loslassen heißt zugeben, daß Sie die Behinderung Ihres Kindes nicht »wegbringen« können. Loslassen kann Ihnen das Gefühl geben, die letzte Gelegenheit verpaßt zu haben, um alles in Ordnung zu bringen. Sie müssen sich der Tatsache stellen, daß Ihr Kind einige Möglichkeiten, die das Leben bietet, nicht wird wahrnehmen können – zum Beispiel zu heiraten, selbst Kinder zu haben, zu wandern, zu tanzen, ein Auto zu fahren, zu studieren. Es sind ganz unterschiedliche Dinge, die manche erwachsene Behinderte nie werden tun können; zu akzeptieren, welche Din-

ge Ihr Kind nicht wird tun können, ist ein wesentlicher Schritt beim Loslassen.

Loslassen ist ein Verlust. Wenn Sie es gut gemacht haben, wird Ihr Kind nicht mehr so sehr von Ihnen abhängig sein. Sie werden nicht mehr in dem Maße gebraucht, und das hinterläßt in Ihrem Leben eine Lücke, mit der Sie zunächst vielleicht nicht so recht etwas anzufangen wissen. Sie sehen diesem Augenblick mit Freude oder Besorgnis oder einer Mischung aus beidem entgegen. Wenn die Betreuung Ihres Kindes lange Zeit einen wesentlichen Teil Ihrer Kraft und Ihrer Zeit in Anspruch genommen hat, kann das Loslassen für Sie einen großen Verlust bedeuten – und eventuell einige der unangenehmen Gefühle aus der Überlebensphase auslösen.

Diane: Das Schlimmste am Loslassen ist, daß man sie nicht mehr vor Angriffen und Verletzungen schützen kann, aber das gilt für andere Heranwachsende genauso.

Loslassen bringt wieder einige Aspekte des Überlebens und Suchens zum Vorschein. Wenn Sie anfangen, Entscheidungen im Zusammenhang mit dem Loslassen zu überdenken, werden vermutlich viele der längst vergessen geglaubten Gefühle aus der Überlebensphase wieder auftauchen – Schuldgefühle (»Haben wir auch alles getan, was in unseren Mächten stand?«) oder die Angst, ob es Ihrem Kind woanders wirklich gutgehen kann (vielleicht sogar die ängstliche Frage, wie Ihr Leben ohne Ihr Kind aussehen wird). Ein Gefühl von Verlust kann sich einschleichen. Trennungen sind schwierig, selbst wenn es für jeden das Beste zu sein scheint und die Pläne gut durchdacht sind.

Wenn Loslassen in Ihrem Fall heißt, das Kind wegzugeben, bevor Kinder normalerweise das Haus verlassen, können sehr heftige Gefühlsreaktionen auftreten, bei denen Sie sich in die Überlebensphase zurückversetzt fühlen. Schuldgefühle, Unsicherheit, Angst, Trauer und Hilflosigkeit sind ganz normal. Viele Eltern berichten, daß sie befürchten, in den Augen von Freunden und Verwandten nun als Versager dazustehen; sie schämen sich, weil sie nicht stark genug waren, selbst für ihr Kind zu sorgen, und glauben, es betrogen zu haben, als sie es aufgaben.

Unabhängig davon, wieviel leichter der Alltag dadurch sein mag, es entsteht ein »Loch« in der Familie. Eine Heimunterbringung ist eine schwere Entscheidung, aber in manchen Fällen unumgänglich. Familien, die sich dazu gezwungen sehen, tun es nie leichten Herzens.

Auch einige Aspekte der Suche kehren wieder. Eine aktive äußere Suche findet vermutlich statt, wenn es darum geht, eine geeignete Wohnform für Ihr Kind zu finden und dann zu klären, wie sich die gewünschte organisieren und finanzieren läßt. Und natürlich setzt sich auch die innere Suche fort: Was bedeutet diese Veränderung für Ihr Leben? Wohin werden Sie steuern? Wie wird sich Ihre Beziehung zu Ihrem Kind entwickeln, wenn Sie nicht mehr der Hauptbetreuer sind?

Hinderungsgründe für die Trennung

Mag der Wunsch und das Streben Ihres Kindes nach Unabhängigkeit sowie Ihre Bereitschaft zum Loslassen noch so groß sein, es gibt andere Einflüsse, die selbst die durchdachtesten Pläne komplizieren oder bremsen. Hartnäckige Probleme bei Ihrem Kind können den Auszug verhindern, oder Sie müssen gerade mit anderen Schwierigkeiten (zum Beispiel in der Partnerschaft, gesundheitliche oder finanzielle) fertigwerden, die Ihren guten Absichten in die Quere kommen.

Ein Mangel an Wohnungen oder finanziellen Mitteln oder eine ablehnende Haltung der Öffentlichkeit können den Weg Ihres Kindes »nach draußen« ebenfalls erschweren und zu Enttäuschungen führen.

Hinderungsgründe, die beim Kind liegen. Wenn Ihr Kind Sprachstörungen oder andere Beeinträchtigungen seiner Kommunikation hat, muß es eventuell erst andere Möglichkeiten erlernen, sich auszudrücken und seine Bedürfnisse zu vermitteln. Ein Kind mit Entwicklungsverzögerungen beherrscht unter Umständen das altersgemäße Sozialverhalten noch nicht. Selbst wenn andere Kinder in seinem Alter üblicherweise das Haus verlassen, kann es in diesem Fall besser sein, noch eine Weile zu warten oder eine andere Lösung zu suchen. Ein Kind, das sich körperlich nicht sicher fühlt, hat möglicherweise Angst, sich auf etwas Neues einzulassen. Wenn Ihr Kind impulsiv ist oder unangemessenes Sozialverhalten zeigt, läuft es vielleicht weg oder es ist nicht in der Lage, auf sich aufzupassen.

Hinderungsgründe, die bei den Eltern liegen. Wenn Sie unsicher sind, wie stark Sie behüten oder wie weit Sie sich zurückhalten sollen, hegen Sie vielleicht widersprüchliche Erwartungen. Wenn Sie und Ihr Partner auch nur in einem Bereich unterschiedlicher Ansicht sind, bekommt das Kind unklare Botschaften, die seine wachsende Unabhängigkeit beeinträchtigen und Sie mit allen möglichen Verhaltensproblemen konfrontieren können. Vielleicht hat Ihr Kind auch noch nicht so viele Trennungserfahrungen gemacht wie andere Kinder, einfach aus dem Grund, daß es zu schwierig war, entsprechende Gelegenheiten zu schaffen. Und manchmal denken Sie daran, daß Ihr Kind zur Zielscheibe von Spott oder Ablehnung werden könnte, und diese Vorstellung ist zu schmerzhaft für Sie.

Viele behinderte Kinder sind zu weit mehr unabhängigem, angemessenem und altergemäßem Verhalten fähig, als sie zu Hause zeigen. Man hört immer wieder, daß Kinder, sobald sie von zu Hause weg in einer anderen Umgebung (zum Beispiel im Ferienlager, in der Schule, bei Verwandten) sind, viel mehr Selbständigkeit an den Tag legen. Aus unterschiedlichen Gründen kann sich auch die Beziehung zwischen dem Kind und einem Elternteil zu einem Machtkampf entwickeln: zu hohe oder zu niedrige Erwartungen spielen eine Rolle oder nicht übereinstimmende Erwartungen bei den beiden Elternteilen. Die Gratwanderung zwischen dem, was Sie glauben, für Ihr Kind tun zu müssen, und dem, was Ihre Familie realistischerweise schaffen kann, ist manchmal sehr schwer. Wenn Sie Ihrem Kind die Teilnahme an mehr Außer-Haus-Veranstaltungen ermöglichen möchten, aber nicht die Zeit oder die Geduld haben, sich darum zu kümmern, sollten Sie darüber nachdenken, Ihr Betreuungsteam zu erweitern: Warum fragen Sie nicht einmal einen älteren Schüler, eine Studentin, ein Mitglied der Kirchengemeinde, eine Nachbarin oder jemanden aus der Verwandtschaft?

Hinderungsgründe, die bei der Kommune liegen. Unter Umständen fehlen Ihnen die Mittel, um Ihr Kind an außerschulischen Veranstaltungen, Sport- oder Freizeitangeboten oder sonstigen Gruppenaktivitäten teilnehmen zu lassen. Selbst wenn solche Angebote existieren, können Sie sie sich vielleicht nicht leisten, oder es gibt Probleme mit dem Terminplan oder dem Bringen und Abholen.

Eine ablehnende oder unentschiedene Einstellung gegenüber Behinderten an Ihrem Wohnort verstärkt womöglich Ihren Beschützerdrang. Manche kommunalen Freizeitangebote sind zwar »offen für jedermann« angekündigt, aber Sie vergewissern sich besser, daß die Betreuer sensibel genug mit den besonderen Bedürfnissen Ihres Kindes umgehen und außerdem dafür sorgen, daß die Gruppenatmosphäre positiv und motivierend ist. Für Sie als Eltern ist es immer vordringlich, daß Ihr Kind eine Umgebung vorfindet, die es unterstützt und in der es sich angst- und vorurteilsfrei bewegen kann. Zum Glück ändern sich die Einstellungen der Menschen, und Behinderte werden besser ins öffentliche Leben integriert – doch die Welt, in der wir leben, ist nun mal nicht vollkommen.

Was bringt die Zukunft für Ihr Kind – und für Sie?

Je älter Ihr behindertes Kind wird, desto mehr drängen sich die Ängste und Hoffnungen für die Zukunft in den Vordergrund. Viele Eltern, deren Kinder noch klein sind, klagen: »Was wird er wohl mit 21 machen können?«, »Wird er aus seiner Behinderung herauswachsen?«, »Wenn sie mit vier Jahren zwei Jahre hintendran ist, heißt das, sie ist immer zwei Jahre zurück?«, »Wird sie ein Kind haben können?« oder »Wird er lesen lernen können?«

Manchmal geben Experten Prognosen ab, die sich auf die Erfahrungen mit anderen Kindern oder auf Wahrscheinlichkeiten gründen. Aber jedes Kind ist einzigartig. Manche verblüffen die Experten, weil sie die gestellten Erwartungen weit übertreffen, andere dagegen machen aus den unterschiedlichsten Gründen nicht die vorhergesagten Fortschritte. Niemand will falsche Versprechungen abgeben oder jemandem die Hoffnung nehmen.

Die verschiedenen Arten der Trennung

Irgendwann geht Ihr Kind vermutlich aus dem Haus. Das kann früher oder später geschehen als bei anderen. Vielleicht liegen Entscheidung und Planung des Auszugs ganz in Ihrer Verantwortung, vielleicht geht Ihr Kind, bevor es in Ihren Augen reif dafür ist, vielleicht entscheiden Sie mit ihm gemeinsam (was ideal wäre) und setzen die Pläne auch zusammen mit ihm um.

Aus unterschiedlichsten Gründen und trotz der Unterstützung durch kommunale oder medizinische Dienste können manche Familien ihr Kind nicht zu Hause behalten. Über eine solche Entscheidung darf niemand urteilen, man muß sie respektieren und unterstützen. Es ist manchmal die beste und manchmal die einzige Lösung für alle Betroffenen – das Kind, die Eltern, die Geschwister –, wenn das behinderte Kind in einer Umgebung lebt, die ganz auf seine besonderen Bedürfnisse zugeschnitten ist, welche eine dauerhafte Unterbringung zu Hause verbieten.

Manche Familien sind schlicht und ergreifend ausgebrannt. Einige Kinder legen ein derart aggressives, selbstzerstörerisches oder unbändiges Verhalten an den Tag, daß Sicherheit zu einem Hauptgrund werden kann; der Umfang der erforderlichen therapeutischen Maßnahmen zur Verbesserung dieses Verhaltens überfordert in der Regel jedes familiäre Umfeld. Wir brauchen mehr Kurzzeitunterbringungen für Einzelpersonen und Wohngruppen mit ausgebildeten Betreuern, die die Kinder soweit bringen, daß sie übers Wochenende nach Hause gehen können, – oder andersherum, daß sie zu Hause leben und am Wochenende hierher kommen. Wir brauchen Entlastung für einen Tag und Kurzzeitunterbringung für eine Woche, einen Monat, die Sommerferien. Wir brauchen mehr Babysitter für abends und wochenends. Wir brauchen mehr Wochenendfreizeitprogramme und mehr Gruppenangebote für Jugendliche und Erwachsene. Familien brauchen mehr Unterstützung und Wahlmöglichkeiten, um das Ausbrennen zu verhindern beziehungsweise damit fertigzuwerden, wenn es schon eingetreten ist. Dazu braucht man Fachleute, um die Eltern zu schulen, Eltern, die sich gegenseitig unterstützen, und Mittel für Vorbeugungsmaßnahmen und Förderprogramme.

Wenn absehbar ist, daß Ihr Kind als Erwachsener dauerhaft im Familienkreis leben wird, ist man es ihm und den anderen schuldig, daß es selbst in dieser familiären Umgebung soviel Unabhängigkeit wie möglich besitzt. Die Gefahr ist groß, einen zu Hause lebenden Erwachsenen (mit oder ohne Behinderung) immer weiter zu »bemuttern«, was dessen Selbstbewußtsein und Selbstvertrauen mindert, und auf lange Sicht auch den Handlungsspielraum der betreuenden Person einschränkt.

Für manche Kinder gibt es nichts Besseres als Schulen mit angegliedertem Internat oder therapeutische Einrichtungen, die die soziale und emotionale Entwicklung fördern, indem sie in Gruppen von Gleichaltrigen mit ähnlichen Problemen arbeiten. Solche Einrichtungen ermöglichen es Ihrem Kind, sein eigenes Freundschafts- und Unterstützungsnetzwerk aufzubauen. Manche Kinder besuchen solche Internatsschulen oder Therapieeinrichtungen nur für kurze, intensive Programme, andere haben mehr von längeren Aufenthalten. Eine weitere Alternative wäre es, Ihrem Kind oder jungen Erwachsenen zusammen mit einem Betreuer oder Freund eine Wohnung im Nachbarhaus, einen Block weiter oder in einer anderen Stadt zu mieten.

Ganz gleich, wo Ihr Kind lebt, wenn es ausgezogen ist, wie lange und aus welchem Grund es wegging, für Sie bedeutet das eine große Veränderung: Ihr Kind und Sie, Sie haben sich getrennt.

═══   Nach der Trennung

Mit der Trennung von Ihrem erwachsenen Kind endet Ihre Elternschaft keineswegs. Fast alle Eltern halten die Verbindung zu ihren Kindern aufrecht, auch wenn diese das Haus verlassen haben. Aber in diesen Familien erwartet jeder (und Sie erwarten es ebenfalls von Ihren anderen

Kindern), daß ein erwachsener Mensch finanziell unabhängig ist, seinen eigenen Freundes- und Bekanntenkreis, ein Berufsleben und Freizeitinteressen hat, die von denen der Eltern verschieden sind.

Ihr Kind hat möglicherweise auch als Erwachsener besondere Bedürfnisse. Je nach dem Grad seiner Selbständigkeit und der Verfügbarkeit von Hilfsdiensten sind Sie eventuell noch weiterhin (zumindest in Teilen) für seine Betreuung oder deren Organisation zuständig.

Manche behinderten Kinder
– werden nicht zu behinderten Erwachsenen, weil ihre »Probleme« durch Operationen, Medikamente oder andere therapeutische Maßnahmen gelöst wurden und sie so gut in die Gesellschaft integriert sind, daß man die einstigen Behinderungen nicht wahrnimmt;
– integrieren sich mit speziellen Hilfsmitteln in die Gesellschaft, die ihre besonderen Bedürfnisse eher als Unbequemlichkeit denn als Behinderung erscheinen lassen. Sie benutzen einen Rollstuhl, Krücken oder einen Gehstock; sie bedienen sich eines Hörgerätes oder eines Blindenhundes; sie nehmen Medikamente, mit denen sich Epilepsie, Hyperaktivität oder andere Erkrankungen in Schach halten lassen, die sonst den Alltag erschweren; sie fahren speziell für sie umgebaute Autos; sie haben Betreuer, die ihnen Mobilität und die Teilnahme am gesellschaftlichen Leben ermöglichen;
– können nur in beschränktem Umfang am öffentlichen Leben teilnehmen. Einige körperliche und geistige Behinderungen sowie bestimmte Verhaltensstörungen oder psychische Erkrankungen grenzen Arbeits-, Lebens- und Kontaktmöglichkeiten ein. Personen mit schweren Behinderungen brauchen unter Umständen Hilfe auch bei den kleinsten alltäglichen Verrichtungen, oder sie sind so stark auf Geräte oder Medikamente angewiesen, daß sie nur über einen geringen Bewegungsspielraum verfügen;
– brauchen durchgängige Betreuung und Schutz, weil sie chronisch krank oder stark geistig behindert sind oder weil sie gefährliches oder selbstzerstörerisches Verhalten an den Tag legen.

Susi: Was das Beste für Betsy wäre? Eine Umgebung, in der sie sich selbst verwirklichen könnte, soweit das bei ihrem Autismus möglich ist. Eine liebevolle Wohngruppe mit vier oder fünf anderen, kein Heim. Aber wir wissen noch nicht, welche Einrichtungen es gibt, und wir sind noch nicht soweit, um uns danach umzusehen.

══   ## Ihr Kind als Mitglied der Gesellschaft

Aus verschiedenen Gründen – etwa dem 1990 erlassenen amerikanischen Behinderten-Gesetz, dem wachsenden Selbstbewußtsein behinderter Menschen oder dem Engagement von Eltern und Fachleuten – treten Behinderungen endlich aus der Tabuzone heraus. Immer häufiger nehmen behinderte Kinder zusammen mit ihren Altersgenossen am Unterricht in Regelschulen am Wohnort teil; in Büchern, Zeitschriften, Filmen und Fernsehsendungen finden die Belange behinderter Menschen mehr Berücksichtigung und Akzeptanz.

Ein Patentrezept für die ideale Lebensform von behinderten Kindern, Jugendlichen oder Erwachsenen gibt es nicht. Natürlich existieren Lehrmeinungen und verschiedene Denkmodelle hinsichtlich der Unterbringung von behinderten Kindern und der Entscheidungsfindung durch die Familie. Heutzutage wird überwiegend die Linie vertreten, daß behinderte Kinder möglichst bei ihren Familien wohnen und die Kommunen für die nötigen Hilfsdienste und Angebote sorgen sollten, damit Kinder zu Hause wohnen, eine Schule ihrer Wahl besuchen und in vollem Umfang am öffentlichen Leben teilnehmen können.

Für die wachsende Zahl von behinderten Kindern, deren Eltern wünschen und erwarten, daß sie als Erwachsene integriert in die Gesellschaft leben, brauchen wir verschiedene Wohnformen, Kurzzeitunterbringungen, Gruppen- und Freizeitangebote. Wir brauchen Angebote, die bezahlbar sind, die auf den kulturellen Hintergrund Rücksicht nehmen und die auch von alleinerziehenden oder berufstätigen Eltern wahrgenommen werden können; solche Programme müssen allen Menschen mit Behinderungen zugänglich sein, um Chancengleichheit herzustellen.

Behinderten Kindern, Jugendlichen und Erwachsenen sollten grundsätzlich auch bereits existierende örtliche Gruppen- und Freizeitangebote offenstehen. Aber solange es nicht genügend Kursleiter, Trainer und andere Betreuer gibt, die behinderte Menschen erfolgreich in Veranstaltungen einbinden, brauchen wir weiterhin spezielle Angebote, wo sich behinderte Menschen akzeptiert und aufgehoben fühlen.

Welche Lebensform wäre für Ihr Kind ideal, wenn es einmal größer ist? Welche Angebote und Mittel werden dann zur Verfügung stehen?

Die Heimunterbringung und das Denken in Institutionen gehören zur amerikanischen Geschichte; im deutschen Sprachraum verhält es sich ebenso. Eine Unterbringung außerhalb der Familie war eine Alles-oder-

Nichts-Entscheidung, und viele Jahre lang gab es als einzige Möglichkeit nur das Heim. Heute sind wir sehr viel weiter, denn es hat sich gezeigt, daß die Betreuung im Heim – und mag sie noch so gut sein – nicht mit dem Anspruch eines jedes behinderten Menschen in Einklang steht, gleichberechtigt und als vollwertiges Mitglied akzeptiert in dieser Gesellschaft zu leben.

Aufgrund der Fortschritte im gesellschaftlichen Bereich sind heute mehr und mehr Möglichkeiten für ein dauerhaftes, integriertes und zeitgemäßes Leben in der Gemeinschaft verfügbar. Aber es liegt noch ein langer Weg vor uns. Um qualitativ hochwertige Wohnprogramme vor Ort zu entwickeln und durchzuführen, braucht man Geld, Zeit und ausgebildetes Personal. Auch solche Programme entstehen im Wechselspiel von Angebot und Nachfrage, und je mehr Eltern über die Bandbreite an Möglichkeiten für ein weitgehend selbstbestimmtes Leben wissen, desto mehr werden sie sich zweifellos für die Entwicklung solcher Programme stark machen.

Als Eltern eines behinderten Kindes haben Sie den Wunsch, daß Ihr Sohn oder Ihre Tochter mit möglichst viel Selbstvertrauen und Kompetenz in die Zukunft blickt. Sie haben ein Recht darauf, Ihr Kind mit der gleichen Würde behandelt zu wissen wie jeden anderen Menschen in unserer Gesellschaft.

Teil II
Erfolgreiche Anpassungsstrategien

Ein behindertes Kind großziehen

Stephanie: Kinder kriegen das alles viel eher auf die Reihe. Sie nehmen die Dinge, wie sie kommen, und sie schleppen viel weniger Ballast mit sich herum als wir. Ich erinnere mich, daß ich als Teenager monatelang in einem Gipsbett liegen mußte und alle sagten »du Arme«, aber ich dachte »Was wollen die bloß? Es ist nun mal so. Was soll ich denn machen?«

Sie wollen alles tun, damit sich Ihr Kind erfolgreich in die Gesellschaft integriert und das Gefühl hat dazuzugehören. Es soll Lebensfreude und ein gutes Selbstwertgefühl entwickeln. Es soll Entscheidungen, die sein Leben betreffen, selbst fällen können. Sie wollen, daß es so selbständig wie irgendmöglich lebt und Wege findet, sich selbst zu verwirklichen.

Die vier Grundbedürfnisse

Auf dem Weg von der Kindheit zum Erwachsensein haben wir alle die gleichen Grundbedürfnisse. Ihr Kind besitzt vermutlich noch ein paar spezielle, zusätzliche Bedürfnisse, die mit seiner Körperbehinderung, seiner chronischen Krankheit, seiner geistigen Behinderung, seiner Wahrnehmungs- oder Aufmerksamkeitsstörung zusammenhängen.

Das Bedürfnis nach körperlicher Sicherheit

Zu Beginn ihres Lebens sind Kinder völlig von anderen abhängig: Sie brauchen Menschen, die sie ernähren und vor Gefahren schützen. Das ist das erste und das wichtigste Grundbedürfnis für ein Kind. Es legt die Basis für die Fähigkeit, zu vertrauen und Beziehungen zu anderen herzustellen. Allen Kindern sind die folgenden Grundbedürfnisse nach körperlicher Sicherheit gemeinsam:

1. *Kinder müssen spüren, daß es jemanden gibt, der sie schützt,* der dafür sorgt, daß sie nicht verlorengehen, nicht verletzt oder verlassen werden, daß sie nicht verhungern und immer ein Zuhause haben. Sie müssen Geborgenheit spüren, indem jemand sie in den Arm nimmt, sie füttert, mit ihnen schmust, sie in den Schlaf wiegt oder mit einer weichen Decke zudeckt.

2. Kinder müssen wissen, daß sie sich darauf verlassen können, daß ihnen jemand hilft, wenn sie frieren, hungern, naß sind, Schmerzen haben oder sich unsicher fühlen.

3. Kinder brauchen Menschen, die auf sie aufpassen und sie vor Dingen bewahren, die sie nicht als gefährlich ansehen – zum Beispiel eine heiße Herdplatte, Steckdosen, eine steile Treppe oder ein Auto auf der Straße. Kinder müssen außerdem darauf vertrauen können, daß sie von den Menschen, die sie betreuen, nicht mißbraucht oder vernachlässigt werden.

Ihr Kind hat eventuell weitere Bedürfnisse nach körperlicher Sicherheit:

1. Ihr Kind wird möglicherweise durch andere Dinge oder generell leichter irritiert als ein »normales« Kind. Unkontrollierbares Schreien kann auf neurologische Unreife oder körperliches Unbehagen zurückzuführen sein, oder das Kind kann sich nur schwer beruhigen. Vielleicht werden die Hilfesignale Ihres Kindes falsch gedeutet oder überhaupt nicht als solche erkannt, was seine Furcht um seine körperliche Sicherheit noch weiter steigert. Wenn sich Ihr Kind schlecht verständlich machen oder nur schwer bewegen kann oder wenn seine Wahrnehmungsfähigkeit beeinträchtigt ist, muß es andere Mittel finden, um Hilfe herbeizurufen. Und Sie müssen lernen, seine Signale und Hinweise zu deuten.

2. Die Umgebung des Kindes muß unter Umständen seinen Bedürfnissen entsprechend verändert werden: mit spezieller Einrichtung, einem kreativen Arrangement der Spielsachen und einem leichten Zugang zu Kleidern und Zahnbürste. Vielleicht ist es notwendig, Rampen zu bauen, einen Lift zu installieren, die Türen zu verbreitern. Bei einem allergischen Kind sollte man eventuelle Reizstoffe, je nachdem auch Teppiche und Vorhänge, entfernen. Gefährliche Bereiche im Haus sollten entschärft und überwacht werden – beispielsweise kann es nötig sein, Riegel an Bad- und Toilettentür anzubringen.

3. Ein Kind mit einer starken Sehschwäche muß sich darauf verlassen können, daß seine Umgebung vorhersagbar ist und daß sein Tast-, Hör- und Geruchssinn es vor Gefahren bewahrt. Herumliegende Spielsachen und andere Gegenstände können gefährlich sein, ebenso ein anderes Kind auf dem Fahrrad, der herunterhängende Ast eines Baumes oder ein Loch im Gehweg.

4. Wenn Ihr Kind Gleichgewichtsstörungen hat oder unkontrollierte Bewegungen macht, muß es lernen, mit den dadurch eventuell verursachten Unannehmlichkeiten zu leben. Und Sie müssen sich daran gewöhnen, daß es Tassen umwirft, Essen verschmiert oder jemanden zum Stolpern bringt. Über solche Mißgeschicke müssen Sie hinwegsehen und die Bemühungen Ihres Kindes unterstützen, auch wenn der Lernprozeß mit viel Chaos verbunden ist.

Es kann sein, daß Ihr Kind laufen will, aber wenn seine Füße und Beine noch nicht soweit sind, wird es hinfallen. Es kann sein, daß Ihr Kind auf einen Stuhl klettern will, aber wenn es die Balance nicht halten kann, wird es herunterfallen. Sie wollen seinen Drang nach Unabhängigkeit zwar nicht bremsen, aber Sie müssen auch aufpassen, daß Ihrem Kind nichts zustößt. Einem »normalen« Kleinkind fällt die Koordination der verschiedenen Körperteile für diese Fertigkeiten meist leichter, aber Ihr Kind braucht möglicherweise sehr viel mehr Versuche, bis es dasselbe kann. Sie beide müssen sehr viel Geduld haben.

5. *Ihr Kind erlebt unter Umständen zusätzliche Belastungen* durch medizinische Behandlungen, Krücken, Operationen oder Gipsverbände. Es braucht möglicherweise Hilfe beim Gang zur Toilette oder bei der Körperhygiene, was es ihm erschwert, ein Gefühl von Kontrolle über seine Intimsphäre zu entwickeln. Sie müssen dafür Sorge tragen, daß alle Prozeduren in diesem Bereich mit Würde und Respekt vor der Intimsphäre des anderen vorgenommen werden.

6. *Vielleicht ist Ihr Kind zu zutraulich, begegnet Fremden nicht mit der nötigen Distanz, oder es verläuft sich regelmäßig.* Wenn Ihr Kind älter wird, kann es sich leichter in Gefahr bringen, wenn es nicht in der Lage ist, die Kontaktaufnahme mit und durch Fremde richtig einzuschätzen. Ein Kind, das mit jedem Menschen »gut Freund« ist und wenig Gespür für die Distanzen im sozialen Umgang besitzt, braucht eine spezielle Unterweisung, eine Menge Training (am besten mit gestellten Situationen) und viel Überwachung. Es kann auch sein, daß Sie ständig aufpassen müssen, daß Ihr Kind nicht verlorengeht, wenn Sie mit ihm in der Öffentlichkeit unterwegs sind.

7. *Bei Ihrem Kind kann es jederzeit zu medizinischen Problemen oder unerwarteten Ausfällen kommen,* zum Beispiel durch epileptische Anfälle, Asthmaattacken, Gerätedefekte, vergessene oder verlorene Medikamente. Da unvorhersehbare Ereignisse das Leben oder die körperliche Unversehrtheit Ihres Kindes bedrohen, sollten Sie dafür sorgen, daß es Notfallpläne selbst für die einfachsten Standardabläufe gibt.

== Das Bedürfnis nach emotionaler Sicherheit

Emotionale läßt sich nur schwer von körperlicher Sicherheit trennen, da aus der Sicht des Kindes beides zusammenhängt. Alle unsere Bedürfnisse beeinflussen sich gegenseitig und bauen aufeinander auf. Jedesmal wenn Sie Ihr Kind liebevoll in die Arme schließen, erfüllen Sie sein Bedürfnis nach körperlicher Geborgenheit und emotionaler Sicherheit; es spürt menschliche Wärme und tiefe innere Befriedigung. Auch einige der emotionalen Bedürfnisse sind allen Kindern gemeinsam:

1. *Kinder müssen sich geliebt und umsorgt fühlen.* Sie wollen so akzeptiert werden, wie sie sind – ohne Wenn und Aber. Sie wollen von Ihnen hören: »Wir sind so froh, daß wir dich haben.« Sie müssen spüren, daß sie nur um ihrer selbst willen geliebt und geachtet werden, sie müssen Verständnis spüren und wissen, daß man ihnen zuhört. Ein Kind braucht die feste Überzeugung »Ich werde geliebt, egal, ob mir etwas gelingt oder nicht; ich werde geliebt, egal, ob ich etwas Bestimmtes kann oder nicht.« Ihr Kind muß wissen, daß man nichts Unmögliches von ihm verlangen wird. Es muß spüren, daß jemand da ist, der ihm das Gefühl gibt, o.k. zu sein, jemand, der es nicht wegen seiner Beschränkungen, seinem Aussehen oder seinem Verhalten kritisiert oder erniedrigt.

2. *Kinder wollen festgehalten werden, und Kinder wollen losgelassen werden.* Sie müssen sich mit ihrem eigenen Tempo entfernen können, wohlwissend, daß Sie da sind, wenn sie zurückkommen wollen, und daß Sie sie retten werden, wenn sie zu früh zu weit gehen. Man muß ihnen Mut machen, Mut, unabhängig zu werden und die Kontrolle über sich selbst und ihre Umgebung zu übernehmen, wenn sie lernen, sich selbst anzuziehen, selber zu essen, sich zu entscheiden, und wenn sie beginnen, ihre Grenzen auszutesten.

Wenn sie soweit sind, müssen Kinder von Ihnen wegstreben und sich lösen. Aber sie brauchen das Bewußtsein, daß der emotionale Schutz und die körperliche Sicherheit immer im Hintergrund verfügbar sind, so daß sie etwas riskieren und sich weiterentwickeln können.

3. *Kinder müssen Erfahrungen sammeln und mit ihrer Umgebung, ihren Körpern und ihren Gedanken experimentieren.* Sie müssen spielen – um etwas über ihre Welt zu erfahren, um ihre Ängste zu besiegen, um Fertigkeiten zu erwerben und einzuüben, um so zu tun »als ob« und einen kleinen Teil ihres Lebens zu kontrollieren.

Kinder brauchen Lachen; Sie müssen mit ihnen und dürfen niemals über sie lachen. Sie müssen die Welt auf lustige Weise sehen und mit

Worten und Tönen spielen. Es ist wichtig, daß Kinder ihre Eltern lachen hören und so erleben, daß Humor ein normaler und wichtiger Teil des Alltags ist. Kinder brauchen die Berührung: sie müssen gekitzelt, geknuddelt, gedrückt, geküßt und herumgetragen werden. Berührung vermittelt Verbundenheit, Zuneigung, Sicherheit und Ruhe.

Zusätzlich zu diesen emotionalen Bedürfnissen, die alle Kinder haben, können bei Ihrem Kind noch weitere Bedürfnisse vorhanden sein:

1. *Wenn sich Ihr Kind nicht von Ihnen weg bewegen kann* – zum Versteckspiel oder an einen Lieblingsplatz –, braucht es andere Möglichkeiten, um sich zu verbergen. Vielleicht wäre ein Raumteiler das Richtige oder große Stoffstücke, hinter denen man »verschwinden« kann, wie beim Guck-Guck-Spielen. Geschwister und andere Kinder können unglaublich kreativ sein, was das Abwandeln von bekannten Spielen angeht.

2. *Wenn Ihr Kind Probleme hat, sich verständlich zu machen*, muß man ihm womöglich länger und besser zuhören als anderen Menschen. Es erfordert mehr Aufmerksamkeit, Geduld und Ausdauer von Ihnen. Wenn Ihr Kind nicht sprechen kann, müssen Sie andere Wege finden, zum Beispiel Zeichensprache oder elektronische Kommunikationshilfen, um ihm zu helfen, seine Bedürfnisse, Ideen, Fragen und Gefühle auszudrücken.

3. *Wenn Ihr Kind nicht in der Lage ist, Spielzeug festzuhalten oder damit zu hantieren*, muß es andere Möglichkeiten zum Spielen finden. Vielleicht einen »Spielassistenten«, jemanden, der mit ihm spielt, Gegenstände festhält oder Teile auf einem Brett hin- und herschiebt. Oder spezielles Spielzeug mit größeren Teilen, eine rutschfeste Unterlage, von der die Teile nicht herunterfallen können oder Computerspiele mit vielen Knöpfen und Signalen.

Das Bedürfnis nach sozialen Kontakten und Beziehungen

Ein Kind erfährt Beziehungen zuallererst im Kontakt mit seinen Eltern. Wenn es körperlich und emotional an Unabhängigkeit gewinnt, entdeckt es, daß es noch mehr Menschen gibt, zu denen man Beziehungen aufnehmen kann, und daß man eine Menge Regeln lernen muß, um mit jedem zurechtzukommen. Zunächst haben alle Kinder die gleichen Grundbedürfnisse nach sozialen Kontakten und Beziehungen:

1. *Kinder müssen lernen, wie man miteinander umgeht.* Zuerst lernen sie, wie man in der Familie lebt: sie lernen familiäre Gepflogenheiten,

Abläufe und Rituale; sie lernen zu teilen und mit anderen zu kooperieren; sie lernen die Grenzen des persönlichen Freiraums, der Privatsphäre und der Gedankenfreiheit kennen; sie lernen die Werte richtig und falsch; sie lernen, anderen ihre Gefühle, Phantasien, Träume und Wünsche mitzuteilen, und sie lernen, mit Frustrationen, Niederlagen, Höhen und Tiefen fertigzuwerden.

2. *Kinder müssen tausend Regeln für den Alltag lernen.* Viele dieser Regeln sind uns so selbstverständlich, daß wir sie gar nicht als Regeln ansehen – Tischsitten, Körperpflege, äußere Erscheinung, Zubettgeh-Rituale, Folgsamkeit. Ein Mitglied der Gesellschaft zu werden, ist für alle Kinder eine schwere Aufgabe. Kinder »regulieren« sich nicht selbst. Tischsitten zum Beispiel lernen sie, indem man ihnen sagt, was sie tun und was sie lassen sollen, und indem sie beobachten, wie sich andere am Tisch verhalten, und diese nachahmen. Außerdem testen sie das aus, was man ihnen gesagt hat, und erproben die Grenzen (»Papa hat gesagt, ich soll das Essen nicht quer durchs Zimmer werfen. Aber was ist, wenn ich ein paar Erbsen von der Tischkante plumpsen lasse? Und was passiert, wenn ich welche in die Milch tue?«). Kinder lernen, indem sie herausfinden, was anderen Menschen – besonders den für sie wichtigen – gefällt und was nicht.

3. *Sowie Kinder die Welt draußen entdecken, müssen sie die Regeln der Gemeinschaft lernen* – die Regeln und Rituale des Spielens und Arbeitens, der Sicherheit. Wie verhält man sich gegenüber dem Lehrer oder dem Trainer? Wie benimmt man sich in einem Kaufhaus, wie in der Kirche? Sie lernen, wie man mit Fremden spricht, wie man die Straße überquert und wie man Bücher in der Bibliothek ausleiht. Sie entdecken, daß es für verschiedene Orte unterschiedliche Regeln gibt, zum Beispiel wie laut man sprechen darf oder wie lange man sitzen muß. Und sie machen vermutlich ihre Erfahrungen mit älteren Kindern und Grobianen.

Ihr Kind hat unter Umständen noch weitere Bedürfnisse im Zusammenhang mit sozialen Kontakten und Beziehungen:

1. *Wenn Ihr Kind nur schwer neue Regeln oder soziale Gepflogenheiten lernt* oder sie rasch wieder vergißt, müssen Sie sie mit ihm üben, üben, üben. Wenn Ihr Kind Probleme mit dem Abweichen von einer Routine hat, braucht es klare Vorgaben und ganz eindeutige Konsequenzen für sein Verhalten. Möglicherweise muß auch sein Alltag sehr viel stärker durchorganisiert werden als bei anderen Familienmitgliedern (Sie selbst eingeschlossen). Kinder mit Lern- oder Gedächtnisstörungen brauchen mehr Struktur und Beständigkeit in ihrer Umgebung.

2. *Wenn Ihr Kind seh- oder hörbehindert ist,* kann es die vielen Alltagsregeln nicht in der gleichen Weise lernen wie andere Kinder. Ein Kind mit einer Sehbehinderung beispielsweise vermag Freude, Enttäuschung, Wut nicht an den Mienen anderer Menschen abzulesen. Ein Kind mit einer Hörbehinderung kann natürlich die vielen kleinen Wortwechsel innerhalb der Familie nicht aufschnappen, es sei denn, es sieht den jeweiligen Sprecher an. Deshalb muß Ihr Kind andere Mittel und Wege finden, um die vielen hundert alltäglichen Botschaften mitzubekommen, die für Sie und den Rest der Familie so selbstverständlich sind.

3. *Möglicherweise müssen Sie soziale Erfahrungen für Ihr Kind in die Wege leiten,* wenn es nicht von sich aus einen Freundeskreis aufbaut. Zum Beispiel indem Sie Treffen mit anderen Kindern arrangieren. Unter Umständen wird Ihr Kind ausgeschlossen, weil andere Eltern ängstlich sind oder nicht wissen, wie sie mit einem behinderten Kind umgehen sollen, dann müssen Sie die Initiative ergreifen. Es kann hart für Sie sein, Ihr Kind mit anderen zusammen zu sehen, weil es sich nur schwer behauptet oder weniger lebhaft ist oder mehr Fehler macht als die anderen. Manchmal ist es die einzige (oder die einfachste) Lösung, einfach nicht hinzugehen, aber vielleicht sollten Sie noch ein paar Möglichkeiten durchprobieren. Eventuell klappt es besser, wenn Ihr Kind nur mit einem oder zwei anderen Kindern spielt oder mit Kindern, die etwas jünger sind als es selbst. Und manchmal läßt sich auch jemand aus der Familie, ein Nachbar oder ein älterer Schüler finden, der mit Ihrem Kind draußen ein bißchen Fußball, Klettern oder Wettrennen trainiert.

So manche Freizeitaktivität wird leicht abgewandelt werden müssen. Sie müssen sie unter Umständen regelrecht planen und dabei einkalkulieren, daß sich Ihr Kind nicht so lange konzentrieren kann oder nur wenig Ausdauer hat. Vielleicht brauchen Sie spezielle Ausrüstung oder einen Helfer. Wenn Ihr Kind körperbehindert ist, muß man die Welt zu ihm oder es zu den Dingen bringen.

4. *Ihr Kind muß lernen, welche Auswirkungen sein persönliches Lebenstempo auf die Menschen in seiner Nähe hat.* Es braucht oft länger als seine Geschwister und seine Freunde, um sich anzuziehen, um von einem Platz zum anderen zu gelangen, um zu essen oder sich auszudrücken. Es muß mit seinem Streß und seinen Frustrationen umgehen können und auch die Reaktionen der anderen verstehen.

5. *Ihr Kind muß wissen, wie man mit und für andere arbeitet.* Wenn es in den Arbeitsmarkt eintreten, in ein Berufsvorbereitungsprogramm aufgenommen werden oder eine weiterführende Schule besuchen

will, muß es Arbeit organisieren, Zeitabläufe verstehen und im Rahmen von Terminplänen arbeiten können. Es muß mit Geld umgehen und einkaufen können und über all die anderen Fertigkeiten verfügen, die man braucht, um in unserer Gesellschaft zu bestehen.

Die Notwendigkeit eines guten Selbstwertgefühls

Was braucht ein Kind, um ein gutes Selbstwertgefühl zu entwickeln? Es muß sich in seiner Welt körperlich geborgen und emotional sicher fühlen, es muß wissen, wie man mit anderen Menschen zusammenlebt, und es muß seine eigenen Stärken und Schwächen kennen.

Das Selbstwertgefühl von Kindern entwickelt sich auf vier Ebenen: der körperlichen, der geistigen, der sozialen und der psychischen.

Das körperliche Selbstwertgefühl: Wie stehe ich zu meinem Körper?

Niemand ist vollkommen, und ein körperliches Selbstwertgefühl entwickelt sich aus unserer Einstellung gegenüber unserem Äußeren und unserem Auftreten.

1. *Kinder brauchen ein positives Bild von ihrem Körper;* sie müssen ihm vertrauen können, und es ist wichtig, daß sie sich gerne in und mit ihm bewegen. Wenn sie älter werden, müssen sie sexuell aufgeklärt werden; sie brauchen Information, die ihrem Alter und ihrer Reife entspricht, und sollten verstehen, welche Freude und welche Verantwortung mit sexuellen Gefühlen und Handlungen verbunden sind.

2. *Kinder müssen sich selbst gefallen* und Wert darauf legen, gut gekleidet und gepflegt zu sein. Wenn sie älter werden und immer unabhängiger durch die Welt gehen, muß ihnen klar sein, daß die Akzeptanz im Berufs- und im Privatleben auch davon abhängt, wie sie es mit der Reinlichkeit – das betrifft sowohl Körperpflege, Frisur, Kleidung als auch das Wohn- und Arbeitsumfeld – halten.

3. *Kinder müssen mit ihrer Gesundheit und Leistungsfähigkeit zufrieden sein und darauf achten, sie zu erhalten.* Sie müssen die Bedeutung von Ernährung, Ruhe und körperlichem Training für ihre Gesundheit verstehen lernen und über die Schädlichkeit von Alkohol, Tabak und anderen Drogen Bescheid wissen. Kinder, die regelmäßig Medikamente einnehmen

oder eine bestimmte Diät benötigen, sollten wissen, wie diese wirken und wie sie aus den notwendigen Maßnahmen für sich einen positiven Aspekt der persönlichen Gesundheitspflege machen.

—— *Das geistige Selbstwertgefühl: Wie gut kann ich Probleme lösen?*

Wenn wir uns für gute Problemlöser halten, aber eingestehen können, daß wir nicht alles wissen, manchmal um Hilfe bitten müssen und manchmal Fehler machen, dann spricht das für ein gutes geistiges Selbstwertgefühl.

1. *Kinder müssen Vertrauen in ihre Lernfähigkeit haben* und sich selbst als gute Lerner sehen. Sie sollten Probleme lösen können, indem sie Alternativen durchspielen, die möglichen Ergebnisse vorhersehen und Entscheidungen abwägen. Kinder sollen in der Lage sein, Fragen zu stellen, ohne sich dumm oder minderwertig vorzukommen. Sie müssen Fehler machen können, Irrtümer als normal ansehen und sich angespornt fühlen, es erneut zu versuchen. Sie sollen außerdem wissen, daß sie keine Versager sind, nur weil sie Fehler machen.

2. *Kinder sollen ihre Stärken erkennen und darauf stolz sein.* Sie sollten Bereitschaft zeigen, angemessene Risiken einzugehen, um ihre Spielräume zu erweitern und auszudehnen. Sie müssen ihre Grenzen verstehen und Wege finden, diese zu kompensieren, indem sie merken, wann sie besser um Hilfe bitten und wann sie Hilfe annehmen.

3. *Kinder brauchen einen gesunden Menschenverstand* und ein gutes Urteilsvermögen; so können sie Neugier, Phantasie, Kreativität und Spontaneität entfalten und Interessen und Talente entwickeln. Kinder sollten erfahren, daß es Alternativen gibt und die meisten Dinge im Leben relativ sind: Es gibt nicht nur alles oder nichts, schwarz oder weiß, Sieg oder Niederlage, gut oder schlecht.

—— *Das soziale Selbstwertgefühl: Wie komme ich mit anderen aus?*

Das soziale Selbstwertgefühl setzt sich zusammen aus dem Glauben an den eigenen sozialen und kulturellen Stellenwert und dem Respekt vor dem Wert und der Würde des anderen.

1. *Kinder müssen sich in den sozialen Kontakten in der Schule, beim Spielen und bei sonstigen Aktivitäten wohl fühlen.* Sie müssen spüren, daß andere sie mögen, aber anerkennen, daß nicht jeder andere sie mag. Sie

sollten sich ohne unnötige Angst in soziale Situationen begeben, Interesse an anderen haben, gut zuhören und mitreden können. Kinder müssen über angemessenes soziales Verhalten in den verschiedenen Situationen verfügen, dazu gehören unter anderem Formen der Begrüßung, Konversationsthemen und das Wissen, was man nicht tut (zum Beispiel Fluchen oder jemanden beschimpfen).

2. *Kinder sollten sich für die Belange anderer Menschen interessieren.* Kinder müssen wissen, wie man Mitleid für jemanden zeigt, der Schmerzen hat, und wie man Mitgefühl entwickelt. Sie sollten wissen, daß andere Menschen auch andere Ansichten haben und Respekt und Engagement für die Würde anderer an den Tag legen. Kinder sollten Traditionen ihrer Familie und ihrer Kulturgemeinschaft kennen und in Ehren halten, zum Beispiel Feiertage, Begräbnisriten, Gottesdienste, Feste zu fröhlichen und traurigen Anlässen. Kinder brauchen ein Gefühl für die moralischen Werte im Verhältnis zum dem, was im allgemeinen als richtig oder falsch gilt: Aufrichtigkeit, Respekt vor dem Einzelnen, Respekt vor anderen Kulturen, Umweltbewußtsein und verantwortungsbewußtes Umgehen mit persönlichen Beziehungen.

3. *Kinder müssen die Privatsphäre anderer Menschen respektieren* – und sie müssen wissen, daß auch ihre eigene Privatsphäre nicht verletzt werden darf. Sie brauchen die Gewißheit, daß sie das Recht auf ein Privatleben haben und daß andere Menschen wissen, wann sie schmusen, wann sie allein oder mit anderen zusammen sein möchten. Sie müssen die Privatbereiche und das Eigentum anderer respektieren, verstehen, daß es ein Recht auf Privatsphäre gibt und lernen, mit wem sie reden und wem sie vertrauen können. Kinder müssen lernen, zu anderen Menschen ein Vertrauensverhältnis aufzubauen und zu wichtigen Personen außerhalb der Familie Bindungen zu entwickeln – zum Beispiel zu Therapeuten, Lehrern, Freunden.

Das psychische Selbstwertgefühl: Kann ich mich selbst leiden?

Jemand, der sich für liebenswert hält, der sich wertschätzt, der seine Einzigartigkeit erkennt und seine Unterschiede nicht als Mängel betrachtet, ein solcher Mensch mag sich selbst.

1. *Kinder müssen sich selbst realistisch sehen* – mit all ihren Fähigkeiten und Einschränkungen. Sie müssen die persönlichen Grenzen bei sich selbst und bei anderen akzeptieren. Sie sollen wissen, daß niemand vollkommen ist und daß das auch niemand erwartet.

2. *Kinder sollen Probleme als Herausforderungen, nicht als Hindernisse betrachten.* Es ist notwendig, daß sie etwas riskieren und dabei verlieren, daß sie sich auf ihre Ziele konzentrieren und Ausdauer und Geduld entwickeln, um sie zu erreichen.

3. *Kinder müssen sicher wissen, wer sie sind* – mit ihrem ganzen Spektrum von Gefühlen, von Freude über Erregung, Wut und Angst bis zur Enttäuschung.

4. *Kinder brauchen Schwung, Begeisterung und Lebensfreude.* Sie müssen in der Lage sein, sich selbst zu genügen, sich selbst zu beschäftigen, Humor zu zeigen, Spontaneität und Flexibilität an den Tag zu legen und aus sich heraus Kreativität zu entwickeln.

Selbstwertgefühl und Behinderung

Ihr Kind sollte wissen, welche Art Behinderung es hat, wie es damit umgehen muß und was es anderen darüber erzählen kann. Es sollte wissen, wie seine Behinderung sein Leben beeinflussen kann und wie sie sein Leben nicht beeinflussen sollte. Wenn die Mobilität Ihres Kindes vor allem von einem Rollstuhl abhängen wird, dann muß es lernen, damit umzugehen und seine Verschiedenheit von den anderen Kindern zu akzeptieren; und Sie müssen ihm eindeutig zu verstehen geben, daß Sie an es glauben. Vielleicht müssen Sie Härte zeigen und mit Nachdruck darauf bestehen, daß Ihr Kind sein Hörgerät, seinen Sturzhelm, sein Stützkorsett, seine orthopädischen Schuhe, seine Zahnspange oder seine Prothese trägt.

Wenn Ihr Kind in die Pubertät kommt, wird es vermutlich wie andere Kinder seines Alters auch sexuelle Neugier und sexuelles Interesse entwickeln. Für die Eltern kann dies eine schwierige und nervenaufreibende Zeit sein, je nach den sozialen, emotionalen oder geistigen Einschränkungen ihres Kindes, die den normalen Verlauf der sexuellen Entwicklung gehörig durcheinanderbringen können. Kinder mit unzureichender sozialer Kompetenz oder mit Kommunikationsstörungen werden besonders leicht Opfer von sexuellem Mißbrauch. Als Eltern müssen Sie immer abwägen zwischen Ihren Ängsten und Ihrer Verantwortung und dem Bedürfnis und dem Anrecht Ihres Kindes, seine Sexualität selbstverantwortlich ausleben zu dürfen.

Ihr Kind muß die Einstellung der Gesellschaft zu Behinderten und Behinderungen kennen und wissen, inwieweit es die Meinungen anderer Leute beeinflussen kann oder nicht. Es muß verstehen und akzeptieren, daß es ein anderes Tempo in der Bewegung, beim Spiel oder beim Lernen vorlegt, ohne sich unterlegen, minderwertig oder schlecht zu fühlen. Ihr Kind muß realistisch sehen, wo seine Grenzen und seine Fähigkeiten liegen und inwiefern es von anderen verschieden ist oder nicht. Es muß wissen, daß jeder Mensch verschieden ist und daß »verschieden« weder »besser« noch »schlechter« bedeutet. Ihm muß klar werden, daß nichts und niemand vollkommen ist.

Ihr Kind muß wissen, daß Behinderung bedeutet, für manche Dinge länger zu brauchen, manche Dinge anders zu tun und manche Dinge nicht tun zu können. Ihr Kind muß verstehen, daß andere Menschen ebenfalls Einschränkungen haben (aus den unterschiedlichsten Gründen) und daß eine Behinderung manchmal eine Unannehmlichkeit darstellt; es bedeutet, man braucht zusätzliche Hilfe. Aber das ist nichts Schlimmes.

Je älter Ihr Kind wird, desto mehr wird es seiner Unterschiede gewahr. Es kann von Zeit zu Zeit niedergeschlagen oder wütend sein, wenn es seine Fähigkeiten und seine Grenzen begreift und was diese für sein Leben bedeuten. Solche Gefühle sind normal, und über sie zu sprechen, ist normal und gesund. Das Sprechen über unangenehme Gefühle hilft dabei, sie zu verarbeiten und zu überwinden. Man sollte diese Gefühle ernstnehmen und anhören, denn sie gehören zum Anpassungsprozeß des Kindes.

Ihr Kind muß Zutrauen in seine eigenen Fähigkeiten und sein Können entwickeln, damit es in der Lage ist, seine Talente und Interessen weiter auszubauen. Es braucht Optimismus, Spontaneität, Kreativität, einen Hang zum Spielerischen und eine gute Portion Humor. Es braucht die Freiheit und die Ermunterung, seine Neugier auszuleben, Wissen zu erwerben, Fragen zu stellen und Meinungen zu äußern.

Ihr Kind muß sich selbst mögen und über sich lachen können. Es muß Geduld und eine hohe Frustrationsschwelle entwickeln. Es muß wissen, daß es durch Selbstbewußtsein und Stolz am besten zeigen kann, wer es ist. Es muß lernen, Vorurteile und Diskriminierung zurückzuweisen, und in der Lage sein, auf Fragen und abfällige Bemerkungen in einer Weise zu reagieren, daß seine Integrität und sein Selbstwertgefühl gewahrt bleiben. Es muß sich daran gewöhnen, unbedachte Äußerungen zu ignorieren, und lernen, welche Auseinandersetzungen es seinem Selbstwertgefühl schuldig ist.

Ein behindertes Kind hat besondere Bedürfnisse. Doch genau genommen hat jedes Kind seine ganz eigenen, besonderen Bedürfnisse, und es ist nicht gerechtfertigt, sie in Ihrem Fall so negativ hervorzuheben. Wenn man so will, haben auch Kinder von hervorragender musikalischer Begabung oder außergewöhnlicher Intelligenz besondere Bedürfnisse. Was Sie Ihrem Kind in dieser Hinsicht klarmachen müssen, ist folgendes: »Du bist in der Tat anders als die andern, und manche Leute lassen dich das spüren, weil sie es nicht begreifen.« Und Sie als Eltern müssen fragen: »Wie kann ich dir helfen, damit umzugehen, und dir zeigen, daß du in Ordnung bist?« Ihre Aufgabe als Eltern ist es, die Welt, in der Ihr Kind aufwächst, realistisch zu sehen und einzuberechnen, daß Ihr Kind ein paar Extras braucht, um darin zu bestehen.

Weil wir nicht in einer perfekten Welt leben, müssen Sie der Tatsache ins Auge sehen, daß Ihr Kind zu einer Minderheit gehört, die oft Vorurteilen und Diskriminierungen ausgesetzt ist. Und weil das so ist, muß Ihr Kind lernen, den Vorurteilen und Diskriminierungen, die ihm in der Öffentlichkeit entgegengebracht werden, mit Würde zu begegnen.

Warum Spielen für die Entwicklung Ihres Kindes so wichtig ist

Im Spiel übt ein Kind fürs Leben: Es ahmt Beziehungen nach, kann über andere und über sein Umfeld herrschen, übt bestimmte Fertigkeiten und verleiht seinen Gefühlen – sei es Furcht, Enttäuschung oder Verwirrung – Ausdruck. Spielen ist kreativ und erweitert den Horizont. Spielen ist das Ausprobieren von neuen Ideen, das Neukombinieren von alten Gedanken und das Experimentieren mit Regeln. Spielen bringt Körper und Geist weiter. Es erweitert die Grenzen und macht Strukturen und Gefühle spürbar. Im Spiel wird die Grobmotorik geübt – durch Springen, Klettern, Tanzen, Drehen – und die Feinmotorik verbessert – durch Türmchenbauen, Malen, Zerlegen von Radios und ähnlichem. Im Spiel werden Gedanken und Pläne festgehalten und verfeinert – durch Zeichnen von Piratenschiffen, Schatzkarten, Dinosauriern oder Prinzessinnen. Im Spiel kann man sich groß fühlen in einer Welt, in der man sonst immer sehr klein ist, und man kann kleineren Kindern Befehle erteilen, während man sonst immer selbst am Ende der Kette steht.

Besondere Bedürfnisse beim Spielen

Wenn Ihr Kind viele medizinische Untersuchungen und Operationen hatte, in denen es sich ausgeliefert und hilflos fühlte, spielt es wahrscheinlich oft »Doktor« und »Krankenhaus«, um diese Gefühle zu verarbeiten und Kontrolle über sie zu gewinnen. Normalerweise verarbeitet ein Kind solche Gefühle in einem ihm eigenen Tempo.

Wenn das Leben Ihres Kindes übermäßig strukturiert verläuft, mit Therapien, langen Autofahrten, pflegerischen Maßnahmen, braucht es unverplante Zeit sowohl für sich allein wie auch zusammen mit seinen Eltern, damit es erleben kann, was »ohne was« passiert. Überlassen Sie Ihrem Kind die Initiative, lassen Sie es die Entscheidungen treffen, geben Sie ihm das Gefühl, Herr über seine Zeit zu sein. Vielleicht will es einfach nur dasitzen und den Fischen im Aquarium zusehen. Ihr Kind braucht Platz und Zeit fürs Nichtstun, um eine eigene Zielrichtung zu entwickeln und um zu lernen, sich selbst zu beschäftigen. Aus diesem Grund sollte Ihr Kind – sofern möglich – seinen eigenen Raum oder privaten Bereich haben und sicher sein können, daß niemand an seine Sachen rührt.

Im Nichtstun können neue Ideen geboren werden. Es bedeutet Ruhe und Entspannung für Körper und Geist. Es ist die Zeit, Pläne für morgen zu schmieden, über den schönen Tag gestern am Strand nachzusinnen oder einfach nur im Zimmer umherzuschauen und die Dinge zu betrachten.

Wenn Ihr Kind wenig Kontrolle über sein Leben hat, wenn es sich schwach und machtlos fühlt, verändert es möglicherweise gerne die Spielregeln oder erfindet Spezialregeln. Für Sie kann das wie »Mogeln« aussehen. Aber haben Sie sich nicht auch schon gewünscht, ein paar Verkehrsregeln ändern zu können, wenn Sie mit dem Auto auf dem Weg zur Arbeit waren und im Berufsverkehr steckengeblieben sind? Bis zum Alter von sieben oder acht gehen Kinder sehr kreativ mit Regeln um, aber gewöhnlich gibt es irgendwann einen Wendepunkt, von dem an sie sehr auf Fairneß aus sind.

Wenn Ihr Kind gestreßt, müde oder krank ist oder wenn es schwer daran gearbeitet hat, eine Fertigkeit zu erlernen, kann es vorkommen, daß es in einer Weise spielt, die Sie befürchten läßt, daß es Rückschritte macht. Das ist nicht unnormal; es ist eine Methode für Kinder, eine »Verschnaufpause« einzulegen, indem sie sich für eine Weile an einen Ort zurückversetzen, an dem sie sich sicher und geborgen fühlen.

──── *Besondere Probleme für Eltern*

Ihre persönliche Einstellung zum Spielen hängt sehr stark davon ab, welche Erfahrungen und Erinnerungen Sie mit dem Spielen in Ihrer Kindheit verbinden und ob Sie heute als Erwachsener Freude am Spielerischen haben. Für manche Eltern ist Spielen eine unwichtige, »kindische«

Zeitverschwendung. Wenn Ihre eigenen Eltern (oder andere Erwachsene) nicht gerne mit Ihnen gespielt haben, als Sie noch ein Kind waren, fällt es Ihnen unter Umständen ziemlich schwer, tausendmal »Mensch-ärgere-Dich-nicht« zu spielen und sich bei jedem Hinauswurf schrecklich enttäuscht zu zeigen, dumme Reime und Wortspiele zu machen oder mit Ihren Kindern zu singen. Ihnen gefällt es nicht, ohne Ziel und Plan zu spielen; es kommt Ihnen vor wie vergeudete Zeit, in der Ihr Kind etwas »Vernünftiges« hätte lernen können, wie Zeit, in der nichts passiert ist.

Manche Eltern werden ungeduldig oder gereizt, wenn Zeit nicht mit Geschäftigkeit ausgefüllt ist. Möglicherweise haben Sie es so satt, mehr als üblich als Eltern gefordert zu sein, daß Sie sich eher »Freizeit« vom Kind wünschen als »nur ein bißchen zu spielen«. Oder Sie haben das Gefühl, Ihr Kind ständig unterrichten oder ihm dauernd Anregung bieten zu müssen; oder Sie verspüren den Drang, Ihr Kind beim Spielen ständig zu verbessern, eine Zeichnung zu korrigieren, einen Baustein zusätzlich in den Turm einzufügen, damit er nicht umfällt. Aber für Ihr Kind ist es wichtig, daß es auch spielen kann, ohne kritisiert, korrigiert, beurteilt oder verbessert zu werden, es sei denn, es bittet darum. Und selbst dann sollten Sie mit Ihrem Kind zusammen beschließen, was Sie hinzufügen oder ändern wollen. Stellen Sie Fragen. Erforschen Sie die Phantasie Ihres Kindes und bauen Sie auf ihr auf. Freuen Sie sich mit Ihrem Kind an dem, was es geschaffen hat, indem Sie versuchen, die Welt mit seinen Augen zu sehen.

Was Kinder brauchen, und woran Erwachsene oft nicht denken:

– Kinder brauchen unverplante Zeit (»Frei-Zeit«), in der sie tun können, was immer sie möchten.

– Kinder haben Tage, an denen sie schlecht gelaunt, gereizt, traurig oder nicht hungrig sind – genau wie Erwachsene. Tage, die in Ihren Augen wie Rückschritte oder Ausrutscher aussehen, sind oft einfach nur Erholungsphasen.

– Kinder haben regelrechte Lernschübe. Auf einmal tun sie eine Menge neuer Sachen, und Sie glauben vielleicht, es gehe ewig so weiter.

– Kinder gehen durch Phasen der Stagnation, des Stillstands. Dann glauben Sie vielleicht, sie hätten aufgehört zu lernen, und befürchten, daß sie nie wieder einen Fortschritt machen.

– Kinder müssen wissen, daß sie nicht immer alles haben können, was sie möchten, daß es Regeln gibt, die sie nicht mögen, und daß sie manchmal Frustration, Enttäuschung oder sogar Wut aushalten müssen. So ist das Leben nun mal.

– Um sich weiterentwickeln zu können, müssen Kinder ihre Grenzen austesten. Widerborstigkeit beim Sauberwerden, Eßprobleme oder Kämpfe ums Zubettgehen sind todsichere Anzeichen für das Austesten von Grenzen.

– Kinder verspüren ein ganzes Spektrum verschiedenster Gefühle, und man muß ihnen zu verstehen geben, daß diese Gefühle in Ordnung sind. Kinder müssen lernen, ihre Gefühle angemessen auszudrücken, dazu brauchen sie manchmal auch die Hilfe von Erwachsenen.

– Kinder sind manchmal unordentlich, schmuddelig und unbeholfen. Sie verschütten etwas, vergessen etwas, verlieren etwas. Sie quengeln, streiten und beschweren sich lauthals. Sie werden wütend, ängstlich und traurig.

– Kinder fühlen sich meistens klein und verletzbar, und man kann ihnen leicht wehtun. Sie müssen hören und sehen, daß wir sie mit Respekt, Fairneß, Stolz und Freude behandeln.

– Kinder machen viel Freude, und das hat nicht das Geringste mit Behinderung zu tun.

Denken Sie auch an sich selbst

Warum fällt es Ihnen so schwer, an sich selbst zu denken, wo Sie sich doch immer so gut um andere kümmern?

Wenn Sie das Gefühl haben, nicht viel Kontrolle über Ihr Leben zu besitzen, und wenn Ihre Pflichten Sie schier erdrücken, fällt es Ihnen möglicherweise ziemlich schwer, ab und zu auch an sich zu denken. Sie fragen sich:»Wenn mir etwas zustößt, was passiert dann mit meinem Kind und meiner Familie?« Es gibt drei wichtige Bereiche, die wesentlich davon beeinflußt werden, wo im Anpassungsprozeß Sie sich befinden.

1. *Elternschaft und Selbstwertgefühl.* Mutter oder Vater eines behinderten Kindes zu sein, hat Ihr Vertrauen in Ihr Können und Ihre Fähigkeiten unter Umständen stark strapaziert, aber wahrscheinlich ist gleichzeitig Ihr Selbstwertgefühl in einem Maß gewachsen, das Sie nie für möglich gehalten hätten.

2. *Elternschaft und Streß.* Elternschaft ist untrennbar mit Streß verbunden, aber Streß kann auch bedrücken, die Gesundheit schädigen und einem wirklich das Leben schwer machen. Jeder fühlt sich von unterschiedlichen Umständen zu unterschiedlichen Zeiten gestreßt. Zum An-sich-selbst-Denken gehört auch, Streß zu erkennen, lernen, ihn zu verringern, und wissen, wie man ihn vermeidet.

3. *Elternschaft und persönliche Entwicklung.* Mutter oder Vater zu sein, kostet viel Zeit und Kraft, besonders wenn ein Kind noch mehr Aufmerksamkeit, Sorge und Zeit benötigt als normal. Seinen eigenen Horizont zu erweitern, scheint daneben manchmal unwichtig und belanglos.

☰ Elternschaft und Selbstwertgefühl

Zum Selbstwertgefühl gehören die Fähigkeit, Aufgaben erfolgreich anzupacken, das Vertrauen in das eigene Können, das Gefühl, zumindest einige Dinge im Leben im Griff zu haben, sowie das Talent, bestimmten Lieblingsbeschäftigungen und frei gewähltem Zeitvertreib ein paar Prioritäten einzuräumen.

Die Aufgabe, ein behindertes Kind großzuziehen, hat Ihrem Selbstwertgefühl wahrscheinlich mehr als einmal zugesetzt, aber vermutlich ist es dadurch auch auf die eine oder andere Art gewachsen.

══ Wodurch das Selbstwertgefühl erschüttert werden kann

Als all das noch neu für Sie war und Sie gerade die ersten Hinweise erhalten hatten, daß es Probleme mit Ihrem Kind geben könnte, haben Sie sich vermutlich erst recht bemüht, alles richtig zu machen, um die Befürchtungen auszuräumen, die Sie – oder die Ärzte – wegen der Entwicklung Ihres Kindes hatten. Sie gaben sich die größte Mühe, weil Sie nicht so recht wußten, was Sie sonst tun konnten, aber die Befürchtungen lösten sich nicht auf. In der Anfangsphase fühlen sich Eltern typischerweise unsicher und hilflos. Zum Glück lassen diese Gefühle mit der Zeit nach, je länger Sie sich damit beschäftigen. Aber solange sie noch sehr stark sind, kann Ihr Selbstwertgefühl relativ leicht erschüttert werden. Einige Beispiele:

- Egal, was Sie versuchen, um Ihr Kind zu stillen oder mit dem Fläschchen zu füttern – es nimmt keine Nahrung an.
- Egal, wie sehr Sie Ihr Kind wiegen, streicheln, auf dem Arm herumtragen – es schreit stundenlang und läßt sich nicht beruhigen.
- Egal, wie sehr Sie Ihr Kind ermutigen, es anlächeln, kitzeln, mit ihm schäkern – es greift nicht nach Spielzeug, will nicht sitzen und nicht sprechen.
- Egal, wie sehr Sie sich bemühen, alles richtig zu machen – immer wieder treten medizinische Probleme auf, die zu stundenlangem Warten in Wartezimmern oder in der Notfallaufnahme führen, zu Krankenhauseinweisungen und Operationen, zu invasiven Eingriffen und nichtssagenden oder wenig hilfreichen Auskünften von Fachleuten.
- Egal, wie gut Sie die Fakten kennen und was jemand sagt, um Ihnen zu helfen – irgendwo tief im Inneren glauben Sie, doch etwas falsch gemacht zu haben.
- Egal, wie sehr Sie sich bemühen, positiv zu denken, und obwohl Ihre Familie und Ihre Freunde alles tun, um Sie aufzuheitern, weinen Sie viel; so hatten Sie sich Elternschaft nicht vorgestellt, und Sie fühlen sich schuldig, weil Sie nicht glücklicher sind.
- Egal, wie hilfsbereit andere Leute sind, Sie ziehen sich von Freunden und Familie zurück, weil Sie nicht wollen, daß die anderen merken, wieviel Angst Sie haben, und damit niemand Ihnen oder Ihrem Kind zu nahe kommt.
- Egal, wie oft Sie um Ihr Kind herumgeschlichen sind und versucht haben, bei seinem Anblick Rührung und Freude zu empfinden: Alles, was Sie empfanden, war Angst und Unsicherheit.

● Egal, wieviele Elternratgeber Sie lasen, wieviele Methoden Sie aus-
  probierten und wie gut Sie mit Ihren anderen Kindern zurechtka-
  men: Ihr Kind lernte langsam, und Sie hielten sich für einen Versager.
● Egal, welche Ihrer alten Bewältigungsstrategien Sie auch anwand-
  ten – es funktionierte keine mehr. Sie waren es gewohnt, erfolgreich
  zu sein und Probleme zu lösen, doch dieses hat Sie geschlagen.

═══ ## Wodurch das Selbstwertgefühl gestärkt werden kann

       Nach einiger Zeit haben Sie die intensiven Gefühle der Anfangs-
phase überwunden, und dann stellen Sie auf einmal fest, daß Sie nicht nur
überlebt haben, sondern daß Sie auch mehr Kompetenz und Selbstvertrau-
en besitzen; Ihr Selbstwertgefühl ist nicht nur mit vielen seiner Anfech-
tungen fertiggeworden, sondern ist sogar noch gewachsen.

● Sie haben den ersten Schock überwunden und eine Menge ziemlich
  verwirrender und trauriger Gefühle durchlebt, aber Sie sind aus
  all dem gestärkt hervorgegangen.
● Durch die Probleme Ihres Kindes und die Veränderungen für Sie
  und Ihr Leben waren Sie vor neue Aufgaben gestellt, die Sie mit
  Bravour erledigt haben.
● Sie haben festgestellt, daß Sie mehr können als Sie selbst gedacht
  hätten.
● Sie besitzen mehr Geduld, als Sie je für möglich gehalten hätten.
● Sie betrachten die Behinderung Ihres Kindes als nebensächlichen
  Teil seiner Gesamtpersönlichkeit.
● Sie sehen Behinderungen und Schönheitsfehler ganz anders als
  früher und Sie bemerken, wie naiv Sie einmal waren.
● Sie haben Ihr Familienleben besser organisiert, als Sie jemals ge-
  dacht hätten, obwohl Sie sogar mehr denn je zu tun haben.
● Mit den Informationen über Behinderte und Behinderungen haben
  Sie sich eine ganz neue Welt erschlossen, von deren Existenz Sie
  vorher nicht einmal wußten.
● Sie bemerken eine positive Verschiebung in den Werten und den
  Beziehungen zu anderen Menschen, nachdem Sie Ihre Prioritäten
  neu setzen mußten.
● Sie haben hartnäckig weiter nach Hilfe für Ihr Kind gesucht, trotz
  mancher entmutigender Einschätzung durch Fachleute und trotz
  Ihrer eigenen Zweifel – und jetzt werden Sie dafür belohnt.

- Sie haben ganz neue Seiten an sich selbst entdeckt – neue Stärken, Talente, Fertigkeiten, von denen Sie bislang nichts wußten.
- Sie stellen fest, daß Sie anderen auch etwas bieten können – anderen Eltern, die gerade in einer schwierigen Phase stecken, anderen Kindern mit und ohne Behinderungen, Menschen, die Sie kennen (oder auch nicht) und die etwas über Behinderungen erfahren möchten.

Elternschaft und Streß

Streß: Wenn Sie mehr tun sollen, als Sie in der Lage sind zu tun.

Streß hat sehr viel mit Verpflichtungen und Kontrolle zu tun. Wenn sich Ihre Verpflichtungen und Ihr Gefühl der Kontrolle darüber die Waage halten, ist Ihr Leben im Gleichgewicht. Sie haben unter Umständen sehr viel zu tun, aber Sie schaffen alles, oder Sie tun, was Sie können, und verschieben den Rest auf später. Vielleicht haben Sie viele Verpflichtungen, kommen damit jedoch normalerweise gut zurecht. Sie sind wohl sehr beschäftigt, aber Sie empfinden das als »positiven« Streß – einen, der Sie motiviert, die Dinge, die anliegen, zu erledigen. Sie spüren die Anspannung und den Druck, aber es ist eine produktive Art der Energie.

Sobald Sie das Gefühl haben, zu vielen Verpflichtungen nachkommen zu müssen und nicht genug Kontrolle über sie zu besitzen, steigt der Streßpegel. Es kann sich um viele oder nur um wenige Verpflichtungen handeln, aber wenn Sie psychisch angeschlagen oder übermüdet sind, wenn Sie Hilfe brauchen, aber keine finden, wenn Sie glauben, keine Kontrolle über die Dinge zu haben, dann fühlen Sie sich gestreßt. Diese Art Streß ist schlecht für Sie.

Eine Situation gibt es, an die Sie sich vielleicht erinnern: Sie bringt viel Kontrolle über das, was Sie tun müssen, und wenige Verpflichtungen mit sich. Man nennt sie auch Urlaub.

Wie äußert sich Streß im Alltag?

Wenn Sie Ihre Verpflichtungen schon nicht verändern können, gibt es die Möglichkeit, etwas mehr Kontrolle zu erreichen, indem Sie Ihre Einstellung dazu verändern.

Hier ein paar typische Verpflichtungen, die zu starkem Streß
führen, wenn Sie es erlauben:

- die tägliche Hektik mit Haushalt- und Familienmanagement
- dauernd von Krisen überrascht zu werden
- zuviele Dinge zur gleichen Zeit erledigen müssen
- Probleme, für die sich ewig keine Lösung finden läßt
- der Umfang an Betreuung, den Ihr Kind benötigt
- Geldsorgen
- alles ohne ausreichende Hilfe oder Unterstützung tun müssen

Und nun ein paar Einstellungen, die Ihnen das Gefühl geben, die
Kontrolle zu verlieren:

- sich von der Menge der Aufgaben erdrückt fühlen
- die Angst, daß im nächsten Augenblick alles zusammenbricht
- die Angst, im nächsten Augenblick selbst zusammenzubrechen
- ein pessimistischer Blick in die Zukunft
- Selbstvorwürfe, wenn etwas nicht klappt
- der Glaube, keine Zeit für Sport oder Entspannung zu haben
- es anderen Menschen verübeln, daß sie Ihnen nicht mehr helfen
- die Angst, was andere von Ihnen denken könnten
- ständiges Grübeln
- Selbstmitleid

Streß können Sie direkt in Ihrem Körper wahrnehmen und Sie
können lernen, das Steigen und Sinken Ihres Streßpegels zu erkennen. Sobald Sie das können, lernen Sie, ihn zu kontrollieren. Um Ihr Spannungs-
niveau zu ermitteln, benutzen Sie die sogenannte SAD-Skala (SAD ist die
Abkürzung der englischen Bezeichnung *Subjective Assessment of Discom-
fort*, was soviel heißt wie »subjektive Einschätzung des Unbehagens«,
außerdem bedeutet das englische Wort *sad* »traurig«. Anm. d. Ü.).

**»Wieviel Angst habe ich im Augenblick?
Wie groß sind meine Sorgen?«**

Ziehen Sie die untenstehende Skala zu Rate
und geben Sie sich einen Punktwert zwischen 1 und 5
(halbe Werte sind möglich, zum Beispiel 3,5).

Tag: 1 2 3 4 5 6 7

1 = Sie sind völlig ruhig und entspannt;
kein Druck; keine Anspannung.

2 = Etwas Spannung liegt in der Luft, aber sie kommt
und geht und lenkt nicht ab. Sie können frohen Mutes
arbeiten, lesen oder an einer Sache dranbleiben.

3 = Sie spüren etwas Anspannung und Verpflichtung,
aber beides hilft Ihnen, sich zu konzentrieren. Sie
spüren etwas Druck, doch er ist positiv und motivierend.

4 = Die Spannung macht sich unangenehm bemerkbar
und behindert Sie bei der Arbeit oder lenkt Sie ab.
Sie sind zwar in der Lage weiterzuarbeiten, doch Sie
haben Angst, es könnte schlimmer werden.

5 = Der Druck ist so groß, daß Ihnen die Angst die Kehle
zuschnürt und Sie beinahe zusammenbrechen.
Sie können nichts normal tun und haben das Gefühl,
alles gerät außer Kontrolle.

Lesen Sie die Skala durch, und machen Sie sich mit den Punktwerten
vertraut. Halten Sie eine Woche lang vier- bis fünfmal am Tag bei Ihrer
Arbeit inne und fragen Sie sich:
»Wieviel Angst habe ich im Augenblick? Wie groß sind meine Sorgen?«
Teilen Sie sich selbst einen Punktwert zwischen 1 und 5 zu. Versuchen Sie
herauszufinden, welche Ereignisse oder Umstände Ihren Punktwert
beeinflussen.
Wenn Sie sehr oft Werte zwischen 4 und 5 ermitteln, können Sie lernen,
Ihren Streßpegel zu senken. Verwenden Sie dazu eine der im folgenden
beschriebenen Techniken.

Wie Sie den Alltagsstreß verringern können

Mit dem Absenken des Streßpegels werden Ihre Probleme nicht gelöst. Es hilft lediglich, Angst und Anspannung zu verringern, so daß Sie wieder einen klaren Kopf bekommen und Ihre Energie auf das Problemlösen konzentrieren können. Wer zuviel Streß hat, kann schlechter denken, planen, arbeiten und entspannen. Es gibt wirklich Menschen, die von sich sagen: »Ich bin zu gestreßt, um mich zu entspannen.« Vielleicht kennen Sie sogar welche.

Wir kennen viele Methoden, um Streß abzubauen; nicht jede funktioniert bei jedem. Ich stelle hier ein paar Techniken vor; wenn für Sie nicht die richtige dabei ist, schauen Sie einmal in die Regale von Buchhandlungen und Bibliotheken oder lassen Sie sich von einem Fachmann beraten, um eine für Sie geeignete Methode herauszufinden.

Eines ist jedoch sehr wichtig: Sie müssen Ihren Streßpegel wirklich senken wollen, und Sie müssen es üben. Das ist nicht immer leicht – besonders am Anfang –, weil viele Menschen ein schlechtes Gewissen haben, wenn sie Zeit und Gedanken für sich verwenden; andere halten die Übungen für doof, und es ist ihnen deshalb peinlich oder unangenehm.

Uns fällt es oft schwer, uns von dem Denken freizumachen, wir müßten weitermachen, egal wie müde, niedergedrückt oder wackelig auf den Beinen wir sind. Kürzer treten und Grenzen setzen kommt uns oft wie das Eingeständnis von Schwäche und Versagen vor. Aber das sind alte Glaubenssätze, die auf längst überholter Information über körperliche und geistige Gesundheit und Stärke beruhen. Also, machen Sie sich ans Werk: Bauen Sie Streß ab, und vermeiden Sie ihn!

Der Streßbrecher

– *Setzen Sie sich* – alleine – an einen ruhigen Platz. Machen Sie es sich ganz bequem.

– *Tauchen Sie ab.* Stellen Sie sich Ihren Alltag als Radio vor: Suchen Sie den An-/Aus-Knopf und schalten Sie ab.

– *Entspannen Sie Ihr Gesicht.* Schließen Sie die Augen. Pressen Sie sie ganz fest zusammen. Dann lassen Sie los. Spüren Sie den Unterschied zwischen Anspannung und Entspannung in Ihren Augen.

– *Beißen Sie die Zähne ganz fest zusammen.* Locker lassen. Spüren Sie den Unterschied zwischen Anspannung und Entspannung. Wenn Sie Unterkiefer, Nacken, Schultern, oberen Rücken und Arme lockern, werden Sie sich viel entspannter fühlen.

– *Atmen Sie aus.* Um richtig auszuatmen, müssen Sie zuerst richtig einatmen. Nehmen Sie einen langen, langsamen, tiefen Atemzug und füllen Sie damit Ihre Lungen. Halten Sie den Atem fünf Sekunden lang. Dann ganz ruhig und sanft ausatmen.

– *Bleiben Sie fünf Minuten lang ruhig sitzen.* Genießen Sie es, allein zu sein.

– *Strecken Sie sich langsam* vom Kopf bis zu den Zehen.

Das Gefühl der Entspannung lernen

- Setzen Sie sich ruhig hin und nehmen Sie zwei tiefe Atemzüge.
- Lauschen Sie für einen Augenblick Ihrem normalen Atemgeräusch.
- Konzentrieren Sie sich auf Ihre Beine und Füße, und zählen Sie rückwärts von 10 nach 0 – mit einem Atemzug pro Zahl. Beim Ausatmen denken Sie: »Meine Beine und meine Füße sind warm, schwer und entspannt.«
- Dann konzentrieren Sie sich auf Ihren Magen. Wieder zählen Sie rückwärts von 10 bis 0 mit einem Atemzug pro Zahl. Beim Ausatmen denken Sie: »Mein Magen ist warm, schwer und entspannt.«
- Wiederholen Sie das Zählen und Atmen bei Ihren Armen und Schultern und denken Sie: »Meine Arme und meine Schultern sind warm, schwer und entspannt.«
- Wiederholen Sie das Zählen und Atmen, und achten Sie dabei besonders auf Ihre Schultern und Ihren Unterkiefer. »Mein Unterkiefer hängt schwer herab. Meine Schultern sind schwer und hängen herab.« Öffnen Sie den Mund leicht, indem Sie den Unterkiefer lockern, und lassen Sie die Schultern schlaff und schwer herunterhängen.
- Sagen Sie zu sich selbst: »Das ist es, was ich brauche. *Ich kann es herbeiführen.* Es ist viel zu tun und zu bedenken, aber ich nehme mir die Zeit zur Entspannung.« Versuchen Sie, sich dieses Gefühl einzuprägen.

Denken Sie immer, wenn Sie gerade deutlich weniger Anspannung oder mehr Entspannung empfinden: »Das ist es, was ich brauche. *Ich kann es herbeiführen.* Es ist viel zu tun und zu bedenken, aber ich nehme mir die Zeit zur Entspannung.«

Entspannung wird dann mit der Zeit immer einfacher. Wenn Sie sich das Gefühl der Entspannung gut eingeprägt haben, können Sie es mit der 5-Sekunden-Pause hervorholen. Sie können die 5-Sekunden-Pause beliebig oft anwenden, um unter Tags gedanklich die Bremse zu ziehen, zu entspannen und das Gefühl von Ruhe und Kontrolle wiederzuerlangen.

Die 5-Sekunden-Pause

Einatmen. Einatmen. Innehalten. Dann langsam ausatmen. Kiefermuskeln und Schultern erst anspannen und dann locker lassen. Rufen Sie sich das Gefühl der Schwere und der Entspannung in Erinnerung.

Sie können sich nur dann gezielt entspannen, wenn Sie das gewünschte Gefühl kennen. Die 5-Sekunden-Pause ist hilfreich, und Sie können den Effekt mit etwas Erfahrung noch durch tiefe Entspannung verstärken: Rufen Sie sich einen schönen Augenblick aus Ihrem Urlaub in Erinnerung; oder eine Massage; oder eine Meditation; stellen Sie sich einen blauen Himmel mit phantastischen Wolken vor; oder probieren Sie die vorher beschriebenen Entspannungstechniken.

Entwickeln Sie Ihre persönlichen Streßbrecher, um dem Alltagsstreß zu begegnen. Wenn Sie total im Streß sind, aber weitermachen müssen, dann geben Sie sich wenigstens hin und wieder eine Auszeit. Das hilft, sich darüber klar zu werden, an welcher Stelle der SAD-Skala man steht, den Streßbrecher von S. 129 einzusetzen oder das Gefühl der Entspannung (S. 130) zurückzuholen. Manchmal jedoch brauchen Sie noch etwas anderes, um sich für eine Weile abzulenken. Vielleicht flüchten Sie sich in einen Roman, oder Sie steigen aufs Fahrrad, oder Sie jäten Unkraut im Garten. In der folgenden Liste finden Sie noch weitere Vorschläge für Unterbrechungen von streßreichen Tagen:

1. *Verwenden Sie den Streßbrecher* (S. 129).
2. *Machen Sie die 5-Sekunden-Pause* (siehe oben).
3. *Nehmen Sie eine Auszeit.* Wenn Ihre Kinder Sie für verrückt erklären, weil Sie es wagen, überhaupt an so etwas zu denken, dann erklären Sie ihnen, daß Auszeiten für jeden Menschen dann und wann nützlich sind. Nehmen Sie sich 10 Minuten Abstand von Ihrer Welt, verlassen Sie die Szenerie, und lassen Sie Ihren Geist zur Ruhe kommen. Setzen Sie sich in einen bequemen Sessel oder auf die Gartenbank. Denken Sie nicht an Probleme oder daran, was Sie morgen erledigen müssen. Denken Sie überhaupt nicht. Erlauben Sie Ihrem überanstrengten Gehirn, ein paar Minuten

lang die »Ein- und Ausgänge« zu schließen. Stellen Sie sich »Ruhe« oder eine entspannende Szene bildlich vor, oder betrachten Sie einfach einen Baum im Garten. Ihre Probleme verschwinden nicht während der Auszeit, aber sie werden (wahrscheinlich) auch nicht schlimmer. Doch vielleicht erscheinen sie nicht mehr so erdrückend, wenn Sie zu ihnen zurückkehren.

4. *Machen Sie ein Nickerchen.* Welch ein Luxus. Manchmal ist es schwierig, im familiären Tagesablauf ein Nickerchen einzuplanen, aber wenn Sie ein bis zwei Stunden vorausschauen können, tun Sie es mit Genuß.

5. *Nehmen Sie ein Bad oder duschen Sie ausgiebig.* Machen Sie das Licht aus, zünden Sie eine Kerze an, summen Sie eine Melodie.

6. *Machen Sie eine längere Wanderung* oder auch nur einen Spaziergang um den Block. Dehnen und strecken Sie sich, gehen Sie schnell, gehen Sie langsam, oder gehen Sie mit dem Hund. Atmen Sie ein, schauen Sie in den Himmel und nehmen Sie die Farben der Umgebung in sich auf.

7. *Machen Sie eine Spritztour* mit dem Fahrrad oder mit dem Auto. Suchen Sie sich einen Aussichtspunkt und genießen Sie den Blick. Steuern Sie einen Park an und setzen Sie sich auf eine Bank. Fahren Sie eine schöne Straße entlang und singen Sie mit dem Radio.

8. *Legen Sie eine Bewegungspause ein.* Dreschen Sie ein paar Tennis- oder Squashbälle, schwimmen Sie ein paar Bahnen, drehen Sie ein paar Runden um den Sportplatz oder joggen Sie durch den Park, stellen Sie die Musik laut und tanzen Sie.

Wie Sie Alltagsstreß vermeiden können

Jetzt wissen Sie, wie Sie Ihren Streßpegel erkennen und herabsetzen können. Sie können Streß auch vermeiden, indem Sie beschließen, worüber Sie sich Sorgen machen oder woran Sie denken wollen, worüber Sie sich ärgern und was Sie einfach nicht beachten werden.

Die Kunst, sich Sorgen zu machen

Es gibt einen Kreislauf negativer Gedanken – bis hin zur Weltuntergangsstimmung –, den man gemeinhin als »Sich-Sorgen-Machen« bezeichnet. Wir scheinen zu glauben, daß ein Problem verschwindet oder gelöst wird, wenn wir uns nur lange genug deswegen Sorgen machen. Wir machen uns Sorgen wegen Dingen, vor denen wir uns fürchten – was die Angst in der Regel nur vergrößert. Wir machen uns Sorgen wegen Dingen, über die wir keine Kontrolle besitzen – und meinen, dann hätten wir welche. Manchmal glauben wir, wenn wir uns nur lange genug darüber Sorgen machen, daß etwas geschehen könnte, würde es nicht eintreten.

Wir machen uns Sorgen wegen der Fehler, die wir vielleicht in der Vergangenheit begangen haben – die »Was-wäre-Wenn« und »Hätte-ich-Nur« des Lebens (die »Sollte-Könnte-Müßte«-Denkschule ist der Garant für wachsende Schuldgefühle).

Wir machen uns Sorgen wegen der Zukunft und malen uns alle möglichen negativen Folgen aus. Als ob wir uns dadurch vor bösen Überraschungen schützen wollten: Wenn wir alle möglichen Folgen vorwegnehmen, sind wir nicht so überrascht und geschockt, wenn es passiert.

Wir glauben, Sich-Sorgen-Machen sei ein Zeichen für Verantwortungsgefühl: »Gute Eltern machen sich Sorgen um ihre Kinder.« Wenn wir uns viele Sorgen machen, haben wir das Gefühl, wir kümmerten uns darum. Oft haben wir Angst, für gleichgültig gehalten zu werden, wenn wir sagen: »Darüber mache ich mir keine Sorgen.«

Sich-Sorgen-Machen ist eine Angewohnheit. Bei den meisten Menschen geschieht es ganz automatisch, und meistens ist es unangenehm. Wer sich Sorgen macht, ist verspannt, ängstlich, frustriert, unsicher und vermißt die Kontrolle.

Etwas Sorge ist gut; dadurch werden Sie darauf aufmerksam, daß Sie etwas beunruhigt. Aber bevor es Ihnen aus dem Ruder läuft, sollten Sie vom Sorgenmachen zum Problemlösen einschwenken. Finden Sie heraus, was Sie beunruhigt, und denken Sie über die verschiedenen Möglichkeiten nach, etwas dagegen zu unternehmen. Wenn Sie etwas tun können, machen Sie einen Plan, was Sie wann in Angriff nehmen wollen. Wenn es Dinge gibt, an denen Sie nichts ändern können, versuchen Sie, nicht daran zu denken. Wenn es Ihnen schwerfällt, sich Sorgenfreiheit zuzugestehen, dann ist die »Sorgenkiste« vielleicht das Richtige für Sie. Stellen Sie sich eine kleine Kiste vor, die auf dem Bücherregal steht und die nur Sie sehen können. Als nächstes nehmen Sie in Gedanken Ihre Sorgen, packen Sie in die Kiste, schließen den Deckel und stellen die Kiste zurück ins Regal. Nun sind Ihre Sorgen sicher verwahrt, sie können nicht verschwinden, und wenn Sie möchten, können Sie jede beliebige eine Zeitlang herausholen. Sinn und Zweck der Sorgenkiste ist es, Ihnen die Kontrolle über Ihre Sorgen zu geben, statt daß die Sorgen Sie kontrollieren.

Falls es so große und wichtige Sorgen geben sollte, daß Sie sie nicht aus Ihrem Kopf verbannen oder in die Sorgenkiste packen können, nehmen Sie sich etwas »Sorgenzeit«. Wenn Sie sich schon Sorgen machen, dann wenigstens richtig und effektiv. Setzen Sie eine Zeit fest (eine halbe Stunde genügt). Schieben Sie alles andere beiseite, suchen Sie sich ein ruhiges Plätzchen, und dann machen Sie sich richtig heftig Sorgen. Danach streichen Sie das Problem aus Ihrem Denken. Lassen Sie es nicht den ganzen Tag durch Ihre normalen Gedanken wabern. Es gibt Besseres zum Nachdenken. Oder Sie gehen es an, sobald Sie etwas geistige Kapazität frei haben und sich kleine Sorgen erlauben können.

Und vor allem: Seien Sie nicht so streng mit sich selbst. Alle Eltern machen Fehler mit ihren Partnern, Kindern und anderen Menschen. Jeder hat mal einen schlechten Tag, trifft eine falsche Entscheidung oder eine schlechte Wahl. Es ist wichtig, daß Sie Vertrauen in Ihre allgemeine Urteilsfähigkeit entwickeln und soviel wie möglich aus Ihren Fehlern lernen. Niemand ist vollkommen – wir können uns nur darum bemühen, besser zu werden.

Wie man lästige Gedanken los wird

Ihr Absichten können so gut sein, wie sie wollen, aber wie jeder andere auch werden Sie feststellen, daß es Dinge gibt, an die Sie nicht denken wollen und die trotzdem wie lästige kleine Fliegen in Ihrem Kopf herumschwirren. Solche Gedanken sind zu nichts nütze; sie machen Sie nur ängstlich, depressiv und unsicher, weil Sie sie nicht verscheuchen können. Diese schrecklichen negativen Gedanken sind überall, und sie sind so schnell und so winzig, daß Sie sie nicht kommen sehen – gerade so wie Gnitzen –, auch wenn Sie die Umstände kennen, die sie entstehen lassen.

Stellen Sie sich eine Fliegenklatsche in Ihrem Kopf vor, die nur dem einen Zweck dient, diese herumschwirrenden Gedanken zu vertreiben. Wann immer einer auftaucht, schlagen Sie sofort zu. Diese Methode funktioniert besonders gut nachts, wenn Ihnen unliebsame Gedanken den Schlaf rauben wollen.

—   *Machen Sie sich für sich selbst stark:*
    Sagen Sie »nein«, und seien Sie zuversichtlich

Leisten Sie mehr als Sie können? Die meisten Menschen, die zuviel tun, glauben, sie hätten keine andere Wahl. Es ist halt eine Menge zu tun, und was macht da schon eine kleine Gefälligkeit, eine Besorgung oder ein Anruf, besonders wenn damit jemand anderem geholfen oder Zeit erspart wird. Vielleicht glauben Sie, alles tun zu müssen, worum andere Sie bitten. Vielleicht glauben Sie, wenn Sie »nein« sagen, ärgert sich jemand oder bekommt Schwierigkeiten oder hält Sie für egoistisch oder hartherzig.

Niemand wird Sie anrufen und zu Ihnen sagen: »Ich glaube, du übernimmst dich; ich will dir ein paar Sachen abnehmen.« Hier einige Gedanken, wie man sich selbst Grenzen setzen kann.

- Wenn Sie niemals »nein« sagen, werden die Leute immer mehr von Ihnen verlangen. »Wenn du etwas erledigt haben willst, frage einen beschäftigten Menschen«, heißt es.
- Sie haben das Recht, »nein« zu sagen. Eine der Mütter hatte sich einen Zettel ans Telefon geklebt: »Wenn jemand sagt: Würdest du…? oder Könntest du…?, sage ich zu mir: Die Antwort heißt nein. Wie lautet die Frage?«
- Sie haben das Recht, »vielleicht« zu sagen. Wie oft werden wir um etwas gebeten und sind uns nicht sicher, ob wir wollen, sollen, können. Aber wir fühlen uns verpflichtet, sofort eine Antwort zu geben, und wenn wir überhaupt zögern, am Ende lautet die Antwort »ja«. Also gewöhnen Sie sich an zu antworten: »Vielleicht« oder »Ich werde darüber nachdenken« oder »Ich will darüber schlafen« oder »Ich muß erst mit meinem Mann/meiner Frau darüber sprechen.« Das nennt man »Zeit gewinnen«, weil es Ihnen die Möglichkeit eröffnet, darüber nachzudenken, was Sie wirklich tun wollen.
- Sie müssen nicht jedes Mal ans Telefon laufen, wenn es klingelt. Wenn Sie Ihre Ruhe haben wollen oder mit etwas beschäftigt sind, weil Sie nicht »nein« sagen konnten, hängen Sie das Telefon aus, schalten Sie den Anrufbeantworter an oder lassen es einfach klingeln.
- Sie müssen nicht immer für alles einen Grund angeben. Viele Dinge akzeptieren wir, weil wir keinen Grund wissen, um sie abzulehnen. Und sieh da – Sie brauchen keinen Grund. Manchmal ist es Grund genug, daß Sie es nicht tun wollen.
- Benutzen Sie die Methode »Sprung in der Platte«: Leute, die Sie dazu bringen wollen, »ja« zu sagen, verlangen immer nach einem

Grund. Wenn Sie ihnen einen Grund nennen, erklären sie Ihnen, warum dieser Grund nicht ausreicht. Also nennen Sie einen anderen Grund. Nehmen Sie sich am Anfang eines solchen Gesprächs vor, nur einen Grund anzugeben: »Es ist unmöglich, ich kann das jetzt nicht machen.« Wenn sie antworten: »Warum?«, können Sie sagen: »Ich kann gerade nicht.« »Aber warum nicht?« werden sie sagen, und Sie antworten: »Weil es jetzt nicht geht.« (Das hört sich an wie eine alte Langspielplatte, die hängengeblieben ist.) Am Anfang wird Ihnen das sicher schwerfallen, wenn Sie ein Mensch sind, der Probleme hat, sich abzugrenzen; denn Sie haben dann das Gefühl, grob und unhöflich zu sein. Aber wenn Sie wollen, können Sie auch »ja« sagen.

- Sie können ruhig um Hilfe bitten. Manchmal scheint es einfacher zu sein, etwas alleine durchzuziehen statt jemanden dazuzuholen, oder es fällt Ihnen schwer, um Hilfe zu bitten. Oder wenn Sie sich vorgenommen hatten, etwas alleine zu tun, und es stellt sich dann heraus, daß es mehr Arbeit ist, als Sie dachten, halten Sie sich vielleicht für einen Versager, wenn Sie es doch nicht schaffen.

- Legen Sie einen »Nein-Tag« ein. Sagen Sie »nein« zu allem Neuen, das Ihnen in die Quere kommt. Wenn Ihnen das zu radikal ist, sagen Sie: »Ich glaube nicht, aber ich überlege es mir« oder »Ich übernehme einen Teil, wenn du jemanden findest, der den Rest macht.« Sie werden feststellen, daß nichts Schlimmes passiert, wenn Sie anfangen, Kontrolle über Ihre Zeit zu übernehmen und Grenzen setzen für das, was Sie tun wollen. Im Gegenteil, es kann ganz wunderbar sein, mehr Kontrolle über sein Leben zu haben und mehr Zeit für die Dinge, die *Sie* selbst bestimmen.

Elternschaft und persönliche Entwicklung

Unser Leben hat immer verschiedene Seiten. Wenn wir im Streß stehen, wenn wir vollauf damit beschäftigt sind, ein Kind großzuziehen, das mehr Zeit und Zuwendung braucht als normal, oder wenn wir durch emotionale Turbulenzen gehen, dann vernachlässigen wir häufig andere Lebensbereiche. Manchmal hilft es, jeden dieser Bereiche einzeln zu betrachten, um zu erkennen, in welchem man tatsächlich auch an sich denkt oder welchem etwas mehr Aufmerksamkeit guttäte.

Wenn Sie normalerweise keinen Sport treiben, keinem Hobby nachgehen oder es nicht gewohnt sind, alleine zu sein, erscheinen Ihnen manche Vorschläge vielleicht schwierig, unangenehm oder für Sie ungeeignet. Betrachten Sie sie lediglich als Anregungen, aber achten Sie auf die fünf Hauptkategorien. Denken Sie darüber nach, was Sie in dem jeweiligen Bereich für sich tun und wie Sie Ihren Spielraum vergrößern können.

Der körperliche Bereich: fit werden, fit bleiben

Die Parole heißt: Bewegung und gesunde Ernährung führen zu mehr Gesundheit und Wohlbefinden. Alte Gewohnheiten lassen sich schwer ändern, aber es ist zu schaffen – wenn man einen Schritt nach dem anderen tut.

Gesundheit. Gehen Sie regelmäßig zu den Vorsorgeuntersuchungen und gönnen Sie sich genug Ruhe. Wenn Sie Symptome an sich beobachten, die Sie beunruhigen (oder beunruhigen sollten), gehen Sie zum Arzt.

Bewegung. Suchen Sie sich irgendeine sportliche Betätigung, die Ihnen Spaß macht. Machen Sie Gymnastik, gehen Sie mit dem Hund Gassi, streifen Sie durch ein Einkaufszentrum. Nehmen Sie eine Freundin mit, wenn Ihnen das hilft. Dehnen Sie Ihre Muskeln, bringen Sie den Kreislauf in Schwung, machen Sie lange, tiefe Atemzüge. Nehmen Sie das Fahrrad, spielen Sie Tennis, laufen, schwimmen oder tanzen Sie.

Ernährung. Achten Sie darauf, was Sie essen. Der Hauptgrund für Übergewicht ist zuviel Essen. Wenn Sie abnehmen möchten, gibt es genug Bücher und Methoden; jeder kann etwas Passendes für sich finden. Nehmen Sie weniger Fett und Zucker zu sich, essen Sie mehr Fisch, Obst, Gemüse und Getreideprodukte. Trinken Sie viel Wasser.

Aussehen. Wie gefällt Ihnen das, was Sie im Spiegel sehen? Machen Sie sich hübsch – für sich selbst und für Ihre Mitmenschen. Wenn es einem gräßlich geht, ist es manchmal schwer, sich um Äußerlichkeiten zu kümmern. Geben Sie sich an solchen Tagen bewußt Mühe mit der Körperpflege und der Kleidung. Heben Sie den Kopf und ziehen Sie die Schultern zurück, so daß Sie etwas größer werden; Sie heben damit auch Ihr Selbstbewußtsein.

═══ Der kreative Bereich: seinen Horizont erweitern

Wenn es uns schlecht geht, wenn wir müde, ausgelaugt oder überfordert sind, müssen wir einen Schutzmechanismus aktivieren, um mit der vorhandenen Energie sparsam umzugehen. Jeder von uns hat Tage, an denen er sich zurückziehen muß und seine Ruhe braucht. Aber es kann Ihnen auch einen richtigen Schub an Lebensfreude, Energie, Neugier und Begeisterung versetzen, wenn Sie sich herauswagen, Körper und Geist lockern, etwas Neues lernen oder sich etwas Spaß gönnen. Wenn Sie sowieso zur Zurückgezogenheit neigen, genieren Sie sich vielleicht, etwas Kreatives oder Extravertiertes zu probieren (vielleicht finden Sie es sogar ganz doof). Versuchen Sie, einen der Vorschläge unten umzusetzen oder denken Sie sich selbst etwas aus.

Einmal im Jahr. Feiern Sie Ihren Geburtstag. Obwohl nur einmal im Jahr Geburtstag ist, kann man Monate damit verbringen, ihn zu planen. Schenken Sie sich etwas, an dem Sie Freude haben – eine Hose, ein tragbares Radio, einen neuen Hut, goldene Ohrringe oder ein neues Buch. Schicken Sie sich selbst eine Geburtstagskarte. Backen Sie Ihren Lieblingskuchen (schließlich ist es *Ihr* Geburtstag). Laden Sie Gäste ein, um mit Ihnen zu feiern, oder schenken Sie sich Zeit für sich alleine.

Einmal im Monat. Machen Sie wenigstens einmal im Monat etwas Neues, etwas anderes, das Ihnen guttut. Gehen Sie zum Friseur. Spendieren Sie sich ein ausgiebiges Mittagessen. Besuchen Sie ein Kunstmuseum, ein Kino oder den Botanischen Garten. Gehen Sie reiten oder machen Sie einen Ausflug ins Grüne. Nehmen Sie einen Freund mit oder fahren Sie alleine. Bleiben Sie über Nacht weg. Sie haben keine Zeit? Natürlich nicht. Sie müssen es möglich machen.

Zweimal im Monat. Verwöhnen Sie sich mindestens zweimal pro Monat. Kaufen Sie sich eine Zeitschrift, einen Strauß Blumen, eine neue CD. Schließen Sie sich im Bad ein und legen Sie sich für eine Stunde in die Wanne. Gehen Sie mit Freunden in die Stadt oder gehen Sie früh schlafen. Es muß etwas sein, das Sie sich nicht öfter zu tun getrauen, weil Sie es für selbstsüchtig halten. Es muß kein Geld kosten und braucht nicht lange zu dauern. Es muß Ihnen einfach nur guttun.

Jeden Tag. Lachen Sie jeden Tag. Sehen Sie sich die uralten Wiederholungen im Fernsehen an, leihen Sie komische Filme aus, gehen Sie in einen Schreibwarenladen und lesen Sie die Humorgrußkarten oder lesen Sie lustige Bücher. Und vor allem: Lernen Sie, über sich selbst zu lachen. Lachen Sie mit Ihrem Partner, lachen Sie mit Ihren Kindern. Es ist eines der schönsten Geschenke, das Sie ihnen und sich selbst machen können. Denken Sie sich lustige Wörter und Geschichten aus, geben Sie den anderen Rätsel auf. Gehen Sie rückwärts und hüpfen Sie herum.

Jederzeit. Suchen Sie sich einen Halbtagsjob. Nehmen Sie eine ehrenamtliche Tätigkeit an. Kaufen Sie sich ein neues Computerprogramm und lernen Sie, es zu bedienen. Besuchen Sie einen Volkshochschulkurs – zum Spaß oder wegen der Anerkennung, die Sie dafür erhalten.

Beginnen Sie ein Hobby, oder nehmen Sie ein altes Vorhaben wieder auf, das Ihnen Spaß macht: Sticken, Sterne beobachten, Schnitzen, Nähen, die Fußböden abschleifen, Gärtnern, Rollschuhlaufen, den Dachboden ausbauen, Töpfern, Schach spielen oder Tanzen. Es kann etwas sein, das Sie regelmäßig aus dem Haus bringt, oder etwas, das zu Hause stattfindet und wofür Sie sich die Zeit nehmen.

Besorgen Sie sich einen Bibliotheksausweis oder benutzen Sie den, den Sie schon haben. Tauchen Sie ein in die Welt der Phantasie, der Romanzen, Geheimnisse, Kriminalfälle, Geschichte, Biographien, Literatur, des Heimwerkens, Reisens oder Photographierens. Nehmen Sie einen Stoß Bücher mit und schmökern Sie jeden Tag ein wenig. Flüchten Sie, wenn es zu schlimm wird, und erweitern Sie Ihren Horizont, wenn sich die Lage beruhigt.

Lernen Sie etwas wirklich Neues, zum Beispiel wie man am Auto das Öl wechselt, wie man tapeziert, Gemüse in Kübeln zieht oder Flamenco tanzt.

Der soziale Bereich: Beziehungen zu anderen Menschen

Manchmal haben Sie sicher keine Lust, etwas für oder mit anderen zu machen – es war vielleicht schon schwierig genug, gerade mal selbst durch den Tag zu kommen. Wenn Sie schüchtern sind, kennen Sie unter Umständen nicht viele Leute oder glauben, Sie seien ungeschickt im Umgang mit anderen. Nun gut, es gibt eine ganze Menge Menschen wie Sie.

Fangen Sie klein an, nehmen Sie sich vor, die Fühler auszustrecken und jemanden anzusprechen, tun Sie einen Schritt nach dem anderen.

Rufen Sie eine alte Freundin an. Gibt es nicht einen alten Freund oder jemanden in der Verwandtschaft, an den Sie gerne denken, mit dem Sie aber lange nicht mehr gesprochen haben? Vielleicht ist jetzt der richtige Zeitpunkt, um die Verbindung wieder aufzunehmen. Nutzen Sie den Mondscheintarif und Sie können auch mit jemandem, der sehr weit weg wohnt, für ein paar Mark ein ausgiebiges Schwätzchen halten. Gibt es jemanden aus Ihrem früheren Wohnort, aus der Schulzeit oder eine ehemalige Kollegin, mit der Sie gerne wieder reden würden?

Soziales Engagement. Nehmen Sie sich ein paar Stunden pro Woche, um für einen Kranken Briefe zu lesen oder zu schreiben. Kaufen Sie für jemanden ein, der schlecht gehen kann, oder übernehmen Sie für eine Nachbarin das Babysitting. Schauen Sie die Kleinanzeigen in der Zeitung durch, ob jemand für irgendetwas Hilfe sucht, oder rufen Sie eine Organisation an, die sich für eine Gruppe engagiert, der Sie gerne etwas von Ihrer Zeit widmen möchten.

Unternehmen Sie etwas mit Ihren Kindern. Machen Sie etwas, woran sowohl Sie als auch die Kinder Spaß haben – also nicht gerade Einkaufen, zur Therapie gehen oder den Arzt aufsuchen. Es sollte weder erzieherisch noch therapeutisch sein noch einem bestimmten Zweck dienen. Es muß einfach nur *Spaß* machen. Wie wär's mit einem Picknick im Park, einem Abenteuerspielplatz, einem Spaziergang im Wald, einem Schwimmbad mit Wasserrutsche, einem Sonnenuntergang oder Plätzchenbacken?

Unternehmen Sie etwas mit Ihrem Partner. Machen Sie sich eine schöne Zeit mit Ihrem Partner. Gehen Sie zusammen ins Kino, zum Kegeln, zum Minigolf. Machen Sie einen Spaziergang, und reden Sie dabei nicht über die Kinder, über Rechnungen oder den Streß bei der Arbeit. Das hat Zeit. Gehen Sie aus zum Essen, ins Museum oder arbeiten Sie zusammen für eine Wohltätigkeitsveranstaltung. Setzen Sie sich im Park auf eine Bank und halten Sie Händchen.

Schließen Sie sich einer Gruppe oder einem Verein an: einem Handarbeitszirkel, einer kirchlichen Gruppe, einem Gesangsverein, einer Partei, einem Kegelclub oder einem Berufsverband.

Geben Sie etwas von sich an andere weiter. Bringen Sie einen Stapel gelesener Zeitschriften und Bücher in eine Klinik. Backen Sie einen Kuchen und bringen Sie ihn Ihren Nachbarn. Kaufen Sie einen Stapel Postkarten, und schreiben Sie ein kurzes »Hallo« an Leute, die Ihnen gerade einfallen, wenn Sie schon keine Zeit für lange Briefe oder Anrufe haben. Schreiben Sie Ihrem Postboten, Ihrem Kinderarzt oder anderen Menschen, die Ihnen in der letzten Zeit behilflich waren, eine Danke-schön-Karte. Das Schönste, was Sie für andere tun können, ist, danke zu sagen und zu lächeln.

Der spirituelle Bereich: inneren Frieden und Einsamkeit finden

Achten Sie auf die spirituelle Seite Ihres Wesens, unabhängig davon, was das für Sie heißt. In die Kirche gehen, meditieren, Musik hören, lesen – all das kann helfen, das Leben aus einem anderen Blickwinkel zu betrachten, Ballast abzuwerfen oder sich dankbar an die positiven Seiten des Lebens zu erinnern.

Etwas Zeit für sich selbst – frei gewählte Einsamkeit – ist wesentlich, um den Streß für eine Weile abfallen zu lassen. Einsamkeit hilft Ihnen, den Kopf freizubekommen vom Planen der Haushaltsangelegenheiten und den Sorgen um Kind und Familie. Wenn Sie allein sind, ohne Ablenkungen, haben Sie die Zeit, herauszufinden, was Sie wirklich wollen und was Sie wirklich empfinden. Es ist die Zeit, um Alternativen abzuwägen, Entscheidungen in Frage zu stellen und keine außer der eigenen Meinung anzuhören.

Einsamkeit ist gewöhnungsbedürftig. Die Vorstellung, allein zu sein, ängstigt die einen und langweilt die anderen. Möglich, daß es am Anfang langweilig ist, aber das trifft es nicht wirklich. Es ist eine Zeit, um sich zu erholen, sich in Schweigen oder Klängen aus der Natur zu ergehen. Mit sich selbst in einer friedvollen Umgebung allein zu sein, hilft dabei, Balance ins Leben zu bringen. Unser Alltagsstreß kann so allesbeherrschend sein, daß wir vergessen, daß das Leben aus mehr besteht als Kampf, Chaos und Hektik.

Alleinsein bedeutet nichts tun. Es bedeutet still, ruhig und gelassen sein. Es ist die Zeit, sich zurückzuziehen, den Mund zu halten und inneren Frieden zu finden. Es ist die Zeit des Selbstschutzes. Solche Zeiten sind unentbehrlich, um Körper und Geist zu erholen und etwas innere Gelassenheit zu erlangen; nur so können sich Energie und Denkvermögen regenerieren.

Richten Sie sich Ihre Zeit des Alleinseins ein, wann immer es Ihnen paßt. Eine Stunde am Tag oder am Anfang vielleicht nur zehn Minuten oder zwei Stunden jeden Sonntag oder ein Wochenende alle paar Monate. Diese Zeit dient nicht unbedingt der Erholung vom Streß, sondern sie ist vor allem Zeit zum Sein und zur Bewußtseinserweiterung. Als erstes sollten Sie sich vornehmen, jede Woche etwas Zeit für sich selbst freizuhalten, in der Sie allein sein wollen. Machen Sie sich klar, daß Sie das Recht dazu haben, sich diese Zeit zu nehmen, und daß es an Ihnen liegt, den Freiraum zu schaffen und wahrzunehmen.

Die Bedeutung der Harmonie: Ausgewogenheit zwischen innen und außen

Als Sie erfuhren, daß Ihr Kind behindert sein würde, geriet Ihr Gleichgewicht ins Schwanken. All Ihre Bemühungen, für Ihr Kind die richtige Behandlung zu finden und Ihre persönlichen Erwartungen neu zu ordnen, hatten zum Ziel, das Gleichgewicht zwischen innerer und äußerer Welt wiederherzustellen.

Harmonie und Ausgewogenheit sind Formen der Anpassung. Sie erleichtern das Zusammenspiel zwischen Ihnen und Ihrer Umwelt. Manchmal ist Harmonie einfach herzustellen, manchmal scheint sie unerreichbar. In allen Bereichen des Lebens bedeutet Harmonie auch Kompromiß. Wenn wir den Zustand der Harmonie erreichen, verspüren wir eine innere Befriedigung: unser Leben ist im Gleichgewicht, ist in Ordnung.

Harmonie in den Beziehungen

Wenn Sie mit Ihrem Partner die zusätzlichen elterlichen Pflichten geklärt haben und wenn Sie sich einander verbunden fühlen, spüren Sie die Harmonie. Sie wissen, daß Sie sich aufeinander verlassen können.

Wenn Ihre Kinder allein mit ihrem Leben zurechtkommen und wenn Ihre gewachsene Familie Ihnen Verständnis und Unterstützung entgegenbringt, spüren Sie die Harmonie.

Manchmal prallen gegensätzliche Wünsche aufeinander, reißt die Kommunikation ab, sind die Unterschiede im Temperament unübersehbar. Aber dann meldet sich Ihr Harmoniebedürfnis und versucht, die gestörte Beziehung wiederherzustellen.

Stört es Sie, daß jeder in der Familie zu einer anderen Zeit ißt? Planen Sie ein entspanntes Familienessen, wenigstens einmal pro Woche. Vielleicht setzen Sie sich dazu ins Eßzimmer und nehmen das gute Geschirr. Lassen Sie die Kinder beim Schmücken des Tisches oder beim Kochen helfen. Machen Sie leise Musik, zünden Sie ein paar Kerzen an und stellen Sie sich vor, Sie säßen in einem feinen Restaurant. Überlegen Sie, welches besondere Ereignis Sie feiern wollen – das Zeugnis von Anne, Vaters neuen Kunden, Mutters erstes Gemälde aus dem Kunstkurs oder Emmas neue Krücken.

Halten Sie die Familienbräuche in Ehren und führen Sie noch ein paar weitere ein. In den meisten Familien gibt es zum Geburtstag, manchmal auch zum Namenstag, an Weihnachten, zu Ostern besonderes Essen, besondere Lieder und Geschenke. Bräuche sind wichtig für Kinder; sie schaffen Erinnerungen und Traditionen, und sie bringen die Familie im Laufe des Jahreskreises immer wieder zusammen. Eltern und Kinder lernen, sich auf kommende Festtage vorzubereiten, weil sie wissen, es wird genauso sein wie im Jahr zuvor. Bräuche und Traditionen bringen Kontinuität in eine Familie, sie vermitteln das Gefühl, einen Platz zu haben, an den man hingehört.

Die meisten von uns wissen anscheinend, wann sie mit ihrer Umwelt in Harmonie leben und wann sie aus dem Gleichgewicht sind. Und wir haben oft ein sicheres Gespür dafür, was wir tun müssen, um die Ordnung wiederherzustellen. Sie stellen fest, daß das Durcheinander einfach zu groß ist und daß Sie dringend Ihre Küchenschubladen aufräumen sollten. Sie haben das Gefühl, etwas von dem »Kram« in der Garage loswerden zu müssen, oder Sie sollten unbedingt das Auto aussaugen.

Sie können das Gefühl von Harmonie und Wohlbefinden in Ihrer Wohnung auch dadurch steigern, daß Sie sich ein paar Blumen in die Vase stellen, einen neuen, schöneren Duschvorhang kaufen oder das Schlafzimmer in einer anderen Farbe streichen.

Nehmen Sie jeden Tag Kontakt mit der Natur auf. Gehen Sie nach draußen und betrachten Sie die Sterne oder machen Sie einen Spaziergang bei Vollmond. Setzen Sie sich in den Garten und lauschen Sie den Vögeln oder sehen Sie den Schmetterlingen zu.

—— *Ihr persönliches Wohlbefinden*

Das Harmoniebedürfnis ist der Teil Ihrer Persönlichkeit, der ständig versucht, Ausgewogenheit und Ordnung in alle Bereiche Ihres Lebens zu bringen. Wenn Sie jedem Aspekt Ihrer Persönlichkeit (dem körperlichen, dem kreativen, dem sozialen und dem spirituellen) die gebührende Aufmerksamkeit schenken, werden Sie mit einem Gefühl der Stärke und wachsendem Vertrauen in Ihre eigenen Kräfte belohnt. Sie stehen besser im Gleichgewicht sowohl mit Ihrer inneren wie mit Ihrer äußeren Welt; dadurch können Sie sich besser konzentrieren, arbeiten und Ihren eigenen Weg finden. Immer mehr kristallisiert sich ein Bild von Ihnen heraus, in dem Sie Ihre Ideale leben – sei es im Beruf, im Garten, beim Handarbeiten oder in der Arbeit mit Behinderten. Wenn Sie auf die kleinen Dinge achten, Harmonie in Ihren Alltag bringen und geregelte Abläufe und Rituale (die das Zusammengehörigkeitsgefühl und die Verbundenheit stärken) für sich und die anderen Familienmitglieder schaffen, dann wächst in Ihnen das Bewußtsein, wer Sie sind und wohin Sie wollen.

Eltern als Partner

Es gibt vieles, was eine Partnerschaft auf eine harte Probe stellen kann: finanzielle Nöte, Schwiegermütter (und andere Verwandte), die Krankheit eines Familienangehörigen, die Küchenrenovierung oder die Ankunft von Nachwuchs. Wenn eines Ihrer Kinder behindert ist, wird Ihrer Paarbeziehung eine Form der Elternschaft abverlangt, die sich nicht unbedingt mit den traditionellen Rollenerwartungen deckt, die auch heute noch weit verbreitet sind. Vielleicht verändert sich in Ihrer Beziehung auch fast nichts. Eventuell leidet sie darunter, wie Sie beide auf die Tatsache reagieren, ein behindertes Kind zu haben, oder es liegen Gründe vor, die rein gar nichts mit den besonderen Bedürfnissen Ihres Kindes zu tun haben. Ihre Beziehung kann auch stärker werden, weil Sie die neue Aufgabe gemeinsam angehen. Nur soviel ist sicher – einige Probleme sind jetzt lange nicht mehr so wichtig, wie sie einmal waren, und viele Ihrer Reaktionen hängen davon ab, an welcher Stelle des Anpassungsprozesses Sie sich befinden.

1. Ihre Paarbeziehung wird davon beeinflußt, an welcher Stelle des Anpassungsprozesses Sie beide stehen. Sie können sich zu einer gegebenen Zeit in verschiedenen Stadien befinden, oder ein bestimmtes Ereignis wirft Sie in unvereinbare Positionen zurück.
2. Ein behindertes Kind großzuziehen bedeutet zusätzliches elterliches Engagement – man muß sich über mehr und andere Dinge Gedanken machen und noch mehr tun als für ein »normales« Kind.
3. Damit die elterliche Partnerschaft gut funktioniert, müssen Sie klären, wie die zusätzlichen Verpflichtungen aufgeteilt werden; es ist wichtig, daß Sie offen darüber reden und verhandeln.

4. Bei Alleinerziehenden und in Scheidungs- oder Stieffamilien gestalten sich die Dinge in punkto Anpassungsprozeß und zusätzliches elterliches Engagement oft noch viel komplizierter.
5. Neben Ihrer Rolle als Eltern sollten Sie sich bewußt um Ihre Paarbeziehung bemühen und versuchen, sie lebendig zu halten.

Der Anpassungsprozeß und Ihre Beziehung

Wenn die unangenehmen Gefühle der Überlebensphase im Vordergrund stehen, haben Sie und/oder Ihr Partner womöglich nur eines im Sinn:
»nur das tun, was gerade getan werden muß«. Vielleicht waren Sie einander
enger verbunden, oder aber einer von Ihnen hatte das Gefühl, sich eine Zeitlang entziehen zu müssen. Es kann sein, daß Sie die verschiedenen Stadien
in unterschiedlicher Weise oder zu unterschiedlichen Zeiten durchlaufen,
und die Frage mag Sie beunruhigen, ob Ihre Partnerschaft dieser Belastung
standhalten wird. Auch die Beschäftigung mit der inneren und äußeren Suche – geeignete Betreuungseinrichtungen suchen oder seine Werte und
Prioritäten hinterfragen – kann Ihre Beziehung gefährden. Während der
eine vorwärts drängt und spezielle Förderprogramme ausfindig machen
möchte, will der andere vielleicht lieber noch abwarten, bevor man größere
finanzielle oder zeitliche Belastungen auf sich nimmt.

Wenn die Kommunikation zwischen Ihnen nicht gestimmt hat, bemerken Sie möglicherweise in der Normalisierungsphase, daß Ihre elterlichen Pflichten ungleich verteilt sind, daß sich Ressentiments und Mißverständnisse eingeschlichen haben. Wenn Sie mit den Fragen der Trennung
zu kämpfen haben – wieviel Unabhängigkeit möglich ist oder wie es langfristig mit Ihrem Kind und Ihrer Familie weitergeht –, kann Ihre Beziehung
unter den Meinungsverschiedenheiten zwischen Ihnen beiden leiden. Das
Wissen darum, daß sich Fragen und Gefühle verändern, daß Probleme
gelöst werden und das Leben weitergeht, daß Sie beide zu Ihren früheren
Gefühlen zurückfinden können, hilft Ihnen, füreinander da zu sein. In gewisser Weise wird bei all dem von Ihnen verlangt, zur gleichen Zeit an verschiedenen Orten zu sein.

Normale Reaktionen, die zum Problem werden können

Am Starksein zerbrechen

Möglicherweise geben Sie sich dem anderen gegenüber stark, obwohl Sie innerlich zerbrechen. Das kommt besonders häufig bei Paaren vor, die sich in der Überlebensphase befinden. Die Auseinandersetzung mit der Krankheit oder der Behinderung Ihres Kindes ist unter Umständen die erste wirkliche Krise in Ihrer gemeinsamen Zeit. Sie wissen vielleicht gar nicht genau, wie Ihr Partner reagiert, wenn Sie »zusammenklappen«, Angst- oder Schuldgefühle äußern. Vielleicht glauben Sie, der andere erwarte, daß Sie die Dinge schon regeln, oder Sie befürchten, zurückgewiesen oder gescholten zu werden, wenn Sie sich »schwach« zeigen. Vielleicht wollen Sie sich Ihre Bestürzung nicht anmerken lassen, weil Sie sehen, daß Ihr Partner schon ganz durcheinander ist, und Sie verhindern möchten, daß er sich auch noch Ihretwegen Sorgen macht.

Wenn Sie beide Ihre Ängste und Sorgen zurückhalten, an wen wollen Sie sich denn sonst wenden? Kehren Sie alles unter den Teppich und verschließen Sie die Augen davor, welche Quelle des Trostes Sie sich gegenseitig in diesen harten Zeiten sein könnten?

Diane: Unsere Männer mußten uns stützen und für uns stark sein – unsere Aufmerksamkeit galt allein dem Baby. Väter werden ungerechterweise an den Rand gedrückt. Jeder denkt nur an die Mutter, denn sie hat das Kind. Während des ersten Monats, als Catherine im Krankenhaus war und ich die meiste Zeit bei ihr verbrachte, aß und redete mein Mann kaum; das hörte ich von meiner Familie. Er versuchte, nach außen stark zu erscheinen, er mußte arbeiten gehen und »funktionieren«.

Susi: Sechs Wochen nach Betsys Geburt wußten wir noch nicht, ob sie überhaupt durchkommen würde. Ich lebte in Angst und Schrecken, und ich sah, daß Bruce auch litt, aber wir konnten nicht darüber reden. Wir hatten über fast alles miteinander geredet, aber das hier war so neu, so anders und so außer unserer Kontrolle. Eines Tages sagte Bruce zu mir: »Ich will, daß du eins weißt: Es ist egal, was der Grund dafür ist. Das einzige, was wirklich zählt, ist, daß wir alles – was auch immer geschehen mag, was Betsy auch immer brauchen mag – zusammen tun.« Dieser Satz befreite uns beide. Ich konnte die Schuldgefühle fallen lassen, die ich mit mir herumschleppte, und etwas von der Angst. Ich wußte nicht, was noch auf uns zukam, aber ich wußte, ich würde es überleben.

Angst und Unsicherheit

Es kommt vor, daß ein Partner ganz durcheinander ist, sich große Sorgen über die Zukunft macht und es für sich behält, während der andere sagt: »Mach dir mal nicht soviele Gedanken, das gibt sich mit der Zeit.« Und noch eine häufige Reaktion bei Paaren: Während sich der eine durch die Überlebensphase quält, läßt der andere diese unangenehmen Gefühle zu Beginn rasch hinter sich und stellt sich ganz optimistisch den Fragen nach der Zukunft. Woran liegt es, daß Paare so unterschiedlich sind? Manche sagen »Gegensätze ziehen sich an«, und sicherlich gibt es Paare mit einem Optimisten und einem Pessimisten. Bei manchen Paaren findet man »Kämpfer«, »Jammerer«, »Clowns« oder »Pragmatiker«. In gewisser Weise haben Sie beide recht, wenn einer sich Sorgen macht und der andere sagt »Das findet sich«. Es gibt etwas, worüber man sich Sorgen machen muß, und die Wahrscheinlichkeit ist groß, eine Lösung für das Problem zu finden. Das wichtigste ist, sich gegenseitig das Recht auf die andere Meinung zuzugestehen; nur selten im Leben ist etwas ganz richtig oder ganz falsch, schwarz oder weiß. Jeder von Ihnen hat das Recht, sich auf seine Weise an die neue Situation anzupassen, und Sie sollten Ihre Unterschiede respektieren. Wenn sich diese Unterschiede jedoch nicht angleichen und sehr lange bestehen, ignorieren Paare häufig das, was der jeweils andere sagt (»So ist er nun mal«), oder sie gehen sich gegenseitig ziemlich auf die Nerven.

Janet: Ich hatte Ryan sehr lieb und akzeptierte ihn auch. Aber in den ersten Jahren war ich nicht gerade das, was man sich unter einer stolzen Mutter vorstellt, weil Ryan ständig irgendwelche lebensbedrohlichen Krisen hatte. Aber mein Mann benahm sich, als ob eigentlich fast alles in Ordnung sei. Er konnte es kaum erwarten, ihn ins Büro mitzunehmen, während mir die Tränen in den Augen standen.
Ich dachte: »O nein, er hat diese Trachealkanüle und Gips an den Füßen.« Ich wußte, wie die Leute ihn ansahen. Ich dachte an die neugierigen Blicke auf dem Markt und daß man mich wegen ihm ansprach. Aber Chris machte das nichts aus, er empfand das nicht so. – »Das ist mein Sohn, und ich bin ganz stolz auf ihn. Die Leute stört das nicht. Sie wollen ihn einfach nur mal sehen.«
Also gingen wir in sein Büro. Ich putzte uns alle heraus. Ryan sah niedlich aus, aber ich war total nervös. Chris hatte recht gehabt, alle waren sehr verständnisvoll und sagten: »Ihr zwei seid Klasseeltern.« Chris hat mir wirklich sehr geholfen, das Positive zu sehen und all das Unwichtige zu streichen.

━━   Unterschiedliche Meinungen

Vielleicht sind Sie beide uneins über die Art oder den Schweregrad der Probleme Ihres Kindes oder die richtigen Behandlungsmaßnahmen. Vielleicht beteiligt sich einer aktiv an der Therapie und der andere nicht. Und sicher sind Sie nicht immer einer Meinung, wie Probleme Ihres Kindes zu Hause gehandhabt werden sollten. Oft setzt der eine feste Grenzen, und der andere gibt immer nach.

Jane und Billy haben einen sechsjährigen Sohn, bei dem kürzlich die Diagnose »mentale Retardierung« (geistig zurückgeblieben) gestellt wurde. Bill machte sich sofort auf die Suche nach entsprechenden Angeboten. Er fand die Special Olympics (Sportangebote für Menschen mit geistiger Behinderung) und engagierte sich dort. Jane war deswegen sehr wütend, weil sie Bills Aktivitäten als Eingeständnis ansah, daß ihr Kind tatsächlich geistig behindert war; sie selbst war noch nicht soweit, »aufzugeben« und die Diagnose zu glauben.

━━   Jeder geht anders damit um

Sie können die gleichen Gefühle haben, aber zu verschiedenen Zeiten. Sie können sich beide im Überlebensstadium mit seinen unberechenbaren Gemütsschwankungen befinden, und der eine hat ein Hoch, während der andere durchhängt. Es kann Sie wütend machen, daß Ihr Partner diese Gefühle schon überwunden hat. Der eine will sich vielleicht lieber allem entziehen und möglichst nicht darüber reden, während sich der andere auf die Suche nach Antworten und Lösungen machen möchte. Eventuell will einer von Ihnen gleich noch ein Kind, aber der andere sagt »auf keinen Fall«.

Und außerdem stellen Sie unter Umständen fest, daß Sie die Positionen getauscht haben. Wenn Sie nicht verstehen, was mit Ihnen los ist, kann es leicht zu größeren gegenseitigen Mißverständnissen kommen.

Janet: Bei uns gab es einen richtigen Rollentausch. Normalerweise bin ich immer obenauf und sehe in allem das Positive. Aber ich war so in meiner Hilflosigkeit und meiner Angst um Ryan gefangen, daß ich keinen Funken Licht am Ende des Tunnels erkennen konnte. Chris ist sonst immer der objektivere und sachlichere, aber als es um Ryan ging, war er immer der optimistische.

Erschöpfung

Möglicherweise haben Sie keine Zeit oder Kraft mehr für Ihre Beziehung. Es kann soweit kommen, daß Sie es vermeiden, miteinander allein zu sein, weil Sie an nichts anderes denken können, als was noch für Ihr Kind getan werden muß, oder weil Sie sich so große Sorgen machen, daß Sie an nichts mehr eine Freude haben. Diese Gründe können auf einen oder auf beide Partner zutreffen. Vielleicht möchte auch der eine darüber sprechen und der andere nicht. Und gemeinsam verbrachte Zeit kann zutiefst deprimierend sein, wenn Sie nichts weiter tun als sich gegenseitig vorzujammern.

Sex?

Auch das Sexualleben kann sich in einer Weise verändern, daß Sie und/oder Ihr Partner damit unzufrieden sind. Wenn man müde, angespannt, niedergeschlagen oder mit anderen Dingen beschäftigt ist, fällt es oft schwer, »in Stimmung« zu kommen. Und wenn Sie Angst vor einer weiteren Schwangerschaft haben, gehen Sie Sex vielleicht lieber ganz aus dem Weg.

Es kann aber auch sein, daß Sex für Sie das einzig Wahre ist, um all den Ärger zu vergessen. Wenn Sie beide so empfinden, ist das phantastisch; doch wenn es einem von Ihnen nicht so geht, dann kann daraus ein weiterer Grund für Niedergeschlagenheit und Minderwertigkeitsgefühle werden. Manche Paare berichten, daß sich ihre sexuelle Beziehung verbessert habe, als die Anspannung und die Ungewißheit um ihr Kind sie näher zusammenbrachte und fester und enger miteinander verband.

Manche Paare benutzen Sex auch als Druckmittel in einer Beziehung. Wenn Sie zum Beispiel das Gefühl haben, von Ihrem Partner nicht genügend seelische Unterstützung zu erhalten und er länger arbeitet als jemals zuvor, und wenn Sie beide dieses Thema nicht offen ansprechen, dann verlieren Sie vielleicht wirklich das Interesse an Sex oder aber Sie glauben, ein Rückzug sei der einzige Weg, um die Aufmerksamkeit Ihres Partners wiederzuerlangen.

Das Kind alleinlassen

Möglicherweise widerstrebt es Ihnen oder Ihrem Partner, Ihr Kind der Obhut eines anderen Menschen anzuvertrauen. Schuldgefühle spielen dabei oft eine Rolle oder die Furcht, es könne ein Notfall eintreten. Oder Sie glauben, niemand könne sich so gut um Ihr Kind kümmern wie Sie selbst. (Aber normalerweise merken Sie recht bald, daß Sie keineswegs unersetzbar sind und daß es Ihr Kind durchaus eine Weile bei jemand anderem aushält.)

Diane: Wir haben Catherine das erste Mal über Nacht allein gelassen, als wir unseren Hochzeitstag in einem Hotel in der Nähe feiern wollten – das war über ein Jahr nach ihrer Geburt. Wir hatten keine Schwierigkeiten damit, Sara bei jemandem zu lassen, aber wir fürchteten uns davor, Catherine allein zu lassen. Nicht etwa, weil sie ein Problem hatte, nein, es lag an uns. Schließlich sagte meine Schwester: »Ihr zwei müßt mal raus. Ich bleibe bei den Mädchen.«

Schuldgefühle

Sie oder Ihr Partner leiden vielleicht wegen der Krankheit oder der Behinderung Ihres Kindes unter Schuldgefühlen. Vielleicht haben Sie auch Angst, Ihren Partner mit einem solchen »Problemkind« enttäuscht zu haben. Vielleicht machen Sie ihm Vorwürfe oder Sie fühlen sich von ihm angegriffen. Unter Umständen wollen Sie dann die ganzen Verpflichtungen für die Pflege Ihres Kindes alleine übernehmen, um sich weniger schuldig zu fühlen oder etwas »wiedergutzumachen«. Oder Sie glauben, wenn Sie nur hart genug daran arbeiten, würde Ihr Kind »normal« oder zumindest besser als jeder erwartet.

Zuviel Arbeit

Ein behindertes Kind großzuziehen ist viel Arbeit. Wenn Sie und Ihr Partner merken, wieviel Arbeit es wirklich ist, kann es sein, daß Sie das Gefühl haben, die Arbeit sei nicht gerecht verteilt oder Sie erhielten nicht genug Verständnis oder Unterstützung. Wenn einer von Ihnen arbeitet und der andere zu Hause ist, glaubt der- oder diejenige zu Hause oft, die Hauptlast zu tragen. Aber der arbeitende Elternteil fühlt sich womöglich verpflichtet, noch mehr zu arbeiten, um die finanzielle Versorgung zu sichern, und hat dann am Abend nicht mehr die Energie, sich noch um die Betreuung des Kindes zu kümmern.

▬ Weitere Kinder

Für manche Paare kommt ein weiteres Kind aus verschiedensten Gründen überhaupt nicht in Frage, während andere möglichst schnell das nächste haben wollen. Gründe können genetische Risiken sein (die Gefahr, daß das nächste Kind ebenfalls krank ist), Komplikationen in der Schwangerschaft, das Alter der Mutter, Angst vor einem weiteren behinderten Kind, selbst wenn kein genetisches Risiko vorliegt, oder die Befürchtung, sich um ein weiteres Kind nicht ausreichend kümmern zu können, weil das behinderte Kind soviel Zeit und Kraft beansprucht.

Janet: Ich wollte noch ein Kind. Chris hatte Angst, daß wir es nicht schaffen: Ryan brauchte unsere ungeteilte Aufmerksamkeit, wir waren gerade erst umgezogen, und wir konnten es uns nicht leisten. So sehr ich Ryan auch liebte, ich wollte erleben, wie es ist, wenn ein Kind sein Fläschchen trinkt oder schreit. Ich habe es bei meinen Freundinnen gesehen, es sah so friedlich aus. Und ich denke mal, ein bißchen wollte ich ihnen auch zeigen, daß man darum kein Theater machen muß. In dem Moment, als Erin geboren wurde, waren die Bedenken von Chris verflogen.

Stephanie: Paul und ich, wir wollten sofort ein weiteres Kind. Für uns war es, wie vom Blitz getroffen worden zu sein, und wir glaubten nicht, daß so was noch einmal passieren würde. Wenn man allerdings schon mit seinem Kind zur Frühförderung gegangen ist und all die anderen »Sorgenkinder« gesehen hat, hat man vermutlich etwas mehr Angst.

≡ Zusätzliche Belastungen für Eltern

≡ Freud und Leid

Sie erleben das gleiche »Leid« wie andere Eltern, jedoch nicht alle »Freuden«. Wie bei allen Eltern ändert sich Ihr Lebensrhythmus, Sie haben weniger Privatleben, Ihre sozialen Kontakte verlaufen nicht mehr so spontan, Sie sind müde und reizbar, weil das Baby jede Nacht schreit und Sie nicht genug Schlaf bekommen, Sie haben zusätzliche Ausgaben für Ausstattung, Windeln, Kleidung, Spielzeug. Dazu kommt, daß Ihnen nicht immer die Freuden der »normalen« Eltern zuteil werden: Ihr Kind beginnt möglicherweise nicht zur typischen Zeit zu sitzen, zu gehen oder zu sprechen, und Sie wissen nicht, ob es sich nur um eine Verzögerung handelt, die es wieder aufholt, ob es diese Dinge nie wird tun können oder ob es, wenn es das alles doch noch lernt, je den Rückstand wird aufholen können. Und wieviel Einfluß haben Sie darauf? Wenn Sie mit Ihrem Kind viele Tage und Wochen der frühen Kindheit in Krankenhäusern, mit Behandlungen, dem Einsetzen von Schläuchen zubringen und sehnsüchtig auf Anzeichen eines kleinen Fortschritts warten, dann werden Sie ständig daran denken müssen, daß das nicht in den Schwangerschaftsratgebern stand.

Um so größer und intensiver ist die Freude, wenn ein verspäteter Entwicklungsschritt doch endlich eintritt. Wenn Ihr Kind beispielsweise darum kämpft, sich vorwärtszubewegen oder sich verständlich zu machen, und es dieses Ziel schließlich erreicht, ist das gleichermaßen eine Bestätigung für Ihre Arbeit und Geduld wie für die Anstrengung und die Hartnäckigkeit Ihres Kindes. Die Fortschritte Ihres Kindes kommen nicht von selbst und fallen nicht leicht; deshalb werden sie von einer ganz besonderen Freude und Stolz auf das Erreichte begleitet.

≡ Mehr Geduld

Sie brauchen mehr Geduld als andere Eltern. Vieles dauert bei Ihnen länger als bei »normalen« Kindern: Essen, Sprechen, Ein- und Aussteigen aus dem Auto, das Bewegen im Haus, Baden, Zubettgehen, An- und Ausziehen, Körperpflege (wie Zähneputzen, Kämmen, Händewaschen), Spielen, spezielle Übungen. *Diese zusätzliche Elternarbeit kann sehr intensiv sein und lange dauern.* Eltern scheinen eine innere Uhr dafür zu besitzen, wann Kinder alleine gehen, spielen oder sich in ihrer Umgebung zurechtfinden sollten. Bei einem Kind mit verzögerter Entwicklung und körperlichen Einschränkungen verschieben sich diese typischen Entwicklungsschritte manchmal um Monate, manchmal um Jahre. Und sehr wahrscheinlich bilden Sie sich nicht nur ein, müde und erschöpft zu sein. Sie laufen Gefahr, sich Zerrungen, Verstauchungen und chronische Schmerzen einzuhandeln, je älter Ihr Kind wird und je länger Sie es heben, tragen und herumschieben müssen.

═══ Zusätzliche Kenntnisse und Fertigkeiten

Zu dem, was alle Eltern wissen und können müssen, brauchen Sie noch weitere Kenntnisse und Fertigkeiten. Soll ich ihn auf den Arm nehmen, wenn er schreit? Soll ich ihre Wutanfälle einfach nicht beachten? Ist es richtig, daß er bei uns im Bett schläft? Gebe ich ihr zu oft nach? Was soll ich machen, wenn er den Sicherheitsgurt nicht anlegen will? Sie ißt immer so schlecht... Mit all diesen ganz normalen Fragen müssen Sie sich beschäftigen, und zusätzlich brauchen Sie noch weitere Kenntnisse und Fertigkeiten. Sie müssen lernen, ob, wann und wie sich normale elterliche Verhaltensweisen auf die besonderen Bedürfnisse Ihres Kindes anpassen lassen. Wenn es Schwierigkeiten gibt, zum Beispiel daß Ihr Kind wutentbrannt Dinge in der Gegend herumwirft oder nicht essen will, ist das normal für sein Alter oder hat es ein seelisches Problem oder ist das auf seine Behinderung zurückzuführen?

Manche Kinder mit Lern- und Verhaltensstörungen durchlaufen ihre »Trotzphase« erst mit drei oder vier Jahren und überrumpeln ihre Eltern damit. Für die ist es schwierig herauszufinden, ob es sich um »normales«, entwicklungsbedingtes Unabhängigkeitsstreben handelt, das man freudig begrüßen sollte, oder ob die Wutanfälle Ausdruck von Frustrationen sind, die auf Lernprobleme zurückgehen. Manche Probleme muß man gleich behandeln, egal was der Grund dafür ist, aber manchmal ist es schwer, zu einem Entschluß zu kommen. Kinder mit körperlichen Behinderungen, die nur wenig Möglichkeiten besitzen, ihre Umgebung zu kontrollieren, benutzen häufig das Essen oder das Sauberwerden als letzte Mittel, um wenigstens *etwas* Kontrolle über einen *kleinen* Lebensbereich auszuüben. In solchen Fällen hilft nur abwarten, oder Sie versuchen, Ihrem Kind andere Möglichkeiten zu geben, wo es Entscheidungen treffen und sich unabhängig fühlen kann.

Terminkalender

Sie haben genau dieselben Laufereien und Terminprobleme wie andere Eltern auch. Sie müssen sich ein Auto organisieren, ans Pfadfindertreffen und ans Fußballtraining denken und dafür sorgen, daß drei Kinder gleichzeitig an drei verschiedenen Orten sind. Dann ist eines krank und soll das Bett hüten, doch die anderen müssen zum Schwimmunterricht. Und weit und breit ist kein Babysitter aufzutreiben. *Bei Ihnen kommen noch weitere Zeitprobleme dazu.* Das ist einer der Jobs, bei denen man besser sein Büro zu Hause hat. Sie müssen das Kind füttern und mit Medikamenten versorgen; Sie haben spezielle medizinische und therapeutische Ausrüstung zu benutzen; Sie hängen stundenlang am Telefon, um Förderprogramme und Betreuungseinrichtungen ausfindig zu machen; Sie müssen dafür sorgen, daß Ihre anderen Kinder »ihren Anteil« von Ihrer Zeit und Aufmerksamkeit erhalten und zu ihren Musikstunden, zum Training oder zur Nachhilfe kommen; Sie müssen Babysitter finden und ihnen beibringen, wie Sie mit Ihrem behinderten Kind umzugehen haben; Sie müssen Ihre häusliche Umgebung so verändern, daß Ihr Kind zu Hause sicher ist und Sie mehr Beweglichkeit erhalten. *Zusätzlich müssen Sie sich zum Mannschaftskapitän der Betreuer Ihres Kindes machen.* Damit das gut klappt, müssen Sie Aufgaben verteilen, Ihre Grenzen kennen und notfalls um Hilfe bitten können. Deshalb tragen Sie Ihre Arbeit (in Form eines dicken Terminkalenders) ständig mit sich herum: Termine bei Ärzten, Therapeuten und Notfalldiensten; Beurteilungen/Gutachten, regelmäßige Kontrolluntersuchungen oder wöchentliche Termine; Schulunterricht und außerschulisches Programm; ein Auto organisieren, Geldquellen ausfindig machen, Elternstammtische. (Und das meiste davon ist mehr als einmal notwendig: Ihr Kind wächst aus einem Förderprogramm heraus, die Geldquelle versiegt, ein Programm läuft aus, Sie ziehen um...)

≡ Spezielle Probleme von Alleinerziehenden, Scheidungs- und Stieffamilien

Auch wenn es die traditionelle Familie immer noch gibt, finden wir inzwischen viele Ein-Eltern-Familien oder unverheiratete Paare mit Kindern. Andere Familien sind »gemischt« – aus der Wiederverheiratung eines oder beider Partner werden Familien mit »meinen, deinen, unseren« Kindern. Einige geteilte Familien nehmen das Sorgerecht gemeinsam wahr, wobei sich die getrennt lebenden Eltern gleichermaßen um die Pflege und die Betreuung ihrer Kinder kümmern. Außerdem gibt es mehr und mehr Familien, die behinderte Kinder adoptieren oder als Pflegekinder annehmen.

Obwohl viele der Probleme, die mit den zusätzlichen elterlichen Pflichten, der Anpassung und der Kommunikation zu tun haben, in allen Familien auftreten, können sie bei getrennt lebenden Eltern noch intensiver und komplizierter werden. Der eine Elternteil glaubt, der andere kümmere sich nicht richtig um das Kind, während dieser meint, der andere sei übervorsichtig. Oder ein Elternteil vernachlässigt die empfohlenen Behandlungen oder versäumt es, die Medikamente zu geben. Wenn das Kind hauptsächlich bei einem Elternteil lebt, beklagt dieser unter Umständen mangelndes Verständnis und fehlende Unterstützung durch den Elternteil, der das Kind nur am Wochenende oder in den Ferien sieht. Es wäre besser für alle Beteiligten – auch wenn es mitunter nicht gerade angenehm ist –, man würde öfter telefonieren, mit einer Checkliste arbeiten oder sich ab und an gemeinsam an einen Tisch setzen, um Dinge zu besprechen. Dennoch sollten die Kinder betreffende Probleme und Angelegenheiten unter den Erwachsenen bleiben. Benutzen Sie Ihr Kind (oder andere Kinder) nicht als Überbringer von Botschaften, Sorgen oder Plänen.

Alleinerziehende Väter oder Mütter können sehr vom Anschluß an eine Selbsthilfegruppe profitieren. Es gibt so viele Fragen zu den Extraaufgaben der Eltern behinderter Kinder, soviel Streß durch die ungeteilte Verantwortung für die pflegerische Versorgung des Kindes und das Problem, alle Entscheidungen alleine treffen zu müssen. Alleinerziehende Eltern, die arbeiten, müssen sich zusätzlich darum kümmern, daß ihre Kinder tagsüber betreut sind und daß sie jemand unterstützt, wenn das Kind krank ist. Viele alleinerziehende Eltern machen sich Sorgen wegen einer neuen Partnerschaft oder Wiederheirat: Wie würde sich das auf ihr Kind auswirken? Wie würde ein möglicher Stiefvater oder eine Stiefmutter auf die besonderen Bedürfnisse des Kindes reagieren?

Für Stiefeltern ist die Situation besonders schwierig. Sie stoßen zu einem bestimmten Zeitpunkt im Anpassungsprozeß ihres Partners zu ihrer neuen Familie und müssen zuerst das »große Ganze« verstehen. Ein Stiefvater, eine Stiefmutter hat sich bewußt für diese Familie entschieden; unter Umständen hat er oder sie einen objektiveren Blick auf die Beziehungen innerhalb der Familie und kann eingefahrene Muster und Vorstellungen durchbrechen. Dieses Durchbrechen kann sehr positiv sein, aber es hat ganz klar Auswirkungen auf den Anpassungsprozeß von allen Beteiligten. Zusätzlich zu allen Problemen, die schon normalerweise mit einer Stiefelternschaft verbunden sind, können noch weitere auftreten, die mit den besonderen Bedürfnissen des Kindes zu tun haben, zum Beispiel Zeit und Zuwendung »gerecht« auf alle Kinder zu verteilen, das Verhältnis zum geschiedenen Elternteil, das Verhältnis zu der Familie, die man selbst mitgebracht – oder zurückgelassen – hat.

Wann zusätzliche Hilfe nötig ist

Wenn es in Ihrer Beziehung sowieso schon kriselt, kann ein behindertes Kind die Probleme auf die Spitze treiben oder Sie darüber hinwegbringen. Während manches sehr viel schwieriger erscheint, kommt Ihnen anderes lange nicht mehr so wichtig vor wie vorher.

Leidet einer von Ihnen unter anhaltenden Depressionen, oder gibt es ungute Gefühle, die nicht vergehen wollen? Wenn Ihre Lebensgeister – aus welchen Gründen auch immer – nicht wiederkehren und Sie sich nicht in der Lage sehen, nach vorne zu blicken, dann sollten Sie eine Beratung durch einen Psychotherapeuten in Betracht ziehen. Dieser kann Ihnen helfen, Ihre Gefühle zu verstehen, und Sie in dieser schwierigen Zeit begleiten und unterstützen.

Ein Paar erzählte mir: »Wir bekamen lange keine Hilfe von außen. Wir kochten regelrecht im eigenen Saft. Nach sieben Jahren haben wir endlich gemerkt, daß wir ein neues Rezept brauchten, um dem Problem auf den Grund zu gehen.«

Denken Sie doch einmal darüber nach, ob Sie sich nicht einer Selbsthilfegruppe anschließen möchten, wo Sie hören, wie andere Paare ihre Kommunkationsprobleme und die zusätzlichen elterlichen Aufgaben und Pflichten angehen.

≡ Erfolgsstrategien

═ Miteinander reden

Vermutlich werden sich Ihre Bedürfnisse und Ihre Stimmung ebenso ändern wie die Bedürfnisse Ihres Kindes. Deshalb ist es wichtig, sich in regelmäßigen Abständen zusammenzusetzen und darüber zu sprechen, wie es läuft.

── *Tips für ein gutes Gespräch*

1. *Hören Sie sich gegenseitig an.* Möglicherweise beurteilt jeder von Ihnen die Situation (die gut oder schlecht sein kann) anders. Bevor Sie sie für gut oder schlecht erklären, hören Sie sich an, was der andere zu sagen hat. Und denken Sie daran, daß sich Ansichten ändern können, wenn Sie neue Informationen erhalten oder wenn Ihr Kind Fortschritte macht. Wenn Sie oder Ihr Partner vor einem Monat eine bestimmte Meinung hatten, muß das nicht heißen, daß sie heute noch gilt. Vielleicht haben Sie in Ihrer letzten Diskussion auch etwas gesagt, das ihn oder sie überzeugte und einen Sinneswandel herbeiführte.

2. *Unterbrechen Sie den anderen nicht.* Das heißt, schweigen Sie, solange er oder sie spricht. Korrigieren Sie nicht, erklären Sie nichts, schütteln Sie nicht den Kopf, sagen Sie nicht »Nun komm mal zum Punkt.« Lassen Sie ihn oder sie ausreden. Und wenn der andere sagt »Letzten Dienstag hatten wir Steaks zum Abendessen«, fallen Sie ihm nicht ins Wort mit »Stimmt nicht, es gab Hähnchen.« Sie erwarten schließlich den gleichen Respekt, wenn Sie an der Reihe sind.

3. *Versuchen Sie nicht, jemandem zu erzählen, was er oder sie zu fühlen hat;* respektieren Sie die Gefühle des anderen, ohne sie zu kritisieren. Sie wissen doch, wie schrecklich es ist, wenn Sie sagen, Sie fürchten sich, und jemand gibt zur Antwort: »Spinn doch nicht.« – »Hier ist nichts, wovor man sich fürchten müßte«, oder »Sei nicht dumm.« Wenn Sie und Ihr Partner über Gefühle reden wollen, müssen Sie sich gegenseitig soweit vertrauen können, daß keiner die Gefühle des anderen als falsch, lächerlich, verrückt oder dumm bezeichnet. Natürlich gefällt es Ihnen auch nicht, daß Sie sich fürchten, aber wenn Sie sich mit diesem Gefühl auseinandersetzen wollen, müssen Sie sich ernstgenommen wissen und darüber reden können. Ein Gefühl ist nur ein Gefühl – kein Persönlichkeitstest und kein Wertmaßstab.

Stephanie: *Wir sehen die Dinge oft anders, und das kann sehr gut und hilfreich sein. Wie oft hat Paul schon gesagt: »Mach dir keine Gedanken, das gibt sich«, wenn es mit meinen Gefühlen wieder drunter und drüber ging. Das hilft mir, wieder Boden unter die Füße zu bekommen und mein Gleichgewicht wiederzufinden. Ich lasse mich leicht von einem Problem überwältigen, und Pauls Betrachtungsweise zeigt mir dann, worauf es wirklich ankommt.*

Susi: *Ich verstehe sehr gut, was du sagen willst. Mir platzt schier der Kragen, und Bruce sagt: »Das ist es doch gar nicht wert.« Er steht über den Dingen – wenn er davon spricht, klingt es immer ganz einfach.*

4. *Hören Sie zu. Starren Sie dabei nicht in die Zeitung oder in den Fernseher.* Und setzen Sie sich so, daß Sie sich ansehen und eventuell auch anfassen können. Hören Sie aufmerksam zu, was der andere Ihnen zu sagen hat, und denken Sie nicht schon darüber nach, was Sie ihm antworten werden.

5. *Erteilen Sie nur dann Ratschläge, wenn Sie darum gebeten werden.* Wir alle haben die Neigung, gute Ratschläge zu verteilen, ob die Leute sie hören wollen oder nicht. Wir sind »problemlösungsorientiert« und vergessen, daß Menschen manchmal einfach nur erzählen wollen, was sie beschäftigt, bedrückt oder enttäuscht. Sie möchten nur, daß man ihnen zuhört und Verständnis für sie zeigt. Es muß nicht gleich alles gelöst werden.

Die Schwierigkeit, Gefühle zu äußern

Trotz vieler gesellschaftlicher Veränderungen auf diesem Gebiet sind auch heute noch viele Männer nicht dazu in der Lage, über ihre Gefühle zu sprechen, besonders wenn es sich um Traurigkeit und Hilflosigkeit handelt. In der Regel haben Frauen mehr Gelegenheit, andere Frauen zu treffen, ihre Gefühle mitzuteilen, zu weinen, um Hilfe zu bitten, ihre Verletzlichkeit zu zeigen. Väter besitzen in der Regel viel weniger Möglichkeiten zu solchem Austausch; das trägt sicher dazu bei, daß sich Männer häufig sehr unwohl fühlen. Anscheinend haben Männer auch weniger Gelegenheit, ihre verletzten Gefühle zu heilen und über ihre Ängste zu sprechen. Sie glauben oft, sie dürften sich nicht »hängen lassen«. Manche Mütter wollen sie »stark« sehen, andere fragen sich, über welche persönlichen Gefühle, Fragen und Ängste ihre Partner wohl nicht sprechen.

Möglicherweise sind Sie jedoch einfach zwei gegensätzliche Typen: der eine, der immer alles nach außen trägt, und der andere, der alles für sich behält. Vielleicht sagen Sie »Das Glas ist noch halb voll« und Ihr Partner »Das Glas ist schon halb leer«.

Mißverständnisse aufklären

Hervorragende Kommunikation, vollkommenes Verstehen und ein Höchstmaß an Empathie (plus ein wenig Gedankenlesen) sind Ideale, die nur in wenigen Partnerschaften erreicht werden. Normalerweise kommt es immer wieder einmal zu Mißverständnissen. Die wahre Stärke einer Partnerschaft besteht darin, diese Brüche in der Kommunikation zu erkennen und wieder zu beheben.

1. *Denken Sie daran, daß es in fast jeder Partnerschaft einmal zu Mißverständnissen kommt.* Eine Mutter beklagte sich, daß ihr Mann einmal abends nach Hause kam und sagte: »Komm, laß uns ins Kino gehen«, so als ob sie alles liegen und stehen lassen könnte, oder daß er sich einfach vor den Fernseher hockt und keinen Finger für die Kinder rührt. Wenig später hörten wir die Seite des Vaters. Er sagte, er wisse, daß seine Frau einen harten Tag hatte, wenn er abends nach Hause käme. Um ihr eine Atempause zu verschaffen, habe er vorgeschlagen, ins Kino zu gehen, aber sie jammerte nur, sie sei zu müde zum Ausgehen und könne so kurzfristig keinen Babysitter auftreiben. Und er sagte, er habe es aufgegeben, seiner Frau bei den Kindern helfen zu wollen, weil er es ihr nie recht machen könne. Sie gab zu, daß das stimmte – er hatte vergessen, die Kinder die Zähne putzen zu lassen, und die hatten zuviel Theater ums Zubettgehen gemacht.

2. *Mißverständnis kann heißen, daß Sie (oder der andere) nicht zugehört oder verstanden haben, worum es ging, oder daß Sie einen Machtkampf austragen*, bei dem wichtiger ist, wer gewinnt oder verliert, als der Inhalt des Gesprächs.

3. *Sie müssen entscheiden, was Ihnen wichtiger ist* – einen Streit gewinnen oder ihn beenden.

4. *Um die Kommunikation abreißen zu lassen, braucht es nur einen Menschen, um den Faden wieder aufzunehmen zwei.* Sie können einen Bruch in Ihrer Partnerschaft heraufbeschwören, wenn Sie den anderen mit Worten verletzen, stur und eigensinnig sind, wenn Sie sich den Standpunkt des anderen nicht anhören oder sich einer Diskussion entziehen oder verweigern.

5. Mißverständnisse aufzuklären, birgt Risiken: Es könnte sein, daß Sie zugeben müssen (zumindest ein wenig), unrecht gehabt zu haben; oder Sie müssen den anderen um etwas bitten oder ihm etwas geben.

☰ Die Verteilung der zusätzlichen Aufgaben zwischen den Eltern

Wenn ein Elternteil (meistens die Mutter) der »Hauptinformationsbeschaffer« ist, erhält der andere Elternteil (meistens der Vater) Informationen, die das Kind betreffen, oft aus zweiter Hand; außerdem muß er sich ganz auf den anderen verlassen, was die Verabredung und Einhaltung von Terminen bei Ärzten und Therapeuten angeht.

> *Diane: Mich hat es immer gestört, daß ich alle Termine ausmachen und dann auch hingehen mußte; ich mußte mir immer die schlechten Nachrichten anhören. Ich mußte alleine damit fertigwerden, bis ich Ray telefonisch erreichen konnte oder bis er nach Hause kam. Wenn es ganz schlimm war, ließ er, ohne zu zögern, alles liegen und stehen und kam sofort nach Hause. Wenn wir schon vorher wußten, daß es ein wichtiger Termin war, zum Beispiel mit einer Entscheidung für oder gegen eine Operation, nahm er Urlaub. Aber erstens wußten wir das nicht immer, und zweitens gab es so viele, daß er sich nicht immer frei machen konnte.*

Was leicht geschehen kann, ist, daß der eine Elternteil (meistens die Mutter) ganz allmählich zum »Experten« wird: Sie kennt den Medizinbetrieb und hat die Kontakte. Und der andere Elternteil (meistens der Vater) hat mehr Distanz zu allem. In manchen Familien funktioniert das sehr gut, und viele Mütter erzählen, daß sie dadurch »Managen«, bestimmtes Auftreten und Durchsetzungsvermögen gelernt hätten; sie fühlten sich selbstsicher und kompetent. Bei manchen Paaren hat die Frau mehr und mehr das Gefühl, die ganze Last allein tragen zu müssen, und nimmt es dem Mann übel, daß er sich nicht stärker engagiert. Aber es kann soweit kommen, daß Mütter gar nicht mehr wollen, daß sich die Väter beteiligen – wenn es zu mühsam ist, sie überhaupt dazu zu bringen, und wenn es länger dauert, etwas zu erklären als es selbst zu machen. Manchmal trauen sie ihrem Partner nicht zu, mit dem Kind alles Notwendige zu machen (zum Beispiel die Sprachtherapie-Übungen oder aus weiser Voraussicht irgendwohin Ersatzkleidung mitzunehmen), oder sie bezweifeln, daß er weiß, was im Notfall zu tun ist. Diese Probleme kommen auch in intakten Familien vor, doch in geteilten Familien, bei gemeinsamem Sorgerecht und wenn die beiden Familien wenig miteinander sprechen, muß man besonders darauf achten.

═══   Fragen zur Kindererziehung, die sich die Eltern stellen sollten

Glauben Sie, daß Sie bei der Kindererziehung, in Fragen der Bedürfnisse Ihres Kindes und bei der Suche nach notwendiger Hilfe gut zusammenarbeiten? (Das heißt nicht notwendigerweise, daß die Arbeit genau halbe-halbe verteilt ist. Es heißt, *sind Sie beide zufrieden* mit der Arbeitsteilung, und können Sie miteinander reden, wenn das nicht der Fall ist?)

Stephanie: Manchmal sind wir selbst schuld, weil wir nicht um Hilfe bitten. Wir brauchen und wünschen uns Hilfe, aber es ärgert uns, wenn sie uns nicht angeboten wird, wenn der andere nicht von sich aus fragt, was anliegt.

Diane: Und manchmal denkst du auch, sie haben den ganzen Tag viel um die Ohren und sowieso schon genug Sorgen. Ich muß allein damit fertigwerden.

Janet: Ich weiß. So ging es mir manchmal, als wir beide ganztags arbeiteten. Das ist das, was uns immer noch vermittelt wird: Für Kinder und Küche sind vor allem die Mütter zuständig.

Wenn Sie die ganze Verantwortung tragen, erhalten Sie auch die Vorwürfe – und wenn es Selbstvorwürfe sind – im Fall, daß etwas nicht klappt oder schiefgeht. Solange alles glatt läuft, werden Sie mit Lob bedacht, aber es kann niederschmetternd sein, wenn dann etwas schiefgeht. Wenn beide beteiligt sind, wenn Entscheidungen gemeinsam getroffen und Maßnahmen mit klar verteilten Rollen durchgeführt werden, verringert sich die Last der Arbeit und der Verantwortung.

Stephanie: Am Anfang hing alles, was mit Medizin und Schule zu tun hatte, an mir. Dann bekam Paul flexible Arbeitszeit und übernahm auch einige Elterntreffen und Arzttermine. Dadurch wurde auch die Qualität unserer Entscheidungen sehr verbessert.

Sind Sie sich einig, was Disziplin, Grenzen und die Förderung der Unabhängigkeit angeht? Oder mißfällt es einem von Ihnen, daß der andere übervorsichtig ist? Es ist nicht schlimm, wenn Sie unterschiedlicher Meinung sind – solange Sie sich darüber einigen, wie Sie mit Meinungsver-schiedenheiten umgehen wollen. Alle Eltern haben bei manchen Disziplin-fragen unterschiedliche Ansichten, und Kinder lernen rasch, was Mutter erlaubt und Vater verbietet (und umgekehrt). Häufig sind diese kleinen Un-terschiede wirklich nicht gravierend. Wichtig ist allerdings, daß sich Ihre Einstellung zu Grenzen und Risiken auf die normalen kindlichen Bedürf-nisse Ihres Kindes plus weitere Vorkehrungen wegen seiner Behinderung gründet. Unser Maßstab für Disziplin hängt manchmal eng mit unseren ei-genen Kindheitserfahrungen zusammen, oder er lehnt sich an das an, was bei unseren anderen Kindern funktioniert hat, oder wir folgen einfach einer spontanen Eingebung, weil wir müde und schlecht gelaunt sind.

Sind Sie sich einig, wer was wann tut, und können Sie diese Über-einkunft flexibel handhaben? Jeder von Ihnen hat bestimmte Vorstellun-gen, was Mütter und was Väter tun. Diese Erwartungen werden davon be-einflußt, wie Ihre Eltern Sie erzogen haben (oder wie sie Sie nicht erzogen haben, weshalb Sie nicht den gleichen Fehler wie sie machen wollen), wie sich die Rollenverteilung mit Ihren anderen Kindern eingespielt hat und welche Elternratgeber Sie gelesen haben.

Nehmen Sie sich die Zeit, um eine Liste zu erstellen. Manche Fa-milien setzen sich einmal pro Woche – mit allen Kindern – zusammen, um die Hausarbeit und eventuelle zusätzliche Aufgaben zu verteilen: Dinge, die repariert werden müssen, Videokassetten, die zurückzubringen sind, Klei-dung, die aus der Reinigung abgeholt werden muß, ein Gang zur Apotheke, Telefonanrufe, um Information einzuholen oder Termine auszumachen, »Fahrpläne« für das Auto, Fußballtraining und so weiter. Sie können die Aufgaben fest zuweisen oder die Verteilung offen halten mit Rücksicht auf Arbeitszeiten, Krankheiten, Notfälle und andere unerwartete Ereignisse. Das wichtigste sind Vorausplanung und Flexibilität – denn erstens kommt es anders und zweitens als man denkt.

1. Erstellen Sie eine Liste mit allen Aufgaben, die zu erledigen sind.
2. Entscheiden Sie, wer was wann tut.
3. Machen Sie einen alternativen Plan.
4. Überlegen Sie, wer Ihnen noch helfen könnte.
5. Machen Sie einen Plan für Notfälle.

Sie müssen tun, was für Sie das Beste ist
Wer was wann tut, spielt keine Rolle.
Wichtig ist, daß Sie sich einig sind, wer was wann tut.
Wichtig ist, daß Sie da sind, wenn der andere sagt »Ich brauche deine Hilfe«.
Wichtig ist, daß Sie sich darauf verlassen können, daß Sie füreinander dasein wollen.

Wie Sie an Ihrer Beziehung arbeiten können

Bei all Ihren normalen und zusätzlichen elterlichen Pflichten laufen Sie Gefahr, Ihre Beziehung als Paar aus dem Auge zu verlieren. Das gilt besonders für die Überlebens- und die Suchphase, wo Sie viel Zeit und Energie darauf verwenden, die besonderen Bedürfnisse Ihres Kindes zu verstehen und geeignete Behandlungsmöglichkeiten zu finden. Wenn Sie jedoch Ihre Paarbeziehung vernachlässigen, kann das negative Konsequenzen für Ihren Partner und Ihre Kinder haben. Zum besten, was Sie Ihren Kindern geben können, gehört die Erfahrung, Eltern zu haben, die einander vertrauen, die sich lieben und schätzen, die miteinander scherzen und lachen. Ihre Liebe und Freundschaft zueinander, Ihre gemeinsame Arbeit für die Zukunft ergeben das Modell, nach dem Ihre Kinder ihre eigenen Vorstellungen für spätere Beziehungen entwickeln.

Selbst wenn Sie getrennt leben oder geschieden sind, können Sie sich gemeinsam für Ihre Kinder stark machen und ihnen damit zeigen, daß man sich auch im guten trennen und – sogar mit neuen Partnern – weiterleben kann. Möglicherweise kostet es etwas (oder sehr viel) Mühe, in Angelegenheiten, die das Kind betreffen, zusammenzuarbeiten; versuchen Sie in jedem Fall, Gefühle (sofern sie negativ sind), die Sie für einander hegen, außen vor zu lassen. Es gibt gute Scheidungsregelungen, die den Kindern positive Rollenvorbilder, funktionierende Kommunikation und die Fähigkeit zum Problemlösen demonstrieren und ihnen das Gefühl von Sicherheit und Stabilität vermitteln.

Erhalten Sie sich die Liebe

Was ist aus der Beziehung geworden, die Sie den Rest Ihres Lebens miteinander verbringen lassen wollte? Machen Sie spontan oder aus Rücksicht Dinge füreinander? Denken Sie an den Geburtstag, den Hochzeitstag und andere Gelegenheiten? Wie oft lachen Sie miteinander und unterhalten sich über etwas, das *nicht* mit Ihrem Kind oder verwandten Themen zu tun hat? Wenn Sie müde, angespannt, niedergeschlagen oder mit Ihren Gedanken woanders sind, leidet vermutlich Ihr Intimleben – besonders wenn die Furcht vor einer neuen Schwangerschaft hinzukommt.

Scheint Ihre Beziehung in Ordnung zu sein, aber Sie sagen sich nie wirklich, wie sehr Sie sich lieben und wie dankbar Sie für Verständnis und Unterstützung sind, die Ihnen zuteil werden? Hat sich noch etwas Romantik in Ihrer Beziehung gehalten? Sind Sie zuvorkommend zueinander? Gehen Sie ab und zu aus zu einem Abendessen bei Kerzenschein? Gehen Sie noch manchmal im Mondschein spazieren? Machen Sie sich noch immer kleine Geschenke, die sagen »Ich habe heute an dich gedacht«? Vermissen Sie sich, wenn Sie getrennt sind, und können Sie trotzdem auch das Alleinsein genießen? Haben Sie das Gefühl, Ihr Partner zollt Ihnen Respekt und Anerkennung für die Schwerarbeit, die Sie leisten? Es gibt so viele Wege, Liebe und Vertrauen zu dokumentieren. Probieren Sie ein paar.

Stärken Sie Ihre Freundschaft

Schicksalsschläge bringen jede Beziehung in Gefahr. Über die Scheidungsrate bei Eltern von behinderten Kindern gibt es widersprüchliche Berichte. Manche sagen, die Rate sei höher, andere behaupten, sie sei niedriger, und wieder andere geben an, sie unterscheide sich nicht vom nationalen Durchschnitt.

Es kann immer wieder vorkommen, daß eine stabile, verläßliche Partnerschaft den Belastungen, die das Aufziehen eines behinderten Kindes mit sich bringt, nicht standhält. Möglicherweise kann sich ein Partner nicht mit den notwendigen Veränderungen abfinden, oder das Paar stellt fest, daß es bei den neuen Erfordernissen zu keiner Zusammenarbeit kommt. Dennoch, wenn Ihre Partnerschaft vor der Geburt des Kindes fest und sicher war, ist die Wahrscheinlichkeit groß, daß die Freundschaft, die Nähe und die Hilfsbereitschaft mit der Geburt eines behinderten Kindes eher sogar noch wachsen.

Wenn Ihre Beziehung vor der Geburt des Kindes schon angeschlagen war, kann sie noch weiter auseinanderbrechen. Wenn es Spannungen in Ihrer Beziehung gibt, werden womöglich alle unglücklichen Gefühle auf das Kind geschoben, so daß man andere Probleme unter den Teppich kehren kann, oder die Beziehung wird bis zum Äußersten belastet.

Viele Beziehungen in sogenannten normalen Familien verlaufen jahrelang ereignislos; Lebensziele und persönliche Werte werden nie in Frage gestellt. Vielen Paaren bleiben die Gefühlstiefe, das Helfen und Hilfeannehmen und das gemeinsame Problemlösen versagt, womit Sie sich abgeben müssen. So kann eine starke Partnerschaft bereichert und eine schwache auf die Zerreißprobe gestellt werden. Das Kind soll vielleicht daran »schuld« sein, aber das stimmt nicht: Ein behindertes Kind ist nicht die Ursache für eine Scheidung.

Die Freundschaft, die Sie mit dem anderen Elternteil des Kindes verbindet, ist ein starkes Band, das Sie weit über Ihre Rolle und Aufgaben als Eltern hinaus verbindet. In dieser freundschaftlichen Verbundenheit gehen Sie gemeinsamen Interessen nach oder ermuntern und helfen sich gegenseitig, individuelle Ziele und Interessen zu verfolgen. Ihre Elternrollen verändern sich, je älter Ihre Kinder werden und je mehr sie sich von Ihnen entfernen, und dann rückt wieder die Beziehung zwischen Ihnen beiden in den Mittelpunkt, die vor der Geburt der Kinder begann. Aus der Kraft und der Unterstützung, die Sie einander gegeben haben und die Sie von einander begehren, kann eine unvergleichliche Freundschaft und ein tiefer Respekt erwachsen.

Blick in die Zukunft

Wenn Sie sich beide in der Überlebensphase befinden, sind Sie voll und ganz damit beschäftigt, überhaupt einen Tag nach dem anderen über die Bühne zu bringen. An die Zukunft denken Sie mit Schrecken, und Sie fragen sich, wie Ihr Kind und Ihre Beziehung diesen Widrigkeiten standhalten soll. In der Zeit des Suchens ist Ihr Blick in die Zukunft vermutlich immer noch durch Unsicherheit und Unwägbarkeiten getrübt, und Sie verwenden viel Energie darauf, schnellstmöglich irgendwelche Therapien oder Förderprogramme ausfindig zu machen.

Sobald die Normalisierung eintritt und Fragen der Trennung in den Vordergrund rücken, machen Sie sich mehr Gedanken über die zukünftigen Möglichkeiten und Risiken für Ihr Kind. Dann sehen Sie vermutlich auch klarer und können damit beginnen, Ihre eigene Zukunft, Ihre Zukunft als Paar und die Zukunft Ihrer Familie zu planen. Je besser Ihr Leben ausbalanciert ist, je mehr Sie nach vorne schauen können statt nur auf den Augenblick zu achten, desto mehr Energie, Hoffnung und Wahlmöglichkeiten für den zukünftigen gemeinsamen Weg besitzen Sie. Später werden Sie feststellen, daß die Erfahrungen, die Sie als Eltern gemacht haben, mehr oder weniger Ihren Erwartungen entsprachen, doch um ehrlich zu sein: So geht es *allen* Eltern.

Geschwister

Es ist schon erstaunlich, wieviele verschiedene Menschen man in einer einzigen Familie findet.

Wie die meisten Eltern werden auch Sie sich sicherlich Gedanken darüber machen, welche Folgen die Behinderung Ihres Kindes für seine Geschwister hat. Die Behinderung ist dabei nicht direkt der Grund für Schwierigkeiten der Geschwister. Diese können Probleme entwickeln, wenn ihre ureigene Beziehung zu den Eltern gestört ist, wenn sie vom Streß in der Familie zu sehr belastet werden oder wenn ihre eigene Kindheit zu stark darunter zu leiden hat. Wie die Kinder reagieren, hängt davon ab, wie alt sie sind, wie ihr Leben im Augenblick davon betroffen ist, welche Persönlichkeitsmerkmale sie besitzen und wie Sie sich in ihrer Gegenwart verhalten.

1. Ihre Beziehung zu Ihren Kindern wird unter Umständen dadurch beeinflußt, in welcher Phase des Anpassungsprozesses Sie sich befinden.
2. In »normalen« Familien sind die Beziehungen zwischen Geschwistern keineswegs immer harmonisch, deshalb brauchen Sie das auch nicht für Ihre Familie erwarten.
3. Ihre Kinder machen ihren eigenen Anpassungsprozeß durch, aber er verläuft bei ihnen anders als bei Ihnen.
4. Das behinderte Kind in Ihrer Familie kann auf Geschwister ohne Behinderungen sowohl positiv wie auch negativ reagieren.
5. Sie können sich noch so große Mühe geben, eine perfekte Mutter, ein perfekter Vater zu sein – Sie schaffen es nicht. Es gibt Strategien, um Probleme zu vermeiden und bessere Beziehungen zwischen Geschwistern aufzubauen, aber auch die haben ihre Tücken.

≡ Der Anpassungsprozeß in der Familie

In der Überlebensphase sind Sie so sehr damit beschäftigt, mit Ihren Gefühlen fertigzuwerden, daß Ihnen möglicherweise nicht genug Zeit und Energie für Ihre Kinder bleibt. Vielleicht wissen Sie auch nicht, was Sie Ihren anderen Kindern sagen sollen. Oder Sie sind ganz durcheinander, und die Kinder spüren, daß etwas nicht in Ordnung ist. Wenn Sie Ihren Kindern sagen, was Sie bedrückt, und diese sehen, wie Sie daran zerbrechen, fühlen sie sich vielleicht auch unsicher und verwirrt.

Es ist gut möglich, daß Sie während des Suchens feststellen, daß Sie den Wünschen und Bedürfnissen Ihrer anderen Kinder zu wenig Aufmerksamkeit widmen, weil Sie nur noch damit beschäftigt sind, Behandlungsmöglichkeiten ausfindig zu machen – Sie hängen ständig am Telefon oder schaffen Ihr Kind von einem Arzttermin zum nächsten. Je nachdem wie alt Ihre anderen Kinder sind und ob es eine Betreuungsmöglichkeit für sie gibt, verbringen sie unter Umständen viel Zeit im Auto oder in Wartezimmern.

Sobald die Normalisierung einsetzt und Ihr Gefühlsleben wieder berechenbarer geworden ist, kann das Leben für Ihre anderen Kinder – wenn es gut läuft – wieder so weitergehen wie vor dem Beginn der Überlebensphase. Bei Problemen der Trennung können Geschwister eventuell mithelfen, die Selbständigkeit des behinderten Kindes zu fördern. Sie werden vermutlich auch daran denken, wie die Betreuung und die Verantwortung in Zukunft geregelt werden können und wie Sie Ihre anderen Kinder in den lebenslangen Entscheidungsprozeß für das behinderte Kind miteinbeziehen können. Abhängig von Alter und Persönlichkeit durchlaufen Ihre Kinder ihre eigenen Überlebens- und Suchphasen; und letztlich haben sie auch ihre eigenen Probleme und mit der Trennung verbundenen Gefühle.

Geschwisterbeziehungen – alles ganz normal

Jede Familie und jedes Kind ist anders. Es gibt so viele Einfluß-
größen: Familiengröße, Zahl der Kinder, Altersabstand, Jungs und
Mädchen, und und und. Deshalb kann man keine genauen Vorhersagen abgeben, wie ein einzelnes Kind auf die besonderen Bedürfnisse seines Bruders oder seiner Schwester reagieren wird. Wir wissen einiges über Geschwisterbeziehungen im allgemeinen (was Sie vermutlich sehr beruhigen
wird) und über Risikofaktoren in Familien wie der Ihren.

Jedes Kind muß etwas von seinen Eltern abgeben, wenn ein Geschwister zur Welt kommt

Wenn ein neues Baby geboren wird, müssen alle Kinder etwas von
ihren Eltern »abtreten«. Die Kinder, die »zuerst da waren«, betrachten den
Neuankömmling mit gemischten Gefühlen. Vielleicht freuen sie sich auf einen neuen Spielkameraden, genauso gut könnten sie aber auch schmollen,
weil sie »entthront« wurden. Ältere Schwestern übernehmen gerne und
häufig sehr ernsthaft die Rolle der »zweiten Mama«. Das bislang jüngste
(oder einzige) Kind verliert seine Rolle als Baby, es wird nun zum großen
Bruder oder zur großen Schwester. Das kann ein großartiges oder aber ein
schmerzliches Gefühl sein. Jungen und Mädchen reagieren oft unterschiedlich. Und ein mittleres Kind reagiert wieder anders als die anderen; das gleiche gilt für Kinder, die nach dem behinderten Kind geboren werden. Dann
hat sich Ihr Familienleben mit dem behinderten Kind schon eingespielt, ein
neu hinzukommendes kennt nichts anderes und wächst ganz selbstverständlich hinein.

Kinder sind von Natur aus Egoisten

Kinder deuten die Welt anhand der Ereignisse, die ihr Leben beeinflussen. Der Umstand, daß ein Bruder oder eine Schwester behindert ist,
heißt nicht automatisch, daß sie Probleme entwickeln werden. Die Frage
ist, wie Sie sich ihnen gegenüber verhalten, ob sich die besonderen Bedürfnisse ihres Bruders oder ihrer Schwester negativ auf ihr Leben auswirken
und was Ihre Einstellung und Aufmerksamkeit dem behinderten Kind gegenüber für sie bedeutet. Geschwister entwickeln unter Umständen Probleme, weil sie weniger Beachtung von einem oder von beiden Eltern erhalten, weil ihre Eltern müde und gereizt sind, weil sie wegen Geldknappheit

auf manches verzichten müssen oder weil manche familiären Aktivitäten mit Rücksicht auf die Erkrankung oder Behinderung des Bruders oder der Schwester nicht stattfinden können.

Kinder gewöhnen sich an das, was sie von klein auf kennen. In vielen Familien reißen Krisen und Kämpfe überhaupt nicht ab: Scheidung, Krankheit, Armut, Umzüge und so weiter. Je nachdem wie direkt die Kinder betroffen sind, verläuft ihre Anpassung. Wenn sie sich sicher und geborgen fühlen und ihre Kindheit von den Belastungen und Problemen der Erwachsenen verschont wurde, gewöhnen sie sich gut daran – manche besser als andere, das ist klar, aber das trifft für viele Kinder und alle möglichen Gründe zu.

> *Diane: Als ich die alten Photoalben meiner Mutter durchblätterte, fiel mir auf, daß es von mir keine Bilder als kleines Mädchen gab. Mein ein Jahr jüngerer Bruder hatte einen Herzfehler, das muß so stressig und kraftraubend gewesen sein, daß für mich keine Zeit blieb. Ich erinnere mich, daß ich furchtbar wütend auf meinen Bruder war, weil er meiner Mutter soviel Zeit stahl. Ich wußte nicht, daß sie ständig um sein Leben kämpfen mußten. Mutter hatte noch drei weitere Kinder zu versorgen und kam vermutlich gar nicht dazu, sich schlecht zu fühlen.*

Kinder reagieren auf Veränderungen und Ungereimtheiten in Rollen und Erwartungshaltungen

Mit einem behinderten Kind in der Familie werden an die übrigen Kinder oft andere Anforderungen gestellt als bei einem »normalen« Baby. Kinder reagieren, wenn sich ihr Status durch die Geburt eines neuen Kindes ändert. Kinder reagieren, wenn man von ihnen unvorbereitet und vorzeitig erwartet, sich wie kleine Erwachsene zu benehmen, wenn sie zusätzlich Pflichten übernehmen sollen oder wenn man ihre eigenen Bedürfnisse nicht berücksichtigt.

In den meisten Familien passen Kinder aufeinander auf

Tatsächlich liegt die Betreuung der jüngeren Kinder in vielen anderen Gesellschaften in den Händen der älteren Geschwister. Unsere Gesellschaft ist eine der wenigen, die die Ansicht vertritt, daß die Kinderbetreuung zu den Pflichten der Eltern (und hier besonders der Mutter) gehört und daß die Betreuung durch Geschwister die älteren Kinder ihrer Rechte auf Erfüllung der eigenen Bedürfnisse beraubt und den jüngeren Kindern die Zuwendung und den Einfluß der Eltern vorenthält.

In vielen Familien scheinen die älteren Kinder ganz natürlich bei ihren jüngeren Geschwistern in die Rolle der Eltern zu schlüpfen und haben oft großen Spaß daran, Mutter zu »assistieren«. Größere Kinder helfen kleineren bei allem möglichen; daraus leiten sie Stolz auf ihr eigenes Können ab.

Geschwister können sich zeitweise nicht ausstehen

Alle Kinder haben Phasen, in denen sie ihre Geschwister »blöd« finden. Das ist nichts Außergewöhnliches. Vielleicht wollen sie sich gerade mal nicht mit einem oder allen Geschwistern abgeben. Vielleicht sind sie neidisch auf das Aussehen oder die Leistungen von einem der anderen. Vielleicht glauben sie, eines der Geschwister sei klüger, sportlicher oder erhielte mehr Aufmerksamkeit von einem Familienmitglied. Die Beziehungen zwischen Geschwistern ändern sich mit der Zeit. Sie können jahrelang die besten Freunde sein, sich dann verfeinden und schließlich miteinander eine Wohnung mieten.

Das Leben ist ungerecht

Die meisten Kinder beklagen sich irgendwann, daß etwas ungerecht ist. Häufig klingt das so: »Du hast ihn lieber als mich.« Kinder beklagen sich vor allem, wenn sie befürchten, zu kurz zu kommen. Wer darf später aufstehen? Wer darf vorne im Auto sitzen? Wer darf länger mit dem Videospiel spielen? Wer darf als erster in die Badewanne? Dagegen erzählen Kinder selten, wenn sie das größte Stück vom Kuchen abbekommen haben. Sie glauben, Ihre Kinder ziemlich gleich zu halten, aber sie sind alle verschieden; sogar ihre Gedächtnisse sind verschieden und ihre Interpretationen derselben Ereignisse.

≡ Mögliche Reaktionen von Geschwistern auf eine Behinderung in der Familie

Geschwister können sehr verschieden reagieren, wenn sie erfahren, daß ihr Bruder oder ihre Schwester eine Behinderung hat. Die im folgenden beschriebenen Reaktionen müssen nicht notwendigerweise auf eines oder gar jedes Ihrer Kinder zutreffen. Und selbst wenn Sie eine dieser Reaktionen bei einem oder mehreren Ihrer Kinder beobachten, heißt das noch nicht zwangsläufig, daß diese Probleme mit dem Anpassungsprozeß zu tun haben. Kinder durchlaufen Phasen: Was sie heute wütend macht, juckt sie einen Monat später überhaupt nicht mehr. Sie werden vermutlich nie erfahren, was manche Gefühle auslöst oder verschwinden läßt. Die Kinder einer Familie scheinen sich manchmal geradezu abzuwechseln: die einen sind brav und leicht zu nehmen, während sich die anderen unausstehlich geben. Das Alter und die Probleme außerhalb der Familie (mit Freunden oder in der Schule) haben auch Einfluß auf ihr Verhalten, so daß manche Reaktionen nicht mit Sicherheit auf die Behinderung des Bruders oder der Schwester zurückzuführen sind.

Die meisten Geschwister reagieren auf die besonderen Bedürfnisse eines Bruders oder einer Schwester mit gemischten Gefühlen, und das ist auch richtig so. Für sie bedeutet »besondere Bedürfnisse« etwas ganz anderes als für die Eltern; für manche Kinder verändert sich gar nicht einmal so viel in ihrem Leben. Wenn Sie sich die verschiedenen Faktoren ansehen, die in Ihrer Familie zusammenkommen, wird Ihnen schnell klar, daß die Situation in jeder Familie anders sein muß. Die Größe der Familie, die Geschwisterfolge, das Ausmaß der Veränderungen durch die besonderen Bedürfnisse eines Kindes, der Umfang der Unterstützung, die Sie erhalten, Ihre eigenen emotionalen Reaktionen, Ihr religiöser oder kultureller Hintergrund – all das beeinflußt die Reaktionen Ihrer anderen Kinder.

Die meisten Geschwister reagieren positiv: Sie freuen sich über das neue Brüderchen oder Schwesterchen, sie geben sich optimistisch, was seine Probleme angeht, und erweisen sich als zärtliche und fürsorgliche Betreuer. Und viele Geschwister schenken der Behinderung nicht einmal besondere Beachtung. Das ist einfach nicht wichtig, und man sollte nicht soviel Aufhebens darum machen.

Diane: Ob Sara glaubt, daß Catherine behindert ist? Ganz bestimmt nicht. In keinster Weise. Ich glaube, das hat sie nie gedacht. Catherine ist eben so. Im Gegenteil, sie hat mir schon oft gesagt, daß ich Catherine zuviel durchgehen lasse. »Sie kann das sehr gut alleine«, sagt sie dann – und meistens hat sie recht.

Die negativen Gefühle, von denen wir gleich sprechen, sind nicht wirklich negativ, sondern ganz normal für die Kindheit und den Anpassungsprozeß – vergleichbar dem, was Sie in den Phasen von Überleben und Suchen erlebt haben. Bleiben Sie geduldig, optimistisch und halten Sie sich zurück. Wenn Sie eine dieser Reaktionen bei einem Ihrer Kinder beobachten, könnten Sie eventuell überreagieren und sich fragen, ob sich Ärger und Zorn bei Ihrem Kind vielleicht zu einem ernsthaften Problem entwickeln, das bis in sein Erwachsenenleben anhält. Denken Sie immer daran, daß die meisten Gefühle verschwinden, so wie sie gekommen sind, und daß Kinder vieles einfach »auswachsen«. Mit Ihren eigenen Ängsten können Sie aus einer kleinen Auseinandersetzung zwischen Kindern ein Drama machen. Nehmen wir an, Sie haben zwei Kinder, Susan, die behindert ist, und ihren nicht behinderten Bruder Bill. Sie beobachten, wie Bill seine Schwester schlägt und ruft: »Geh weg! Du bist blöd.« Hat er das getan, weil Susan auf seine Legosteine getreten ist? Oder weil er eifersüchtig darüber ist, daß Sie Susan wegen ihrer besonderen Bedürfnisse soviel Zeit widmen? Vermutlich sind es die Legosteine, und wenn Sie *insgesamt* das Gefühl haben, die beiden kämen gut miteinander aus, dann lassen Sie sie es unter sich ausmachen. Wenn Probleme jedoch länger andauern, scheuen Sie sich nicht, mit anderen Eltern darüber zu reden oder eine Beratungsstelle aufzusuchen. Im folgenden beschreibe ich einige normale Reaktionen unter Geschwistern, die normalerweise kommen und gehen, die jedoch zum Problem werden können, wenn sie häufig wiederkehren oder länger anhalten.

- *Wut* darüber, daß Sie nicht mehr soviel Zeit für die anderen Kinder haben wie vorher. Wut auf das Kind, das Sie ihnen weggenommen hat. Wut, weil sie deswegen etwas von ihrer Zeit, ihrer Freiheit oder ihren Aktivitäten opfern mußten.
- *Sorge*, daß sie selbst ebenfalls eine Behinderung bekommen könnten. Sorge, daß sich die Erkrankung des Bruders oder der Schwester verschlimmert. Sorge, daß sie sich später einmal um ihre Schwester oder ihren Bruder kümmern müssen.
- *Angst*, daß sie in irgendeiner Form an der Behinderung schuld sind. Angst, daß sie Sie enttäuschen, wenn sie keine hervorragenden Leistungen bringen.
- *Schuldgefühle*, weil sie auf den Bruder oder die Schwester wütend waren und sich gewünscht haben, er oder sie möge verschwinden.
- *Unsicherheit*, weil nicht klar ist, wo das Problem liegt. Unsicherheit darüber, ob alles gut werden wird.
- *Unbestimmte Ängste* aufgrund der Spannung, der bedrückten oder hektischen Atmosphäre im Haus und wegen Ihrer Inanspruchnah-

me durch die Betreuung des behinderten Kindes (Kinder mit un-
bestimmten Ängsten wissen nicht immer, weshalb sie sich fürchten; ihre Ängste äußern sich manchmal in Bettnässen, Nervosität,
ausgeprägten Ängsten auf anderem Gebiet, Rückzug oder Verhaltensstörungen).

Kinder haben ihre eigenen Probleme mit der inneren Suche. Es
sind nicht die großen »Warum« der Erwachsenen, aber auch sie fragen,
warum ihr Bruder oder ihre Schwester behindert ist. Sie müssen eine Beziehung mit dem behinderten Kind aufbauen, denn dieses beeinflußt ihr
tägliches Leben. Ihre Suche wird sich vor allem darauf konzentrieren, wie
dieses Ereignis Ihre Beziehung zu ihnen beeinflußt. Manche Kinder entwickeln extreme Anhänglichkeit, einige sind zu brav, zu folgsam und zu
zurückhaltend, andere wiederum stellen hohe Anforderungen an sich, weil
sie glauben, für Sie das perfekte Kind sein zu müssen, und Angst davor haben, zu versagen oder Sie zu enttäuschen. Solche Kinder entwickeln die Vorstellung, daß sie wegen ihrer Leistungen geliebt werden und daß sie diese
Liebe verlieren, wenn sie versagen oder auch nur »durchschnittlich« sind.

Unter Umständen schlüpfen sie in die Rolle eines Betreuers oder
Pflegers und werden so »erwachsen«, daß Sie und sie selbst beinahe vergessen, daß es noch Kinder sind. Sie steigern sich so sehr in die Rolle der
»Zweitmutter« hinein, daß sie sich tatsächlich für ihren Bruder oder ihre
Schwester verantwortlich fühlen. Es ist schwer zu erkennen, wann solches
Verhalten zum Problem wird, denn andererseits gibt es kaum etwas Schö-
neres, als wenn sich Geschwister liebevoll umeinander kümmern, besonders
wenn das behinderte Kind eine Ganztagsbetreuung benötigt. Zum Problem
wird es vor allem dann, wenn die ältere Schwester oder der ältere Bruder
seine eigenen kindlichen Bedürfnisse nicht befriedigen kann.

≡ Mögliche Reaktionen des behinderten Kindes

Wie reagieren behinderte Kinder auf ihre Geschwister? Oft genug erleben sie, daß sie von jüngeren Geschwistern überholt werden – beim Gehen, beim Sprechen, beim Spielen, in der Schule; vielleicht beobachten sie, daß diese mehr Pflichten und mehr Vorrechte haben. Einem behinderten Kind kann es etwas ausmachen, in den lebenspraktischen Fertigkeiten, wie Essen oder Spielen, von der Hilfe durch Geschwister abhängig zu sein.

Ihr behindertes Kind registriert unter Umständen sehr genau, wieviel Lob und Anerkennung Geschwister für ihre Leistungen von Ihnen erhalten – Leistungen, die es selber vermutlich nie wird vollbringen können. Möglicherweise schämt es sich deswegen oder es wird wütend auf seine Geschwister. Seine eigenen Leistungen werden (von ihm oder von anderen) gering erachtet, übersehen oder man mißt ihnen nicht soviel Bedeutung bei. Eventuell erhält Ihr behindertes Kind jedoch *viel mehr* Aufmerksamkeit für seine Leistungen als Ihre anderen Kinder, weil Sie nämlich seine Entwicklung wesentlich genauer beobachten. Hier das rechte Maß zu finden, kann manchmal unmöglich erscheinen.

Janet: Man muß wirklich aufpassen, daß man nicht vergißt, auch die anderen Kinder zu loben. Bei Ryan loben wir jeden noch so kleinen Fortschritt. Aber wenn seine Schwester etwas tut, das ihr leichtfällt und von dem ich weiß, daß es für Ryan zehnmal schwieriger wäre, vergißt man schon mal, daß sie auf ihre Leistung genauso stolz ist, wie er es wäre.

In manchen Familien genießt das behinderte Kind »Vorrechte«. Weil es manche Sachen nicht tun kann, kommt es immer zuerst dran oder bekommt am meisten. Davon kann ein Kind so verwöhnt werden, daß es glaubt, ein Anrecht auf bestimmte Privilegien zu haben und von anderen Menschen – auch außerhalb der Familie – erwartet, daß sie Ausnahmen für es machen und es bevorzugt behandeln. Das führt natürlich zu Schwierigkeiten mit Geschwistern und Spielkameraden.

Soweit wie möglich sollten Sie bei allen Ihren Kindern – je nach Alter und Reife – den gleichen Maßstab für das Verhalten anlegen. Ausnahmen werden oft als ungerecht empfunden und müssen erklärt werden. Einige »Spielregeln«, wie die Achtung der Privatsphäre und des Eigentums anderer, sollten unabhängig von Alter und Reife eingehalten werden.

Geschwister sind einander Anregung und Ansporn zugleich. Jüngere Kinder – den Jahren oder der Entwicklung nach – sehen, was ihre älteren Geschwister alles schon können, und versuchen, es nachzuahmen. Alle Ihre Kinder werden sehr viel über die Unterschiede zwischen Menschen lernen – daß jeder manche Dinge schneller oder langsamer tut als andere Leute, daß manche Menschen Beine haben, die nicht funktionieren, daß einigen das Sprechen schwerfällt und daß andere nicht gut hören oder sehen können. Sie lernen auch, daß sie einem Menschen helfen können, wenn sie in der Lage sind, Dinge zu tun, die dieser nicht vermag, und daß sich immer Wege finden lassen, um miteinander zu kommunizieren, zu spielen und zu leben.

Janet: Die Schwester und der Bruder von Ryan schienen immer zu wissen, daß sie mit ihm etwas vorsichtiger umgehen müssen. Ich habe ihnen das nie gesagt; anscheinend wußten sie instinktiv, daß er nicht so kräftig ist.

☰ Fallstricke für Eltern

Wir könnten perfekte Eltern sein, ... wenn es nicht um unsere Kinder ginge.

Sie können sich die größte Mühe geben, noch so einfühlsam sein und die besten Absichten haben, irgendwann tun oder sagen Sie (oder Ihr Partner) genau das Falsche, obwohl Sie es nicht wollten. Hier einige der häufigsten Fallstricke für Eltern:

1. *Sie stellen fest, daß Sie von Ihren anderen Kindern mehr erwarten, weil Sie für das behinderte Kind viel Zeit und Energie brauchen.* Sie verlangen von ihnen, selbständiger, ruhiger und geduldiger zu sein, länger zu warten, Stunden in Krankenhäusern und Wartezimmern zu verbringen, keinen »Rabatz« zu machen oder sich Dinge selbst zusammenzureimen. Vielleicht erwarten Sie auch, daß sie in der Schule, in der Musikgruppe oder beim Sport besonders gut sind.

2. *Sie verwöhnen Ihre anderen Kinder oder geben deren Wünschen und Bitten nach, weil Sie glauben, sie für manche Versäumnisse und zu hohe Erwartungen entschädigen zu müssen.* Aber ein Ausgleich ist nicht möglich. Wenn Sie es versuchen wollten, müßten Sie Buch führen über all die Zeit, das Engagement und die Energie, die Sie Ihren nicht behinderten Kindern vorenthalten haben, und entscheiden, welche Geschenke, Vorrechte und Aktivitäten den gleichen Wert besitzen. Nur darüber nachzudenken, macht einen schon ganz krank, und Tatsache ist, daß »Buchhalter« von Schuldgefühlen getrieben werden, so daß die Bilanz sowieso nie ausgeglichen ist.

3. *Sie schreiben ihnen vor, was sie zu empfinden haben* – daß sie zu ihrem Bruder oder ihrer Schwester immer lieb sein müssen und daß sie nicht wütend auf ihn oder sie sein dürfen. Aber auch die Gefühle von Kindern müssen ernstgenommen und respektiert werden. Vielleicht mißachten Sie auch die Warnzeichen, weil Sie nicht mit noch mehr Frustrationen und Enttäuschungen auf seiten Ihrer Kinder umgehen können.

4. *Sie bemerken, daß Sie die Aktivitäten Ihrer anderen Kinder häufig unterbrechen,* damit diese auf das behinderte Kind aufpassen, oder Sie bestehen darauf, daß sie das behinderte Kind immer mitspielen lassen. Seien Sie vorsichtig, daß Sie das nicht übertreiben. Ihre anderen Kinder könnten es übelnehmen, daß ihre Bedürfnisse immer erst an zweiter Stelle stehen. Oder sie haben ein schlechtes Gewissen, weil sie sich darüber ärgern, daß sie ihre Bedürfnisse zurückstellen sollen.

☰ Wann zusätzliche Hilfe gebraucht wird

Es kann vorkommen, daß Ihre anderen Kinder Probleme entwickeln, die mehr oder weniger mit der Behinderung ihres Bruders oder ihrer Schwester zu tun haben, zum Beispiel das zwanghafte Bemühen, ein »perfektes« Kind zu sein, Trennungsangst, langanhaltender Groll oder Zorn, Rückzug, Verhaltensprobleme in der Schule oder körperliche Beschwerden. Wenn dem behinderten Kind zuviel Aufmerksamkeit geschenkt wird, sehen Ihre anderen Kinder unter Umständen die einzige Chance, Ihre Aufmerksamkeit zu erhalten, in einer Krankheit oder einem Verhalten, das ganz sicher beachtet wird.

Viele Probleme bei Ihren Kindern sind nichts weiter als Phasen, die die Kinder durchlaufen. Wenn Sie sich wegen eines Problems bei einem Ihrer Kinder ernsthaft Sorgen machen, versuchen Sie, herauszufinden, was insgesamt in der Familie vorgeht und wie Ihre Beziehung zu diesem Kind im Augenblick aussieht.

Familientherapeuten und Kinderpsychiater können Ihnen helfen, die Art und die Schwere des Problems abzuklären, das bei Ihrem Kind oder in der Familie insgesamt vorliegt. Und wenn Sie Glück haben, finden Sie vielleicht eine Geschwister-Selbsthilfegruppe (von denen es noch zu wenige gibt) – oder Sie gründen selbst eine.

≡ Erfolgsstrategien

Sie möchten – selbstverständlich –, daß Ihre anderen Kinder nur positiv reagieren: Sie sollen sich ihrem behinderten Bruder, ihrer behinderten Schwester gegenüber großzügig, tolerant, geduldig, gut gelaunt, verständnis- und liebevoll verhalten. Und wenn Sie als ihr wichtigstes Vorbild diese Wesenszüge konsequent vorleben, klappt das auch vielleicht.

≡ Schaffen Sie eine gute Atmosphäre und behalten Sie die Fäden in der Hand

— Schaffen Sie eine gute Atmosphäre

Ihre Aufgabe ist es, ein positives, optimistisches, glückliches, liebevolles, stabiles und ausgewogenes Umfeld zu schaffen, in dem sich jedes Ihrer Kinder »wie ein kleiner König« fühlt – sei es nun klug oder nicht, lebhaft oder nicht, gesund und kräftig oder auch nicht. Die Kinder wollen von Ihnen wissen, was wirklich zählt: Ist das nun eine Tragödie oder geht das Leben weiter? Sind wir eine glückliche Familie, die Spaß hat und miteinander lacht? Sind die Pflichten aufgeteilt?

> **Susi:** *Unsere Familie ist nicht gleichmäßig belastet, und wir bemühen uns ständig darum, das auszugleichen. Betsy wird nicht angeschrieen; Andy wohl. Andy muß im Haushalt helfen; Betsy nicht. Aber Betsy hat auch nicht alles, was Andy hat. Ich hasse es zu sagen: »Andy, du mußt mit mir kommen wegen irgendwas für Betsy.« Aber wißt ihr was? Das müssen Kinder in anderen Familien auch. Wir kümmern uns zu dritt um Betsy, das läßt sich nun mal nicht ändern.*

— Behalten Sie die Fäden in der Hand

Ihre Kinder brauchen das sichere Gefühl, daß Sie die Situation im Griff haben und sie sich keine Sorgen machen müssen – weder wegen der Behinderung noch wegen ihres Bruders oder ihrer Schwester noch wegen Ihnen. Und selbst wenn es Probleme gibt, auf die niemand eine Antwort hat, müssen Ihre anderen Kinder wissen, daß Sie nach Antworten suchen, daß die Experten nach Antworten suchen. Sie müssen erfahren, daß Sie sich Sorgen und Gedanken machen – aber nur in begrenztem Rahmen und in einer Weise, die sie verstehen können und die ihnen immer noch das Gefühl der Sicherheit gibt. Sie dürfen nicht glauben, daß Mutter oder Vater gleich zusammenbrechen (und sie sich dann um Sie kümmern müßten).

Sorgen Sie für Kommunikation

Reden Sie mit ihnen

Ermutigen Sie Ihre Kinder, über ihre Ängste zu sprechen. Zu den häufigsten Sorgen von Geschwistern zählen die Furcht, der Bruder oder die Schwester könne sterben oder sie könnten die Behinderung ebenfalls bekommen; die Angst, die Familie könnte nicht genug Geld haben oder der Bruder, die Schwester findet keine Freunde, und die Wut, weil der Bruder oder die Schwester Spielsachen kaputtmacht, ungefragt in ihre Zimmer geht oder in Gegenwart ihrer Freunde dummes Zeug redet. Gefühle verschlimmern sich nicht, wenn man darüber redet. Gefühle verschlimmern sich, wenn sie nicht erlaubt sind. Wir glauben oft, wir könnten Geschwistern bei der Anpassung helfen, wenn wir ihnen sagen, was sie fühlen (»Ich weiß, du hast deinen Bruder lieb«) oder was sie fühlen sollen (»Du darfst ihm nicht böse sein; er kann nichts dafür«).

Diane: Sag niemals: »Ich weiß, was in dir vorgeht.« Du weißt es nämlich vermutlich nicht.

Hören Sie ihnen zu

Wenn Ihre Kinder ihre Gefühle beschreiben, Fragen stellen oder etwas sagen, das Ihnen ganz und gar nicht recht ist, versuchen Sie, nicht überzureagieren, wechseln Sie das Thema nicht, und halten Sie keine Vorträge. Den Kindern zuhören heißt, sich eine Menge Zeug anhören, das nicht besonders wichtig und manchmal noch nicht einmal besonders interessant zu sein scheint (zumindest nicht für Sie). Und trotzdem ist diese Art des Zuhörens von großer Bedeutung. Ihre Kinder entwickeln das Vertrauen, daß Sie sie als Person ernstnehmen, daß Sie für sie da sind und daß Sie ihnen zuhören. Sich die kleinen Dinge anzuhören ist das Training für die großen Probleme.

—— *Informieren Sie*

Geben Sie Ihren Kindern Informationen, die sie verstehen können, und ermuntern Sie sie, Fragen zu stellen. Viele Eltern erzählen den Geschwistern zuviel über die medizinische Behandlung und über unsichere Diagnosen oder sie vermitteln ihnen den Eindruck, sie nähmen an dem den Bruder oder die Schwester betreffenden Entscheidungsprozeß teil. Oft bekommen Kinder zufällig mit, was ihre Eltern reden, worüber sie sich aufregen oder worüber sie nachgrübeln, und glauben dann, etwas Schreckliches werde passieren.

Es gibt eine ganze Reihe von Kinderbüchern über alle möglichen Krankheiten und Behinderungen. Es gibt Bilderbücher, Sachbücher und Romane für kleine Kinder, Jugendliche und junge Erwachsene. Fragen Sie in der Kinderbuchabteilung Ihrer Bibliothek oder Buchhandlung nach entsprechenden Titeln.

Diane: *Wenn du die Kinder fragst, was sie wissen wollen, staunst du immer wieder, wie wenig Information sie haben wollen.*

Ihre Kinder reagieren vor allem darauf, wie Sie mit ihnen umgehen. Wenn Ihr Kind mit einer Behinderung auf die Welt kommt und dann wegen medizinischer Probleme oder einer Diagnose hektische Aktivität ausbricht oder dringend Entscheidungen getroffen werden müssen, wird die Vorfreude, die Ihre anderen Kinder für das neue Baby empfanden, jäh unterbrochen. Sie müssen entscheiden, wieviel Information Sie ihnen geben wollen, und das dann in einer Weise tun, die die Kinder nicht verschreckt oder durcheinanderbringt.

Stephanie: *Obwohl Emma zwei Jahre älter ist als Teddy, gibt es einiges, was er schneller und leichter zuwege bringt als sie. Wenn wir darauf zu sprechen kommen, sage ich ihm, daß ihr manche Dinge nicht so leicht fallen wie ihm oder daß sie etwas mehr Zeit dafür braucht, weil eben jeder ein anderes Tempo oder eine andere Art hat, zu lernen und Dinge zu tun. Es geht nicht darum, was »besser« ist; es geht um die Unterschiede, nicht um die Mankos.*

— *Geben Sie ihnen Sicherheit*

Es gibt ein paar Dinge, die Ihr behindertes Kind nicht tun kann, und das heißt, dafür braucht es etwas Unterstützung. Konzentrieren Sie sich auf das, was es kann, und wie man ihm beibringen kann, das übrige auf andere Weise zu regeln. Wenn Ihre anderen Kinder fragen, wie es weitergeht und ob ihr Bruder wird gehen können, machen Sie keine falschen Versprechungen, lügen Sie nicht. Bleiben Sie optimistisch, sagen Sie: »Nein, er wird nicht gehen können. Aber er wird seinen eigenen Rollstuhl haben.« oder »Wir wissen es noch nicht genau. Manchmal dauert es eine Weile, bis man eine Antwort auf eine Frage findet. Und wir sind noch auf der Suche.«

— *Setzen Sie sich einmal in der Woche zusammen*

Setzen Sie sich einmal in der Woche zusammen, um Klagen anzuhören, Probleme zu lösen, über Aufgabenverteilungen in der Familie zu sprechen, gemeinsame Unternehmungen zu planen und festzulegen, wer diese Woche den Nachtisch für das Sonntagsessen aussuchen darf und wer nächste Woche zusätzlich Geld und Zeit benötigt. Wenn Sie ein behindertes Kind haben, das zusätzliche Betreuung durch die Eltern – und das heißt auch zusätzliche Betreuung durch die Geschwister – braucht, müssen Sie die Botschaft vermitteln, *daß alle zusammenhelfen, aber daß auch jeder mit seinen Bedürfnissen berücksichtigt wird.*

≡ Wie Sie Probleme mit Ihren Kindern vermeiden können

Wie viele Eltern machen Sie sich vermutlich Sorgen, ob Ihre anderen Kinder wegen der besonderen Aufmerksamkeit und Fürsorge, die ihr behindertes Geschwisterkind benötigt, Probleme entwickeln. Solche Gedanken treten häufig in der Überlebensphase auf den Plan, wenn Sie noch ziemlich durcheinander und von Ihren Gefühlen überwältigt sind. Die allgemeinen Sorgen werden weniger, je weiter die Dinge fortschreiten, je mehr Selbstvertrauen in Ihre Elternrolle und je mehr Information über Ihre Situation Sie besitzen. Wenn die Anpassung erfolgt ist und die Normalisierung einsetzt, profitiert Ihre ganze Familie von dem gewachsenen Vertrauen ins eigene Können und dem Gefühl, die Dinge im Griff zu haben. Für die Zeit bis dahin ein paar Stichworte zu dem, was Ihre Kinder vielleicht von Ihnen brauchen:

═══   Schützen Sie ihre Kindheit

Alle Ihre Kinder brauchen ihre eigene Zeit für Freunde, Freizeit-aktivitäten oder auch nur zum »Vertrödeln« und Alleinsein. Sie brauchen ihren eigenen Platz für Privates und kleine Besitztümer – das kann notfalls auch eine Schublade in einer Kommode im Hausflur sein. Sie brauchen ihre eigene Zeit mit Ihnen, Zeit, in der sie Ihre volle Aufmerksamkeit erhalten. Zeit, Privatsphäre und Eigentum jedes Kindes müssen von den anderen respektiert werden.

═══   Geben Sie den Kindern etwas Kontrolle über ihr eigenes Leben

Befreien Sie Ihre Kinder von dem Gefühl, für ihre eigene Erziehung oder die des behinderten Bruders, der behinderten Schwester verantwortlich zu sein. Sorgen Sie dafür, daß die Pflichten in der Familie gerecht verteilt sind. In jeder Familie gibt es Hausarbeit zu erledigen, aber das wird sehr unterschiedlich gehandhabt: In manchen Familien helfen Kinder überhaupt nicht mit, in anderen sind sämtliche Arbeiten gleichmäßig verteilt. Geschwister beklagen sich regelmäßig darüber, daß das behinderte Kind nicht mithelfen muß und sie seine Spielsachen wegzuräumen haben. Suchen Sie deshalb nach einem angemessenen Weg, auch das behinderte Kind zu beteiligen, und sprechen Sie mit den anderen darüber.

Janet: Ryan war zehn, und er haßte es, seiner Schwester beim Fußball-spielen zusehen zu müssen. Ich bin sicher, es lag daran, daß er selbst nicht besonders sportlich ist und es ihn überhaupt nicht interessierte. Ich habe mir nichts dabei gedacht und ihn immer zum Fußballtraining mitgenommen, bis er eines Tages sagte: »Wie wär's, wenn du mich an der Bücherei rauslassen würdest (das ist gerade auf der anderen Straßenseite), und nach dem Training holt ihr mich dort wieder ab?« Ich war richtig stolz auf ihn, weil er das Problem selbst gelöst hatte, statt sich zu beklagen, und er war auch stolz auf sich.

═══   Denken Sie immer daran, daß alle Ihre Kinder besondere Bedürfnisse haben

Alle Kinder haben ihre eigenen besonderen Bedürfnisse. Seien Sie für sie da und achten Sie darauf, daß sie mit jedem Elternteil etwas Zeit alleine verbringen können. Die Kinder müssen wissen, daß sie auch mit ihren »kleinen« Angelegenheiten zu Ihnen kommen können. Zeigen Sie Interesse am Leben, an den Hobbys, an den Gefühlen und an den Aktivitäten Ihrer Kinder. Sie brauchen mehr von Ihnen als nur das, »was übrig bleibt«.

Susi: Ich sagte zu Andy: »Weißt du eigentlich, wie leicht dir die meisten Dinge fallen?« An diesem Tag war er völlig frustriert aus der Tennisstunde nach Hause gekommen. Es lag mir auf der Zunge zu sagen: »Sieh dir Betsy an, sie kann nicht einmal einen Schläger halten.« Aber Gott sei Dank habe ich kein Wort über sie verloren.

≡ Wie man die Beziehungen zwischen Geschwistern verbessern kann

Zur Kindererziehung gehört mehr als nur das Verhindern von Problemen! Sie möchten, daß die Kinder eine positive und liebevolle Beziehung zueinander entwickeln. Um das zu erreichen, wollen Sie ihnen die Eigenschaften vorleben, die sie nachahmen sollen. Achten Sie auf die individuellen Bedürfnisse jedes einzelnen Kindes und zeigen Sie ihnen, wie sie zusammenarbeiten können. Wir geben Ihnen einige Beispiele, wie man behinderte Kinder und ihre Geschwister zusammen beschäftigen kann. Diese Anregungen müssen natürlich dem Alter und den Bedürfnissen aller Kinder gemäß abgewandelt werden.

Stephanie: Kinder entwickeln ein recht gutes Gespür dafür, was ein anderer kann und was nicht, und sie passen sich ganz natürlich aneinander an.

≡ Geplante Spielzeit

Die Beziehungen zwischen Geschwistern entwickeln sich aus Geben und Nehmen, Spielen und Arbeiten, Streit und Versöhnung. In Familien ohne behinderte Kinder kommt ein Spiel spontan zustande; es beginnt irgendwann, stoppt irgendwann, es gibt einen ständigen Fluß. Es kommt zu Auseinandersetzungen um Spielzeug oder Spielregeln. Wenn ein behindertes Kind beteiligt ist, können manche Interaktionen nicht spontan stattfinden. Man muß sie entweder vorausplanen oder anpassen. Ein Kind, das sich nicht lange konzentrieren kann, will vielleicht eine Geschichte vorgelesen bekommen, wird dann aber abgelenkt und bricht die Situation ab. Ein Kind, das Spielsachen nicht gut festhalten kann, braucht unter Umständen Hilfe, wenn es mit dem Puppenhaus oder dem Kaufladen spielen will.

Wie oft haben Sie sich gewünscht, Ihre anderen Kinder würden zusammen mit ihrem behinderten Bruder oder ihrer behinderten Schwester spielen, aber die hatten keine Lust, mußten Hausaufgaben machen oder waren mit etwas anderem beschäftigt. Die sogenannte »geplante Spielzeit« wurde für Familien entwickelt, die Kinder mit verzögerter Entwicklung und gleichzeitig ältere Geschwister hatten. Es wurde eine bestimmte Zeit festgelegt (in der Regel um die Abendessenszeit). Jeder Bruder und jede Schwester suchte sich einen Zeitraum von 10 bis 15 Minuten aus, in dem sie alleine mit dem behinderten Kind spielten. Ihre Mutter stellte einen Küchenwecker, um die Zeit zu kontrollieren. Wenn sie wollten, konnten sie aber auch länger spielen. In der geplanten Spielzeit konnten die beiden Kinder machen, was sie wollten (außer fernsehen), und die anderen durften sie nicht stören. Das war ihre gemeinsame Zeit.

Die geplante Spielzeit erfüllte mehrere Zwecke. In Familien mit mehreren Kindern ermöglichte sie den Eltern eine kalkulierbare Pause von der Beaufsichtigung zumindest eines Teils der Kinder. Das behinderte Kind erhielt geballte, individuelle Aufmerksamkeit von jedem seiner Geschwister, was vorher nur selten der Fall war. Die unbehinderten Geschwister hatten die Möglichkeit, Erfolgserlebnisse beim Spielen zu sammeln. Der Erfolg der geplanten Spielzeit lag in ihrer Kürze, ihrer Vorhersagbarkeit und dem Gefühl von Spaß und Zusammenarbeit, das die Eltern vermittelten.

Betreuung nach Plan

Karl war ein zehnjähriger autistischer Junge mit zwei älteren Brüdern und einer älteren Schwester. Diese waren alle schon in der Oberstufe und nicht mehr allzuviel zu Hause. Sie betrachteten Karl als eine ziemliche Last. Karls Vater mußte abends ziemlich lang arbeiten, und seine Mutter war erschöpft. Sie versuchte ständig, die anderen Kinder dazu zu bringen, ihr mit Karl zu helfen, aber sie hatten Basketballtraining, Verabredungen oder sonst irgendwas. Jede Woche gab es Szenen, wenn es darum ging, wer bei der Betreuung von Karl helfen könnte.

Die Lösung hieß Betreuung nach Plan. Die Eltern verkündeten, daß von nun an jede Woche ein Plan gemacht würde. Die drei Geschwister suchten sich jeweils einen Tag pro Woche aus, wo sie abends zu Hause sein würden. An diesem Abend mußten sie bereit sein, Karl fürs Zubettgehen fertigzumachen, ihm vorzulesen und mit ihm fernzusehen. Außerdem gaben sie je ein Wochenende pro Monat an, an dem sie abends zu Hause sein würden, so daß die Eltern ausgehen konnten. (Je mehr Kinder man hat, desto mehr freie Abende springen natürlich heraus.) Umgekehrt war ihre Mutter damit einverstanden, sie nicht ständig damit zu nerven, daß sie helfen sollten, und sie brauchten auch keine Unternehmungen aufzugeben, die ihnen wichtig waren. Das funktionierte. Die älteren Kinder hörten auf, sich zu beklagen, und fanden am Ende sogar Gefallen an ihrer gemeinsamen Zeit mit Karl. Karl war begeistert von den drei Abenden, an denen er von seinen Geschwistern die volle Aufmerksamkeit erhielt. Und Mutter bekam die wohlverdiente Pause und hörte auf zu nörgeln.

═ Frei-Zeit

Alle Ihre Kinder brauchen Zeit für sich und das Recht, diese Zeit nach ihren eigenen Vorstellungen zu gestalten. Vielleicht möchten sie sie alleine verbringen, vielleicht mit Freunden oder mit Ihnen oder mit ihren Geschwistern. Sie möchten miteinander spielen, so wie es ihnen gefällt, Auseinandersetzungen austragen und Lösungen dafür finden, einfach nur herumlümmeln und fernsehen, sich auf dem Boden wälzen oder ein Bilderbuch ausmalen. Sie müssen lernen, welches Tempo jedes ihrer Geschwister hat, und ihre Beziehungen zu ihnen ohne Druck und Vorgaben aufbauen.

Diane: Ich denke, die Moral von der Geschichte ist, daß jeder von uns irgendeine Schwachstelle hat. Und wenn man nicht gerade ein Einzelkind war, hat man ganz sicher Erinnerungen an Vorkommnisse, die in unseren Augen »ungerecht« waren. Ich hoffe sehr, daß wir es schaffen, unseren Kindern das Gefühl zu geben, wenn schon kein Einzelkind, dann zumindest ein einzigartiges Kind zu sein – etwas Besonderes, das wenigstens zeitweise unsere absolute und ungeteilte Aufmerksamkeit erhält.

Freunde, Verwandte und Bekannte

In der Zeit des Überlebens stürmen so viele verschiedene Gefühle auf Sie ein, daß es Ihnen vermutlich schwerfällt, sich vorzustellen, was Ihre Eltern oder andere Verwandte empfinden. Wir alle leben mit bestimmten Vorstellungen und Erwartungen, was unsere Familien angeht, und wenn wir in Schwierigkeiten stecken, stellen wir womöglich fest, daß wir uns gründlich getäuscht haben: vielleicht erhalten wir mehr Unterstützung als erwartet oder weniger, als wir gerne gehabt hätten. Bei manchen Familien kommen die guten Seiten erst mit der Geburt eines Kindes mit einer Behinderung oder der Diagnose einer chronischen Krankheit zum Vorschein, in anderen vielleicht nicht. Während Sie den Anpassungsprozeß durchlaufen, sollten Sie sich folgende Punkte stets vor Augen halten:

1. Wie Sie auf Freunde und Verwandte reagieren, hängt sehr davon ab, in welchem Stadium des Anpassungsprozesses Sie sich befinden.
2. Freunde und Verwandte reagieren sehr unterschiedlich auf Ihre Situation. Manche sind ausgesprochen hilfsbereit und lassen sich darauf ein, andere ziehen sich vielleicht zurück. Manche Ihrer Freundschaften nehmen andere Formen an.
3. Sie müssen sich darüber klar werden, was Sie brauchen, und sich dann die Unterstützung von Freunden und Verwandten organisieren.

≡ Ihr Verhalten gegenüber Freunden und Verwandten

Freunde sind möglicherweise nicht immer genau dann und in der Form, wie Sie es gerade brauchen, für Sie da, während Sie von den Gefühlen der Überlebensphase aufgewühlt werden. Sie sehnen sich vielleicht nach mehr Zuwendung durch Freunde oder Verwandte, vielleicht wollen Sie auch lieber alleine sein. Wahrscheinlich geht es Ihnen auch mal so, mal so. Viele Eltern fühlen sich in dieser Zeit einsam oder verunsichert, wenn sie, ihre Freunde und ihre Familien die Beziehungen zueinander neu abklären.

Während Sie sich mitten im Chaos des Suchens befinden, werden Sie mitunter ungeduldig, wenn sich Ihre Freunde nicht besonders für die Einzelheiten Ihrer frustrierenden Erfahrungen mit Ärzten und anderen Fachleuten interessieren. Vielleicht reagieren Sie auch überempfindlich auf alle Anzeichen von Vorurteilen gegen Menschen mit Behinderungen. Bei Ihrer inneren Suche entdecken Sie womöglich Punkte an Ihren Freunden und Verwandten, die aus Ihrer neuen Perspektive kritikwürdig sind. Sie können versuchen, sie zu ändern oder ihnen aus dem Weg zu gehen, und diese wiederum werden Sie für überempfindlich oder aufdringlich erklären. Und obwohl es Ihren Freunden vielleicht unangenehm ist, über ihre nicht behinderten Kinder zu sprechen, nehmen Sie es ihnen übel, wenn diese sich über ein Kind beklagen, das das Essen vom Tisch fegt.

Später, in der Normalisierungsphase, fühlen Sie sich im Kreise Ihrer Freunde und Verwandten sicherer und entspannter mit Ihrem Kind. Es fällt Ihnen leichter, den Bedürfnissen Ihres Kindes den Vorrang zu geben, und Sie treten Ihrer Verwandtschaft gegenüber bestimmter auf und sagen ihnen, was Sie brauchen und wie sie dem Kind am besten helfen können. Sie werden feststellen, daß sich neue Freundschaften entwickeln. Wenn Ihr Kind an Frühfördermaßnahmen teilgenommen hat und/oder Sie in einer Selbsthilfegruppe für Eltern waren, kann ein ganz neuer Freundeskreis entstehen – aus anderen Eltern mit behinderten Kindern.

Wenn die Fragen und Probleme der Trennungsphase anstehen, verändern sich die Freundschaften unter Umständen in wieder anderer Weise. Wenn Ihr Kind starke Verhaltens- oder Lernstörungen beziehungsweise andere Probleme hat, die den Alltag zu einer permanenten Herausforderung machen, oder wenn jemand anderes in der Familie krank wird oder zu stark unter der Belastung durch die Betreuung des Kindes leidet, dann stellt sich die Frage nach einer Heimunterbringung. Sie werden jede Menge von gutgemeinten bis aufdringlichen Ratschlägen und besorgte bis ablehnende Kommentare von anderen erhalten. Aber viele sagen auch gar nichts, weil sie wissen, daß Sie Ihre Entscheidung allein treffen können und müssen; sie halten zu Ihnen, egal wie Sie sich entscheiden.

1. *Vielleicht können Sie sich mit einem guten Gefühl auf den Rückhalt bei Ihren Freunden und Verwandten verlassen. Sie wissen, daß sie immer für Sie da sind, wenn Sie sie brauchen.*

Susi: Wenn meine Nachbarin fragt: »Was macht Betsy?« und ich antworte: »Darüber will ich heute lieber nicht reden«, dann sagt sie: »Alles klar. Aber weißt du eigentlich, daß sie heute am Kindergarten einen Sonderverkaufsstand von den Begonien haben, die du so gern magst?«

2. *Vielleicht fällt es Ihnen schwer, Hilfe von Freunden und Verwandten anzunehmen oder darum zu bitten.* Unter Umständen wissen Sie nicht einmal, welche Art Hilfe Sie brauchen. Oder Sie glauben, Sie müßten mit allem alleine fertigwerden. Oder Sie wollen andere nicht zusätzlich belasten, weil Sie wissen, daß diese ebenfalls sehr viel zu tun haben.

3. *Vielleicht wollen Sie andere mit Ihren Problemen verschonen*, weil Sie sich um deren Gesundheit oder wegen ihres Alters Sorgen machen oder weil sie zu weit weg wohnen oder weil diese sich sonst um Sie sorgen würden.

Susi: Wenn meine Mutter fragt: »Wie geht es unserem Enkelkind?«, sage ich: »Sie hat jetzt einen gräßlichen neuen Lehrer« und wechsele das Thema. Wenn ich meiner Mutter nämlich zuviel erzähle, macht sie sich nur noch mehr Sorgen, und das will ich vermeiden. Du lernst aufzupassen, was du sagst. Das einzige Problem ist, immer zu wissen, was man gesagt hat und was nicht.

4. *Vielleicht haben Sie das Gefühl, »alle enttäuscht zu haben«.* Wenn Ihr Kind innerhalb Ihrer Familie einen symbolischen Platz einnimmt – etwa als erstes Enkelkind oder als erster Junge nach fünf Generationen von Mädchen –, dann kann es schon sein, daß einige Ihrer Verwandten schwer daran zu »knabbern« haben, daß jemand aus *ihrer* Familie behindert sein soll. Manche Familien streiten dann rundweg ab, daß etwas nicht in Ordnung ist, oder sie geben Ihnen die Schuld und die gesamte Verantwortung.

5. *Vielleicht sind Sie enttäuscht und verärgert wegen einiger Freunde oder Verwandter*, die sich nicht um Sie scharen und Ihnen Hilfe anbieten. Und unter Umständen hegen Sie auch einen Groll gegenüber Menschen, die ihr Leben einfach unbeschwert weiterleben.

Das ist ein Punkt, der Sie stark verunsichern kann. Sie wollen nicht, daß andere Leute Sie bemitleiden oder sich um Sie Sorgen machen, aber Sie wollen, daß sie sich für Ihre Probleme interessieren und sich um Sie kümmern. Bei manchen Freunden oder Verwandten enttäuscht oder tröstet Sie weniger das, *was* diese sagen, als vielmehr die *Art und Weise*, in der sie es tun.

6. *Sie reagieren nicht immer gleich.* Manchmal belasten die besonderen Bedürfnisse Ihres Kindes Sie derart, daß Sie überhaupt nicht darüber sprechen wollen. Ein anderes Mal suchen Sie nach einem Rat oder einer Schulter zum Ausweinen. Und wieder ein anderes Mal wissen Sie, daß Sie alles gut im Griff haben, fühlen sich stark und selbstsicher und hätten gerne jemanden, der das bemerkt und anerkennt.

7. *Es kann sein, daß Sie sich in Gegenwart von bestimmten Freunden und Verwandten ausgesprochen unwohl fühlen.* Vielleicht ist Ihnen das Verhalten Ihres Kindes peinlich oder Sie befürchten, Ihre elterlichen Qualitäten würden beurteilt. Sie fühlen sich in die Defensive gedrängt, sind verletzt oder werden wütend, weil irgendjemand etwas Unpassendes sagt – oder weil Sie es einfach nur falsch verstanden haben.

Susi: Wißt ihr, was ich schrecklich finde? Daß ich nicht in der Nähe meiner Familie lebe. Sie kennen das Kind eigentlich gar nicht. Sie fragen jedes Mal nach ihr, aber sie kennen sie nicht wirklich und auch nicht uns beide zusammen. Wir gehen dorthin zu Besuch, aber das ist nicht dasselbe. Wir sind nicht in unserem normalen Tagesrhythmus, das Kind ist nicht in seiner gewohnten Umgebung, und ständig ist was los. Meine Familie, die für meine Entwicklung so wichtig war – es sind lauter Fremde für mein Kind.

8. *Sie merken, daß Sie sich verändern; manche Beziehungen werden dadurch zeitweilig erschwert.* Sie stellen fest, daß Sie sich in eine andere Richtung weiterentwickeln, und Sie wollen sich über andere, ernsthaftere Themen unterhalten als früher. Sie befinden sich in einer Übergangsphase und brauchen Zeit, um all die neuen Empfindungen und Erwartungen an Beziehungen zu ordnen.

≡ Mögliche Reaktionen von Freunden und Verwandten

Je nach Anpassungsstadium, Laune oder momentanen Bedürfnissen verhalten Sie sich unterschiedlich gegenüber Freunden und Verwandten. Doch auch Ihre Verwandten und Ihre Freunde haben Launen und Bedürfnisse; es kann sein, daß sie auf Ihre Situation in einer Weise reagieren, die Sie enttäuscht oder aber glücklich macht.

1. *Es gibt Freunde und Verwandte, die haben keine Vorurteile, sind hilfsbereit und verständnisvoll und immer zur Stelle, wenn man sie braucht.* Sie stellen Fragen und wollen wissen, wie Sie vorgehen wollen. Sie kritisieren Ihre Entscheidungen nicht und erteilen nur Ratschläge, wenn man sie darum bittet. Sie rufen vielleicht an, um sich zu erkundigen, was ein bestimmter Arztbesuch ergeben hat, oder kommen vorbei, um Ihren anderen Kindern etwas zum Naschen zu bringen. Sie sind anscheinend immer bereit zuzuhören und springen ein, wenn sie können.

Susi: Ich habe eine Cousine, die Krankengymnastin ist. Sie kam regelmäßig vorbei, und ich weiß, daß sie mit Betsy kleine Tests machte, wenn ich nicht im Zimmer war. Ich wollte nicht, daß sie öfter kam, weil ich Angst hatte, sie könnte etwas herausfinden, was ich nicht wissen wollte. Aber sie wußte das, und ich wußte, daß sie es wußte, und sie wußte, daß ich wußte, daß sie es wußte. Deshalb ließ sie mich in Ruhe, und das war wirklich toll. Und selbst jetzt, wo ich weiß, daß sie sehr viel mehr weiß als ich, haben wir ein prima Verhältnis zueinander. Und wenn ich in die Zukunft planen muß, dann kann ich, muß aber nicht mit ihr darüber reden; meistens habe ich es nicht getan.

Diane: In den ersten vier Wochen nach Catherines Geburt gingen zwei Freunde von uns in die Bibliothek und sahen die medizinischen Fachbegriffe für uns nach – Wörter wie »Spina bifida« und »Hydrocephalus«. Außerdem riefen sie bei verschiedenen Selbsthilfeorganisationen an und ließen sich Informationsmaterial schicken. Die Broschüren sahen sie daraufhin durch, ob sie für mich geeignet waren.

Janet: Eines Tages rief meine Mutter an und sagte: »Von nächster Woche an kommen Tante Milli und ich jeden Mittwoch vorbei. Wir passen dann auf Ryan auf, und du gehst in die Stadt.« Sie nannten sich selbst die »Mittwoch-Ladies«. Ich war so glücklich, daß jemand da war, daß ich erst nach einigen Wochen wirklich aus dem Haus ging. Und als ich schließlich das erste Mal allein wegging, wußte ich überhaupt nichts mit mir anzufangen. Am Ende fuhr ich zu einem Einkaufszentrum und stand einfach nur herum und fragte mich: »Was soll ich bloß tun?« Anfangs blieb ich nur eine Stunde weg, dann zwei, aber mit der Zeit wurde es einfacher. Sehr viel einfacher.

2. *Manche Freunde und Verwandte sind Helfer im Hintergrund.* Sie wissen, daß sie zur Stelle sind, wenn Sie sie brauchen, aber sie warten darauf, daß Sie ihnen ein Zeichen geben, wenn es soweit ist.

Janet: Ich mußte nur sagen: »Ich brauche...«, und meine Familie war zur Stelle.

Stephanie: Meine Mutter war so stolz auf Emma, ihr erstes Enkelkind, und sie ging so liebevoll mit ihr um, daß es mich immer glücklich machte, sie zusammen zu sehen.

3. *Manche Freunde und Verwandte sind wirklich interessiert und wißbegierig.* Sie würden gerne mit Ihnen über die Krankheit oder die Behinderung Ihres Kindes sprechen und darüber, was Sie deswegen tun. Sie scheuen sich aber, Sie zu fragen, weil sie nicht neugierig oder aufdringlich sein wollen, und halten sich zurück. Währenddessen glauben Sie, sie sagten nichts, weil sie kein Interesse hätten. Diese Freunde und Familienangehörigen könnten Ihre größte unentdeckte Quelle für Unterstützung und Verständnis sein.

4. *Manche Ihrer Freunde und Verwandten sind einfach unsicher.* Sie wissen anscheinend nicht, was sie zu Ihnen sagen und wie sie mit Ihrem Kind umgehen sollen. Vielleicht behandeln sie Ihr Kind, als sei es krank oder aus Glas, oder sie wissen nicht, was sie mit ihm reden sollen. Kann sein, daß sie Angst haben, zuviel zu reden oder nicht genug. Auch sie haben Interesse, möchten mehr wissen und Ihnen eine Hilfe sein, aber sie sind eben unsicher. Mit etwas Zeit, Information und viel Ermunterung läßt sich das überwinden.

5. *Manche Menschen empfinden starke Trauer für Sie.* Sie wissen oft nicht, was sie tun oder sagen sollen. Sie möchten Sie vielleicht gerne trösten, haben jedoch Angst, es nicht zu ertragen oder zu ungeschickt zu sein. Sie halten sich womöglich fern, weil sie glauben, es sei einfacher für Sie oder weil sie mit ihren eigenen Gefühlen nicht zurechtkommen.

6. *Manche Menschen empfinden anscheinend Mitleid mit Ihnen.* Sie glauben offenbar, daß Sie unter dieser Belastung leiden und in ständiger Sorge leben. Häufig sprechen sie nur von »diesen Kindern« und sind unfähig, bei Ihrem Kind mehr zu sehen als die Krankheit oder die Behinderung. Eine Mutter erzählte mir, sie hasse Familientreffen, weil da immer »die alten Tanten« seien. Die hockten sich jedes Mal zusammen in eine Ecke, beobachteten ihr Kind, schüttelten die Köpfe und begännen zu tuscheln.

7. *Manche Menschen sind unsicher, weil sich ihre Kinder prächtig entwickeln und sie nicht wissen, ob sie darüber reden können.* Sie befürchten möglicherweise, daß Sie sie für Aufschneider halten oder dadurch traurig oder neidisch würden.

8. *Manche Menschen glauben, daß Sie aus einer Mücke einen Elefanten machen.* Die sagen dann beispielsweise: »Das gibt sich, wenn er älter wird«, »Sie muß nur ein bißchen Gewicht zulegen«, »Das macht doch nichts, Einstein hat auch erst mit fünf Jahren angefangen zu sprechen« oder »Ihr habt euch schon immer zuviele Gedanken gemacht«.

9. *Manche Menschen glauben, daß Sie etwas nicht wahrhaben wollen und aus diesem Grund nicht genug tun.* Die sagen dann beispielsweise: »Wart ihr wegen seiner Verhaltensprobleme schon bei einem Spezialisten?«, »Hältst du es für richtig, daß sie soviel Zucker ißt?« und »Was sagt denn der Zahnarzt zu Sallys schiefen Zähnen?«

10. *Manche Menschen wollen sich einmischen und erzählen Ihnen ständig, was Sie tun sollten:* »Du solltest mit ihm zu einem anderen Arzt gehen« oder »Hör nicht auf das, was die Ärzte sagen«. – »Du solltest sie selbständiger werkeln lassen« oder »Du solltest ihr mehr helfen. Ich sehe doch, wie schwer sie sich tut«. – »Sei nicht so streng mit ihm; er muß auch seinen Spaß haben« oder »Er braucht wirklich mehr Grenzen. Du läßt ihm alles durchgehen«.

11. *Manche Verwandten untergraben Ihre erzieherischen Maßnahmen.* Angenommen, Ihr Kind braucht feste Strukturen, viele Regeln und Beständigkeit. Aber der Opa sagt: »Das kann doch nicht so schlimm sein, wenn sie einmal länger aufbleibt, wo wir zu Besuch sind?« oder Ihr Kind braucht zehn Minuten, um die Treppe hinaufzusteigen, aber es kann es alleine. Doch Tante Emmi hält es nicht aus, dem kleinen Kerl dabei zuzusehen, wie er sich abmüht, und sie nimmt ihn hoch und trägt ihn hinauf. Solche Vorfälle untergraben Ihre notwendigen erzieherischen Maßnahmen.

12. *Die Beziehungen zu manchen Verwandten sind ganz einfach schwierig* – und das völlig unabhängig von dem, was Sie sagen oder

nicht. Einige haben eben eingefahrene Ansichten, und ob Sie sich deswegen aufregen oder traurig werden: Sie werden es vermutlich nicht ändern können. In solchen Fällen müssen Sie lernen zu sagen:»Das ist halt Onkel Harald« und Ihren Weg einfach weitergehen. Vielleicht bringt Ihre Situation die Familie auch wieder enger zusammen, so daß alte Wunden geheilt und Kriegsbeile begraben werden. Möglicherweise geschieht jedoch nichts dergleichen.

13. *Beziehungen zu Freunden können sich ändern.* Sie werden überrascht sein, wie einfühlsam und hilfsbereit sich manche Bekannte, Kollegen oder Nachbarn erweisen. Oberflächliche Freundschaften gewinnen plötzlich an Tiefe, wenn sich Bekannte einfinden und Ihnen Hilfe und Unterstützung anbieten. Andere Beziehungen dagegen werden distanzierter: Einige Leute nehmen an, Sie seien nicht mehr ansprechbar; einige befürchten, daß es Ihnen nicht recht sei, daß man sie für aufdringlich hält oder daß sie Ihnen im Weg stünden; einige wollen lieber nichts von Ihren Problemen hören, weil sie unsicher sind oder es ihnen zu sehr zusetzt; einige haben vielleicht Schuldgefühle, weil ihre eigenen Kinder rundum gesund sind. Einige Freunde verschwinden aus Ihrem Leben, weil Sie sich verändern und sie selbst nicht, und weil die »alte« Beziehung nicht mehr existiert. Aber Sie werden auch feststellen, daß sich neue und tiefe Freundschaften entwickeln oder daß alte Freundschaften wiederbelebt werden.

14. *Beziehungen zu Verwandten können sich ebenfalls ändern* – wenn Sie Glück haben zum Guten, wenn Sie Pech haben zum Schlechten. Manche Familien werden mit zusätzlichen Belastungen einfach nicht mehr fertig. Der Volksmund sagt:»Freunde kann man sich aussuchen, Verwandte nicht.« Wenn Sie also Ihre Verwandtschaft nicht ändern können, ändern Sie doch Ihre Art und Weise, mit ihr umzugehen.

≡   ## Erfolgsstrategien

10 TIPS

Zehn Tips, wie Sie Freunde und Verwandte einbeziehen können

1. *Haben Sie Geduld und Nachsicht mit Freunden und Verwandten.* Für diese ist alles genauso neu wie für Sie, und sie müssen erst lernen, damit umzugehen. Es kann sein, daß sie sich ungeschickt anstellen, verlegen oder unsicher sind, daß sie Sie unbeabsichtigt mit taktlosen Bemerkungen verletzen. Seien Sie im Zweifelsfall nachsichtig, denn sie müssen durch ihre eigenen Überlebens- und Suchphasen gehen.

2. *Geben Sie den Ton an.* Ihre Familie und Ihre Freunde schauen auf Sie, um Hinweise zu erhalten. Wenn Sie sehen, daß Sie ungezwungen über Ihr Kind reden, eine positive Einstellung dazu haben und Ihren Humor behalten, spüren sie, daß mit Ihnen alles in Ordnung ist, und das gibt ihnen Sicherheit im Umgang mit Ihnen. Verwandte brauchen Sie für Information, Anleitung und als Vorbild zum Nachahmen. Sie können nicht erwarten, daß sie das Problem verstehen, wenn sie keine Information darüber haben. Sie können nicht erwarten, daß sie um Information bitten. Und Sie können nicht erwarten, daß sie sich im Umgang mit Ihnen und dem Kind sicher fühlen, wenn sie keine Anleitung erhalten.

3. *Versetzen Sie sich in ihre Situation.* Was wäre, wenn es statt Sie irgend jemand anderen in der Familie getroffen hätte? Was würde Ihnen helfen, die Hand auszustrecken, und das Verständnis erleichtern? Viele Menschen, die einem behinderten Kind begegnen, wissen nicht, wie sie sich verhalten oder was sie mit ihm reden sollen. Viele Menschen glauben, ein behindertes Kind könne nichts hören oder verstehen oder es würde vielleicht etwas Absonderliches tun, und sie wüßten dann nicht, wie sie reagieren sollten.

4. *Übernehmen Sie die Initiative.* Sagen Sie ihnen, was los ist und was Sie brauchen. Ihre Freunde wollen vielleicht nicht aufdring-

lich sein, und Sie glauben, sie hätten kein Interesse. Wenn sich Freunde oder Verwandte nach dem Befinden des Kindes (oder nach dem Ihren) erkundigen, müssen Sie entscheiden, was und wieviel Sie ihnen erzählen wollen. Ohne ein paar Hinweise von Ihnen können sie nicht wissen, wie sie sich verhalten sollen.

5. *Geben Sie Informationen.* Erklären Sie, wo das Problem liegt, wie man es angeht, wie Sie sich dabei fühlen, was Sie jetzt und später dagegen zu tun gedenken. Sagen Sie ihnen, was Sie brauchen und was hilft. Spezielle Spielsachen oder Hilfsmittel? Erzählen Sie ihnen davon. Vielleicht kennen sie jemanden, der so etwas billig verkauft oder helfen kann, es selbst zu machen. Erzählen Sie ihnen, wie dringend Sie einmal einen Abend oder ein Wochenende für sich bräuchten. Geben Sie ihnen Informationsbroschüren und Zeitungsausschnitte. Und vor allem, helfen Sie ihnen, Ihr Kind als vollwertigen Menschen zu akzeptieren und sein Bedürfnis nach besonderen Beziehungen zu Verwandten und Freunden zu verstehen.

6. *Organisieren Sie ein Familientreffen.* Erklären Sie die Krankheit oder die Behinderung Ihres Kindes, was Sie unternommen haben und wie die Zukunftsaussichten sind. Wenn Sie nicht alle zu einem Treffen zusammenbekommen, machen Sie ein Rundschreiben, das sie aufklärt. Sie werden staunen, wie groß Ihr Unterstützernetzwerk ist.

Diane: Wir veranstalteten ein Treffen bei uns zu Hause – die ganze Familie und enge Freunde. Wir wollten ihnen sagen, wie dankbar wir für alles sind, das sie uns gesagt und für uns getan haben und wie sie uns helfen wollten. Aber wir baten sie auch, uns nicht anders zu behandeln und sich uns gegenüber nicht anders zu verhalten als früher. Ich hatte Catherine auf dem Schoß, und alle im Raum weinten. Es war wirklich schwer, aber sie sollten wissen, daß wir alles tun würden, was in unseren Kräften steht, und daß die Ärzte gesagt hatten, sie würde vermutlich zumindest einmal in einem Rollstuhl sitzen, vielleicht sogar mit Krücken gehen können. Ich sagte zu ihnen: »Habt keine Angst davor, uns einzuladen oder uns zu besuchen. Behandelt sie genauso wie ihre Schwester.« Mein Vater sagte: »Jetzt verkauf' sie bloß nicht unter Wert.« Großeltern können soviel Hoffnung verbreiten.

7. *Beziehen Sie sie mit ein.* Wenn Sie beabsichtigen, einen Brief an einen Bundestagsabgeordneten zu schreiben, bitten Sie andere, gleichfalls zu schreiben. Laden Sie sie ein, sich einmal Therapiestunden Ihres Kindes anzusehen und andere behinderte Kinder kennenzulernen. Ermuntern Sie sie, Geld für gemeinnützige Einrichtungen zu spenden oder an der Schule Ihres Kindes Lose für die Tombola zu verkaufen.

8. *Wann immer jemand Hilfe anbietet, akzeptieren Sie sie.*

9. *Nehmen Sie sie in Ihre Helfermannschaft auf.* Bitten Sie sie, Sie in die Schule oder zu irgendwelchen Therapiestunden zu begleiten, und lassen Sie sie dort mit den Fachleuten reden, die mit Ihrem Kind arbeiten. Je mehr Großeltern oder andere Verwandte aus erster Hand über die Bedürfnisse Ihres Kindes erfahren (auch darüber, was es nicht braucht), desto aktiver können sie Sie bei Ihren Aufgaben unterstützen. Außerdem fühlen sie sich vermutlich sicherer, was die Betreuung des Kindes angeht. Auf diese Weise vergrößert sich auch Ihr Unterstützernetzwerk, denn Sie haben mehr informierte und interessierte Leute, mit denen Sie sprechen und Entscheidungen für Behandlungsmaßnahmen diskutieren können, Leute, die Ihre elterlichen Bemühungen bestätigen und die Fortschritte Ihres Kindes würdigen.

> *Janet: Meine Schwester Jenny stieß auf die bestmögliche Art zu unserem Team. Sie war im ersten Studienjahr und wollte weg von zu Hause, konnte sich aber keine eigene Wohnung leisten. Ryan war zwei Jahre alt. Chris arbeitete tagsüber und ich nachts. Dazwischen gab es eine kritische Stunde, in der wir niemanden für Ryan hatten. Also zog Jenny ein und half, Ryan zu betreuen. In den eineinhalb Jahren, die sie bei uns wohnte, brachte sie Ryan und uns die Gebärdensprache bei.*

10. *Schicken Sie ihnen Briefchen* – kleine Dankeschön-Karten für irgend etwas Nettes, das sie in der letzten Zeit für Sie getan haben; das können auch Photos oder Neuigkeiten aus der Familie sein. Geben Sie ihnen zu erkennen, wie dankbar Sie für ihre Unterstützung sind.

☰   Feiertage und andere fröhliche Feste

Zu Feiertagen gehören Rituale, die die Erinnerung an vergangene Jahre hervorrufen. Diese Erinnerungen können aus nostalgischen Andenken an die Kindheit bestehen, aus fröhlichen Fortsetzungen einer familiären Tradition oder aus Gefühlen von Trauer, Verlust und Einsamkeit. Die Art, wie wir Feiertage begehen, ändert sich, wenn Freunde und Verwandte wegziehen, erwachsen werden, alt werden und sterben, aber die Traditionen und die Erinnerungen daran bleiben uns. Deshalb haben Sie bestimmte Erwartungen, die enttäuscht werden können. Sie können Feiertagen voller Freude oder voller Angst entgegensehen.

Susi: Unser schlimmstes Familientreffen war ein Picknick am Memorial Day (der letzte Montag im Mai, an dem in den Vereinigten Staaten der Gefallenen gedacht wird). Es war das erste Mal in diesem Jahr, daß wir etwas im Freien unternahmen. Betsy zog die Aufmerksamkeit aller auf sich, weil sie das Spiel ihrer Cousins störte, mit den Händen im Kartoffelsalat herummanschte und dauernd weglief. Ich weiß nicht, ob sich irgend jemand anderes darüber aufgeregt hat, für mich war es jedenfalls gräßlich.

Es gibt andere Ereignisse, die Anfang oder Ende eines Lebensabschnitts kennzeichnen, zum Beispiel Schulabschlüsse, Erstkommunionen, Konfirmationen oder Hochzeiten. Solche Feste erinnern Sie möglicherweise daran, daß Sie diese Rituale mit Ihrem Kind niemals werden begehen können. Sie verursachen unter Umständen einen Aufruhr der Gefühle bei Ihnen, den Sie längst überstanden gewähnt hatten. Diese Gefühle können Sie ganz durchströmen oder Ihnen im Vorübergehen einen Schlag in die Magengrube versetzen.

Für viele Eltern sind die Geburtstage die schlimmsten Feste. Sie sind die Marksteine dafür, wie weit ein Kind in einem Jahr gekommen ist – oder nicht. Und der dritte Geburtstag ist der schlimmste von allen. Wenn Ihr Kind nicht sprechen und gehen kann und mit Windeln im Kinderwagen liegt, denkt sich niemand etwas dabei, wenn Sie sagen, daß es zwei ist. Mit drei Jahren ist das aber etwas ganz anderes. »Was, sie trägt immer noch Windeln?« Mit drei ist ein Kind kein Baby mehr, und die Erwartungen an es ändern sich. Ein Vater erzählte mir: »Jahrelang fühlte ich mich hundeelend nach dem Geburtstag meines Sohnes. Der Geburtstag selber war eine fröhliche Angelegenheit. Wir hatten ein weiteres Jahr geschafft. Wir waren soviel weiter als noch vor einem Jahr... Aber der folgende Tag war immer furchtbar. Er zeigte einem, wo wir noch nicht waren.«

Für die meisten Kinder bedeutet Geburtstag Kuchen, Eis, Geschenke, Spiele. Für viele Eltern sind Geburtstage Meilensteine auf ihrem Weg durch die Elternschaft – Meilensteine für Fortschritte und Weiterentwicklung.

Janet: *An Ryans erstem Geburtstag waren wir ganz aus dem Häuschen. Wir hatten nicht geglaubt, daß er ihn erleben würde. Deshalb lud ich einen Haufen Leute ein und machte Lasagne für alle. Er war immer noch krank, sein Leben hing an einem seidenen Faden, aber nichtsdestoweniger mußte sein erster Geburtstag richtig gefeiert werden.*

≡ Zu Besuch bei Freunden und Verwandten

Wenn Ihr Kind Verhaltensstörungen aufweist oder vielleicht körperlich oder geistig behindert ist, können sich Ihre negativen Gefühle zu Feiertagen und anderen Gelegenheiten noch verschlimmern, wenn Sie diese bei Freunden oder Verwandten verleben. Um die Zeit einigermaßen gut zu überstehen und Probleme zu vermeiden, ist es für Sie das Wichtigste, darauf vorbereitet zu sein.

≡ Vorausschauend planen

Nehmen Sie sich die Zeit und lassen Sie alle nur denkbaren Probleme vor sich Revue passieren. Machen Sie einen »Schlachtplan«, so daß Sie möglichst viel Kontrolle und verschiedene Wahlmöglichkeiten haben. Fragen Sie sich selbst: Was ist das Schlimmste, das passieren kann? Was tue ich gegebenenfalls? Was steht auf dem Spiel, wenn ich es nicht richtig in den Griff kriege?

Wo findet das Ereignis statt? Für ein ruhiges Wochenende bei Ihren Eltern müssen Sie sich anders vorbereiten als für einen Aufenthalt im Hotel. Wenn Sie über die Feiertage nach Hause fahren und Sie normalerweise immer bei Ihrer Schwester übernachtet haben, es ihr oder Ihnen jedoch allmählich zuviel wird, dann ist es vielleicht an der Zeit, mit der Tradition zu brechen und sich ein anderes Quartier zu suchen. Wenn sich Verwandte bei Ihnen zu Besuch angemeldet haben, müssen Sie darüber nachdenken, welche Ihrer innerfamiliären Abläufe beibehalten werden müssen und wie Sie den Besuch in Ihren Alltag integrieren können.

Was geschieht dort? Ein ruhiges, unverplantes Wochenende bei der Familie kann eine entspannende Abwechslung zu Ihrer täglichen Routine werden. Wenn Sie anläßlich eines Feiertags einen Besuch abstatten, sind vermutlich einige Leute mehr da, es gibt einen relativ ungeordneten Tagesablauf und eine Menge Aufregung und Reize. Jeder dieser Faktoren kann den gewohnten Rhythmus stören, nach dem Ihr Kind verlangt, und Ihr Streßpegel steigt vermutlich, wenn Sie sich darüber Gedanken machen, ob Ihr Kind damit zurechtkommt und wie die anderen wohl reagieren.

Bei einer aufwendigen Feierlichkeit mit festen Abläufen, wie etwa einer Hochzeit oder einem Begräbnis, müssen Sie die Bedürfnisse Ihres Kindes und seine Fähigkeit, mit bestimmten Situationen umzugehen, berücksichtigen – zum Beispiel, während einer längeren Zeremonie stillsitzen, mit vielen Leuten zusammensein, auf den gewohnten Rhythmus verzichten.

Wie werden Sie dorthin kommen? Wenn Sie mit dem Auto fahren, können Sie nach Bedarf Pausen einlegen, und Ihr Kind kommt leicht an etwas Eßbares heran. Und wenn es sich irgendwie aufführt, brauchen Sie sich um die Reaktionen anderer Leute keine Gedanken zu machen. Im Auto können Sie mehr Ausrüstung, Spielsachen und Kleider zum Wechseln mitnehmen. Wenn Sie fliegen oder mit dem Zug fahren, sind Ihre Möglichkeiten wesentlich beschränkter, und Sie müssen alles sehr sorgfältig durchplanen.

Was brauchen Sie vor Ort? Müssen Sie spezielle Hilfsmittel für Ihr Kind leihen oder mieten? Was müssen Sie über die medizinische Versorgung wissen (Arzt, Krankenhaus)? Reichen die verschreibungspflichtigen Medikamente aus? Brauchen Sie ein Hotelzimmer mit Kühlschrank für spezielle Nahrungsmittel oder Medikamente? Wenn Sie öfter verreisen, halten Sie am besten eine Checkliste parat.

Wie lange werden Sie bleiben? Abhängig von Ihren persönlichen Bedürfnissen und denen Ihres Kindes müssen Sie bei Verwandtenbesuchen abklären, welche Pläne man mit Ihnen hat und was davon realistisch ist. Vielleicht reisen Sie besser schon etwas früher an, damit Ihr Kind sich eingewöhnen kann, oder Sie kommen später, um die Chancen zu verbessern, daß Sie bis zum Ende bleiben können.

Bei längeren Besuchen brauchen alle irgendwann eine Pause; das wäre die Gelegenheit für einen kleinen Abstecher oder die Möglichkeit, sich einmal für einen Tag in einer anderen »Beziehungskombination« zu bewegen. Zum Beispiel, wenn alle die ganze Zeit beieinander gesessen haben, möchten Sie vielleicht einmal alleine mit Ihrem Bruder einen Einkaufsbummel machen oder mit Ihrem Vater zusammen Fahrrad fahren.

═ Bereiten Sie sich vor

Wenn Sie wissen, daß Verwandte da sein werden, die vermutlich irgendwelche Bemerkungen fallen lassen, die Sie aus der Fassung bringen, müssen Sie sich vorher überlegen, ob das der richtige Zeitpunkt ist, um sich mit diesen Leuten auseinanderzusetzen. Wenn Sie empfindlich sind oder leicht wütend werden, legen Sie sich zurecht, was Sie sagen wollen. Doch egal, wie gut vorbereitet Sie sind, es kann immer etwas vorkommen, das Sie wie ein Schlag vor den Kopf trifft, wenn Sie es am wenigsten erwarten.

Susi: Ein Vatertag ist mir in besonders schlechter Erinnerung geblieben. Meine Schwägerin hatte ein Baby von sechs Monaten. Die ganze Familie traf sich zu einem Picknick im Grünen, und alle bewunderten das Baby, das unsere Einjährige schon überrundet hatte. Bruce versuchte, Betsy zu füttern und sie zu unterhalten, während alle anderen mit dem Baby spielten, das wirklich süß war. Ich war darauf nicht vorbereitet; damals beschloß ich, daß ich mir in solchen Fällen immer und immer wieder sage: »Du weißt nicht, wer kommt und welche Gefühle die anderen Kinder in dir auslösen. Vielleicht fällst du irgendwie auf.« Manchmal geschah gar nichts, aber du kannst es nicht vorhersehen.

Eine andere Mutter berichtet mir von einem Weihnachtsfest bei ihren Eltern. Ihr Sohn Jimmy war fünf Jahre alt, aber von seinen sozialen und geistigen Fähigkeiten her auf dem Stand eines Zweijährigen. Ihre Schwester war ebenfalls da mit ihrer hellwachen vierjährigen Tochter. Die Großmutter schenkte jedem Kind ein Puzzle. Das Puzzle von Jimmy hatte sechs Teile, das seiner Cousine 50. Jimmys Mutter war am Boden zerstört. Für sie war das ein unübersehbarer Hinweis auf die Retardierung ihres Kindes, und sie wußte, daß auch ihrer Schwester nicht wohl dabei war. Als sie ihrer Mutter sagte, was sie empfand, war diese am Boden zerstört – sie hatte einen ganzen Nachmittag damit zugebracht, die Puzzles auszusuchen, damit diese auch ja dem Entwicklungsstand der Kinder angemessen waren.

Können Sie es sich erlauben, vorgefaßte Pläne zu ändern, um solche Arrangements für Sie selbst und Ihr Kind angenehmer und erfolgreicher zu gestalten? Selbst wenn Sie damit die Gefühle anderer verletzen? Denken Sie darüber nach, was Sie aus erlebten Schwierigkeiten lernen können, und versuchen Sie, nicht noch einmal die gleichen Fehler zu machen. Das kann eine Menge zusätzlichen Streß und Ärger bedeuten, und Sie müssen sich fragen, ob es das in jedem Fall wert ist. Es kann sein, daß Sie Familientreffen als Test empfinden: wie gut Sie Ihre Sache machen und wie gut Ihr Kind seine Sache macht. Vermutlich sind Sie selbst Ihr ärgster Kritiker und haben viel zu hochgeschraubte Erwartungen.

Schützen Sie Ihr Kind

Hat Ihr Kind Verhaltens- oder Aufmerksamkeitsstörungen? Wird Ihr Kind schnell überreizt, frustriert oder müde? Wie kommt Ihr Kind mit dem Ansturm wohlmeinender Großeltern, Onkels und Tanten zurecht? Möglicherweise brauchen Sie einen Helfer oder Sie engagieren eine Cousine, oder Sie und Ihr Partner wechseln sich nach einem vorher festgelegten Schema in der Betreuung ab. Machen Sie sich keine Gedanken darüber, was andere Leute erwarten oder von Ihrem Kind wollen. Sie müssen zuallererst an seine Bedürfnisse denken. Wenn Ihr Kind ein Mittagsschläfchen braucht und es zu laut ist, ziehen Sie sich diskret zurück.

Susi: Es ist schwierig mit den Cousins. Sie sitzen da und spielen mit den Bauklötzen und kommen ganz gut miteinander klar. Dann betritt Betsy den Raum, und du spürst, wie die Spannung steigt. Die Eltern sagen: »Laßt sie mitspielen«, und jeder versucht, sie wie ein normales Familienmitglied zu behandeln, aber sie macht alles kaputt, egal was die anderen spielen. Natürlich könnte man sagen, daß diese Kinder lernen müssen, daß jeder Mensch seine Eigenheiten hat, und daß das gut für sie ist; aber es tut sehr weh.

Versuchen Sie, Ihren normalen Tagesablauf soweit wie möglich beizubehalten. Das gibt Ihrem Kind Sicherheit und Ihnen das Gefühl, Kontrolle über eine Situation zu besitzen, die außerhalb Ihres normalen familiären Rahmens liegt. Es ist auch eine gute Entschuldigung für eine Pause von der Familienfeier, wenn Sie es brauchen. Außerdem bietet es Gelegenheit, Großeltern, Cousins und Cousinen oder andere einzubeziehen, zum Beispiel beim Vorlesen oder Füttern.

Nehmen Sie Ihrem Kind ein paar vertraute Gegenstände mit. Alles, was vertraut ist, gibt Sicherheit. Nehmen Sie Spielsachen, eine Tasse, Schwimmentchen, Bücher oder eine Schmusedecke, so daß sich Ihr Kind wie zu Hause fühlt.

Denken Sie positiv, und planen Sie den Erfolg

Wenn Sie sich sicher fühlen und die Dinge im Griff haben, reagieren Sie anders – selbst wenn sich Ihre Verwandtschaft nicht ändert.

Wenn Sie wollen, daß Ihre Familie und Ihre Freunde optimistisch sind, müssen Sie mit gutem Beispiel vorangehen.

Wenn Sie wollen, daß sie Ihr Kind als ganzen Menschen sehen, müssen Sie ihnen den Weg zeigen.

Wenn Sie wollen, daß sie die Fortschritte bei Ihrem Kind erkennen, müssen Sie darauf abheben.

Und denken Sie daran: Niemand ist vollkommen – nicht einmal Ihre Familie und Ihre Freunde.

Die Zusammenarbeit mit Ärzten und anderen Spezialisten

Als Mutter oder Vater eines behinderten Kindes lernen Sie rasch, daß viele der besonderen Bedürfnisse Ihres Kindes die Teilhabe verschiedener Spezialisten an Ihrem Leben erfordern. Je nach Krankheit oder Behinderung Ihres Kindes werden Sie Spezialisten aus einem breiten Spektrum von Disziplinen kennenlernen, die Ihnen auf medizinischem, pädagogischem, sozialem oder psychologischem Gebiet mit Rat und Tat zur Seite stehen.

Sie werden die unterschiedlichsten Erfahrungen machen mit den Spezialisten, die Ihnen im Laufe der Zeit begegnen. Sie werden feststellen, daß auch Spezialisten nicht vollkommen sind, daß die meisten von ihnen sich jedoch aufrichtig darum bemühen, Ihnen die bestmögliche Behandlung für Ihr Kind zu bieten.

1. Ihre Haltung gegenüber Ärzten und anderen Spezialisten wird sich verändern, je nachdem in welchem Stadium des Anpassungsprozesses Sie sich befinden und je nachdem wie zufrieden oder enttäuscht Sie über die Angebote für Ihr Kind sind.
2. Professionelle Hilfe zu finden und ihre Qualität abzuschätzen, ist eine der schwierigeren Aufgaben; Sie werden merken, daß Sie allmählich zu »professionellen Eltern« werden.
3. Als »professionelle Eltern« sind Sie die Fürsprecher Ihres Kindes in der professionellen Helfermannschaft, Sie koordinieren die verschiedenen Maßnahmen und versuchen, eine zu starke Aufsplitterung der Betreuung zu vermeiden.

≡ Ihre Einstellung zu Ärzten und anderen Spezialisten

Wenn Sie noch mit den starken Gefühlen der Überlebensphase zu kämpfen haben, sind Sie vermutlich unsicher und überfordert damit, die »richtigen« Spezialisten zu finden; Sie wissen nicht, was Sie fragen und wie Sie mit Empfehlungen umgehen sollen. Vielleicht stehen Sie voller Ehrfurcht vor Ihren Ärzten und wagen es nicht, deren Autorität und Macht zu hinterfragen; vielleicht meinen Sie, sie könnten Heilung bringen und die Probleme Ihres Kindes verschwinden lassen.

In der Überlebensphase sind Sie vermutlich vielen Ärzten und anderen Fachleuten gegenüber passiv und unsicher. Womöglich trauen Sie sich nicht, Fragen zu stellen, um die Erklärung von Antworten zu bitten, »warum?« oder »warum nicht?« zu fragen oder anderer Meinung zu sein. Sie sitzen stundenlang in überfüllten Wartezimmern, lassen sich in fünf Minuten abfertigen, nehmen es hin, daß man Sie kritisiert oder niederredet. In Ihrer Enttäuschung werden Sie irgendwann wütend und nehmen sich vor, nie wieder zu diesem Arzt zu gehen – aber das bringt Sie auch nicht weiter. Außerdem schieben Sie damit dem Arzt den Schwarzen Peter zu, statt selbst einen Teil der Verantwortung zu übernehmen. Wenn Sie jedoch der Auffassung sind, daß Sie für die Probleme Ihres Kindes keine Hilfe von Fachleuten brauchen – weil Sie glauben, daß sich das gibt oder daß andere die Behandlungsbedürftigkeit maßlos übertreiben – werden Sie vermutlich jeder Art von Beratung aus dem Weg gehen oder alle Empfehlungen ablehnen.

Sobald Sie spüren, daß Sie mehr Kontrolle besitzen und ahnen, wo es langgeht, können Sie Ihre Energie stärker auf die äußere Suche konzentrieren. Sie wissen jetzt besser mit dem Gesundheitssystem umzugehen und wollen alles in Anspruch nehmen, was es zu bieten hat. Sie treten jetzt fordernder und bestimmter auf, und manchmal ist es gar nicht so leicht, mit Ihnen zu verhandeln. Sie sind sich nun darüber im klaren, daß Profis der verschiedensten Art Ihr Kind über längere Zeit auf seinem Lebensweg begleiten werden und Sie gut funktionierende Beziehungen zu ihnen aufbauen müssen. Ihre Erwartungen, was Fachleute können und nicht können, werden immer realistischer, und wenn die Phase der Normalisierung einsetzt, beginnen Sie, Ihre Beziehungen zu Spezialisten objektiver und differenzierter zu betrachten.

Sobald Fragen der Trennung in den Vordergrund treten, kehrt womöglich das Gefühl zurück, unbedingt irgendwelche Angebote ausfindig machen zu müssen, Angebote, die die Selbständigkeit Ihres Kindes fördern.

Zu dieser Zeit verfügen Sie wahrscheinlich über eine ausgesprochene Geschicklichkeit im Umgang mit Ärzten und anderen Spezialisten, doch vielleicht sind Sie auch etwas desillusioniert. Es ist gut möglich, daß einige Gefühle aus der Überlebensphase, wie Angst, Wut, Hilflosigkeit, wieder auftauchen.

≡ Wie Sie sich die Beziehungen zu Ärzten und anderen Spezialisten wünschen

Die Spezialisten, die Sie mögen und denen Sie vertrauen, setzen sich hin, hören Ihnen zu, sehen Sie beim Gespräch an, nehmen Sie als Gesprächspartner ernst, sehen das Positive in Ihrem Kind, geben zu, wenn sie etwas nicht wissen, und sind bereit, nachzuforschen oder Sie zu jemandem zu schicken, der darüber mehr weiß. Wenn Sie über längere Zeit mit jemandem vom Fach zusammenarbeiten sollen, dann wollen Sie sichergehen, daß dieser Mensch Ihr Kind kennt, gerne mit ihm arbeitet, erreichbar ist, wenn man ihn braucht, und Ihnen nicht die Hoffnung raubt.

Stephanie: *Jede Familie sollte an Frühförderungsmaßnahmen teilnehmen können, egal ob das Kind behindert ist oder nicht. Die Leute dort geben einem ein so gutes Gefühl, was das Kind und die eigenen elterlichen Bemühungen angeht. Man fühlt sich immer gestreichelt.*

Susi: *Aber manchmal war es schon verwirrend; ich bin da rausgegangen und glaubte, mit Betsy sei alles in Ordnung, obwohl ich wußte, daß sie weder laufen noch reden noch sonst etwas tun konnte.*

Janet: *Sie fanden heraus, wo das Kind Stärken hatte, bauten diese aus und machten mich stolz darauf. Das hielt mich aufrecht, wenn ich dann wieder zu Hause war.*

Diane: *Alle Eltern brauchen jemanden, der zu ihnen sagt: »Sie machen das wirklich gut, und es ist auch in Ordnung, Grenzen zu setzen.«*

Janet: *Ryans erster Kinderarzt war wie ein Opa zu ihm. Er sah uns beim Reden in die Augen; er gab uns seine private Telefonnummer und sagte zu den Helferinnen: »Diese junge Frau ist ein Sonderfall, lassen Sie sie nicht warten, wenn sie kommt.« Ich klammerte mich an alles Positive, was er über Ryan sagte. Und er erkundigte sich auch immer nach meinem Mann.*

»Ich will Ihnen nur sagen, daß es in Familien mit behinderten Kindern leicht zu Eheproblemen kommen kann. Ich weiß nicht, ob das bei Ihnen der Fall ist, aber wenn, kann ich Ihnen ein paar Spezialisten empfehlen.« Als er das sagte, war ich etwas pikiert, aber später habe ich mir gedacht, es war wirklich wichtig.

Diane: Alle unsere Ärzte kannten einander und arbeiteten zusammen. Sie sprachen auch ganz konkret über die finanziellen Seiten. Bei jedem Termin fand ein anderer irgend etwas, was mit Catherine nicht in Ordnung war. Eines Tages fragte einer unserer Kinderärzte: »Und wie geht es der Mama?« Er berührte meinen Arm, und ich brach in Tränen aus. Er machte die Tür zu, setzte sich und sagte: »Erzählen Sie mir, was in Ihnen vorgeht. Ich möchte es gerne verstehen.«

Stephanie: Die Sorgfalt unseres Kinderarztes hat uns sehr geholfen, die Betreuung und Pflege von Emma zu verbessern. Er vermittelte uns das bestmögliche Programm in unserer Region, nachdem er alle Angebote abgecheckt hatte.

Susi: Die MTA im Krankenhaus geben einem für einen Moment das Gefühl, das prächtigste Kind der Welt zu haben. Sie haben eine ganz besondere Art, und du merkst, daß sie wirklich gerne mit diesen Kindern zu tun haben.

Diane: Ja, aber zuerst mußt du viele von ihnen überzeugen, daß du dabei sein willst und daß du ein Recht dazu hast, dabei zu sein. Du mußt dich mit einer Menge Leute herumschlagen, die dich von deinem Kind trennen wollen, weil es »Vorschrift« ist.

Susi: In den Fördereinrichtungen findet man viele hochqualifizierte Leute. Die Therapeuten und Pädagogen haben soviel Erfahrung mit so vielen Kindern, und mir kommt es so vor, als seien sie immer auf dem neuesten Stand des Wissens.

☰ Schwierigkeiten bei der Suche nach professioneller Hilfe

Bei Ihrer Suche nach geeigneten Einrichtungen und Förderangeboten für Ihr Kind werden Sie einiges erleben (oder von anderen hören). Es gibt einfach alles, vom Sonderschullehrer, der die Mutter eines Kindes mit Down-Syndrom fragt, ob das ein Geburtsschaden sei, bis zum Chirurgen, der bei einer orthopädischen Operation ein fünf Zentimeter langes Stäbchen im Fuß eines Vierjährigen »vergißt«.

☰ Die geeigneten Einrichtungen finden

Am Anfang wissen Sie vermutlich nicht, welche Arten von Einrichtungen und Diensten für Ihr Kind in Ihrer näheren Umgebung existieren. Die Angebote sind oft nicht koordiniert und in verschiedenen Regionen auch unterschiedlich. Wenn Sie Kontakt zu einer Klinik, einer Frühförderoder Beratungsstelle, einem Spezialisten, zum Beispiel einem Kinderarzt, haben, so fragen Sie, welche Maßnahmen für Ihr Kind von Nutzen sein können und wer Ihnen eventuell weiterhilft. Fragen Sie nach sozialpädiatrischen Zentren oder spezialisierten Kliniken und Abteilungen an Kinderkliniken; fragen Sie nach Frühförderstellen; fragen Sie nach anderen Beratungsstellen, nach familienentlastenden und anderen sozialen Diensten in Ihrer Region; fragen Sie nach anderen Eltern mit ähnlichen Problemen und nach Selbsthilfegruppen und Selbsthilfeorganisationen. Sie müssen eine ganze Menge telefonieren. Lassen Sie sich nicht entmutigen.

Professionelle Dienste, Hilfsmittel, medizinische und andere Leistungen sind sehr teuer. Viele Belastungen werden durch Versicherungen oder durch staatliche Leistungen aufgefangen (z.B. Krankenversicherungen, Sozialhilfe in der Bundesrepublik und Österreich, Invalidenversicherung in der Schweiz, Pflegeversicherung in der Bundesrepublik).

Die Sicherungssysteme und Hilfe-Möglichkeiten sind in Deutschland, der Schweiz und Österreich relativ vielfältig ausgebaut, allerdings auch recht verschieden und unübersichtlich. Grundsätzlich werden im medizinischen wie auch im sozialen Bereich die Mittel knapper. Kürzen von Leistungen, Erhöhen von Zugangsschwellen, Eigenbeteiligungen und unklare Zuständigkeiten von Kostenträgern sind einige Folgen dieser Verknappung.

Ihre persönlichen finanziellen Belastungen in Grenzen zu halten ist möglich, wenn Sie sich informieren und die Leistungen, die Ihnen angeboten sind, auch ausschöpfen. Dies kann mit viel Verwaltungs- und Behördenkontakten verbunden sein, zu denen Sie nicht immer die Nerven haben werden. Finanzielle Belastungen größeren Ausmaßes können auf Sie zukommen, wenn Sie sich für Formen der Therapie oder Förderung entscheiden, die nicht zu den anerkannten Maßnahmen gehören.

Krankenkassen und Ämter können Sie beraten; zum Teil sind sie dazu sogar verpflichtet. Große Kliniken, sozialpädiatrische Zentren und auch Frühförderstellen haben Kenntnisse über die Rechtslage und Erfahrung oder vermitteln Ihnen kompetente Berater.

Die Auswahl von Ärzten und anderen Spezialisten

Möglicherweise haben Sie nicht immer freie Hand in der Auswahl Ihrer Fachleute. Je nachdem, wie Sie versichert sind und wo Sie leben, haben Sie mehr oder weniger Wahlmöglichkeiten bei Ärzten, Schulen oder speziellen Therapieformen. Wenn Sie in einer Großstadt leben, haben Sie unter Umständen ein großes Angebot, doch das bringt wieder andere Probleme mit sich.

Die Spezialisten informieren

Es kann von Vorteil sein, die Spezialisten, mit denen Sie wegen Ihres Kindes zusammenarbeiten, mit Informationen zu versorgen. Sobald Sie wissen, daß Sie mit einem bestimmten Spezialisten zusammenarbeiten werden, können Sie ihm beispielsweise eine schriftliche Zusammenfassung der *ganzen* Geschichte Ihres Kindes (also nicht nur mit Blick auf den Teil, mit dem er sich beschäftigen wird) übergeben. Geben Sie allen auch eine Liste der anderen Fachleute, die im Leben Ihres Kindes eine Rolle spielen.

Zeit und Kraft finden

Die Suche nach professioneller Hilfe kann sich aufwendig und schwierig gestalten. Wenn Sie auf dem Land wohnen, und sich die einzige Schule, der einzige Arzt und die einzige Logopädin im Umkreis von zwei Kilometern befinden, kann das Leben unter Umständen relativ einfach sein (sofern das alles ist, was Ihr Kind braucht). Aber viele Eltern müssen sich durch einen Dschungel von Ämtern, Einrichtungen und Angeboten durchfragen; sie verbringen Stunden am Telefon, füllen endlose Formulare aus und sitzen auf Klinikfluren herum. Dabei haben sie oft das Gefühl, recht unpersönlich behandelt zu werden.

Finanzierungsfragen sind sehr kompliziert. Die medizinischen und sozialen Sicherungssysteme sind in einem grundlegenden Umbau begriffen, und in vielen Bereichen herrscht große Unsicherheit, was noch gilt und was nicht mehr gilt. Die Wahrscheinlichkeit ist groß, daß die Sicherungssysteme am Ende weniger leisten können als vorher. Viele regionale Stellen (z.B. Frühförderstellen, Kliniken, Selbsthilfegruppen) und überregionale Organisationen (z.B. Wohlfahrtsverbände, Interessenverbände) sind aber mit Ihnen solidarisch und werden Sie nach Kräften unterstützen, die Möglichkeiten herauszufinden, die Ihnen zustehen.

Die Qualität der professionellen Leistungen beurteilen

Manchmal werden Sie nicht umhinkommen, einen Spezialisten aufzusuchen, ob Sie ihn persönlich nun mögen oder nicht. Aber manchmal hinterfragen wir die Leistungen, die für uns oder unsere Kinder erbracht werden, einfach nur deshalb nicht, weil wir nie die Möglichkeit hatten, die Qualität einer Leistung zu beurteilen und uns vielleicht anders zu entscheiden. Sie haben das Recht – und die Pflicht – sich selbst folgende Fragen zu stellen:

Greift die Maßnahme?

Es kann vorkommen, daß Sie sich nicht sicher sind, ob eine therapeutische Maßnahme greift, aber auch nicht sicher genug, um sie zu beenden. Wir sind so sehr an schnelle Ergebnisse gewöhnt, daß es oft schwer ist, bei der Stange zu bleiben, wenn man keine deutlichen Fortschritte sieht. In solchen Fällen sollten Sie engeren Kontakt zum Therapeuten suchen, um sich von ihm die Behandlungsziele und -maßnahmen erklären zu lassen.

Steht der Therapeut hinter Ihnen und Ihrem Kind?

Manche Spezialisten scheinen sich über das Fachliche hinaus nicht wirklich für die Eltern und/oder ihre Kinder zu interessieren. Eltern wünschen sich Hilfe, Zuwendung und Geduld von den Fachleuten und sind logi-

scherweise überrascht, wütend oder traurig, wenn sie bei Untersuchungs-
und Gesprächsterminen in fünf Minuten abgefertigt werden. Manche
Spezialisten sehen nur den Teil des Kindes, auf dessen Behandlung sie
spezialisiert sind. Manchmal reicht das, wenn Ihr vordringliches Ziel ist,
bestimmte Problembereiche in die Obhut bestimmter Spezialisten zu geben, und Sie von jemand anderem Hilfe und Zuwendung erhalten.

*Janet: Ich war mit Ryan bei einer seiner Fünf-Minuten-Routinekontrol-
len. Wir hatten fast dreieinhalb Stunden gewartet. Ich fahre von uns aus
eine Stunde bis dorthin und mußte Ryan deswegen aus der Schule nehmen. Außerdem hatte ich noch die beiden Babys dabei. Als der Doktor endlich kam, sagte ich: »Wissen Sie, wie lange ich gewartet habe?« und hörte
wieder einen dieser wunderbaren Sätze: »Nein, wie lange? Wir haben viel
zu tun.«*
*»Ich habe auch viel zu tun«, gab ich zurück. »Ich war pünktlich da, und
die Helferin an der Anmeldung hat sich ziemlich ruppig benommen.« (Ich
beschloß, alles loszuwerden, solange ich noch am Zug war.)*
*»Wir können nie genau sagen, wie lange es mit einem Patienten dauert, das
müssen Sie doch verstehen.«*
Ich sagte: »Da täuschen Sie sich aber.«
*Er sagte, es täte ihm leid. Ich bin sicher, daß es vergebens war und er sich
nicht ändern wird. Aber welche Wahl habe ich? Es ist ein spezielles Problem und eine spezielle Klinik. Manchmal kann man es sich nicht aussuchen.*

Sind Fachleute zu pessimistisch?

Manche Fachleute nehmen eine negative Haltung zu einem Problem ein und sind pessimistisch, was die Zukunft angeht. Viele sprechen mit
großer Bestimmtheit über die Prognose: »Mit drei Jahren kann Ihr Kind
vielleicht laufen und reden, aber es wird selbstverständlich niemals heiraten oder einem Beruf nachgehen können.«

Sind Fachleute zu optimistisch?

Manche Fachleute sind allzu optimistisch und spielen das Problem
herunter: »Keine Sorge, das gibt sich mit der Zeit« oder »Mit der Operation
haben wir das Problem für immer beseitigt«.

Lassen Sie sich von Titeln und Fachchinesisch beeindrucken?

Wenn Sie mit vielen Spezialisten sprechen müssen, können Sie von Titeln, Informationen und Empfehlungen regelrecht überwältigt werden. Gerade im medizinischen Bereich erwarten wir oft eine Art magischer Heilkraft; wir glauben, die Ärzte müßten die Macht haben, zu heilen, zu reparieren. Je höher das Podest ist, auf das wir sie stellen, desto tiefer fallen sie, wenn wir über ihre begrenzten Möglichkeiten enttäuscht sind.

Stephanie: Alles in allem lernt man dabei, daß auch Spezialisten nur Menschen sind und keine Götter. Und die moderne Medizin bewirkt nicht notwendigerweise Wunder.

Sie werden unterschiedlichen Auffassungen begegnen, die Ihnen vielleicht sogar alle einleuchten. Wenn Ihr Kind zum Beispiel gehörlos ist, erfahren Sie von verschiedenen Möglichkeiten der Erziehung zur Kommunikation: lautsprachliche Erziehung, Gebärdensprache, lautsprachbegleitende Gebärden, »total communication«...

Wenn Ihr Kind in die Schule kommt, werden Sie von verschiedenen Schul- und Unterrichtsformen für behinderte Kinder hören: Integration, Förderschule, Förderzentrum, mobile sonderpädagogische Dienste in allgemeinen Schulen, innere und äußere Differenzierung, Förderunterricht...

Viele Leute, die mit behinderten Kindern arbeiten, hängen einer bestimmten Theorie und Methode an und haben ihre eigene Vorstellung davon, was funktioniert und was nicht.

Es kommen schwierige Entscheidungen auf Sie zu, sobald Sie Ihr Kind in irgendwelche Einrichtungen aufnehmen lassen wollen. Wenn Ihr Kind eine verzögerte Entwicklung hat, müssen Sie entscheiden, ob Sie es in einen regulären Kindergarten geben wollen, wo es seinen Altersgenossen in punkto Koordination, Sprach- und Spielfähigkeit hinterherhinkt. Andererseits könnte es in einem regulären Kindergarten andere Kinder beobachten und mit ihnen spielen, was vielleicht eine Motivation wäre. Ideal wäre ein gemischter Kindergarten mit vielen Kindern unterschiedlicher Entwicklungsstufen, doch davon gibt es nur wenige. Einige Eltern haben mir erzählt, daß sie für ihre Kinder gerne unterschiedliche Angebote zu unterschiedlichen Zeiten hätten. Diese Eltern bevorzugen zu einem bestimmten Zeitpunkt die spezielle und individuelle Förderung und zu einem anderen die Integration in eine möglichst realitätsnahe Umgebung.

Wieviele Tests braucht Ihr Kind?

Manche Fachleute sind überhaupt nicht mehr zu bremsen und finden immer noch einen weiteren Test, den man machen könnte. Sie müssen irgendwann »halt« sagen, auch auf die Gefahr hin, daß man Ihnen das Gefühl vermittelt, Sie täten nicht alles, was möglich ist. Andere Spezialisten sind nicht in der Lage, ohne Fachchinesisch zu reden, und Sie haben Angst, für dumm gehalten zu werden, wenn Sie fragen, wovon um Himmelswillen die Rede ist.

Janet: Ryan war zwei Jahre alt, und uns ging es prima. Wir waren zu einer Routinekontrolle bei einem Facharzt bestellt. Der Arzt untersuchte ihn von oben bis unten.

»Er hat eine Mikrognathie; wir müssen den Kiefer aufbauen. Er soll nicht auffallen. Die Stirn schiebt sich vor; das hört vielleicht von alleine auf, wenn es aber so weitergeht, müssen wir möglicherweise die Lobi abtragen.« So etwas hatte ich in meinem Leben noch nicht gehört. Ja, er hatte eine vorspringende Stirn, aber was macht das schon!

»Sein Mund ist eine Katastrophe. Die Zähne sind so angelegt, daß sie übereinander zu stehen kommen würden. Der obere Gaumen ist zu kurz. Wir müssen die Trachealkanüle entfernen, aber im Augenblick ist sie noch ganz nützlich für die ganzen Operationen, die er jetzt braucht. Außerdem müssen wir seine Skoliose im Auge behalten. Wenn wir Pech haben, entwickelt er einen Buckel, den er sein Leben lang behalten wird.«

Guter Gott, als ich da raus kam, kam ich mir vor wie Frankensteins Mutter. Er würde eine Maske tragen müssen, alle würden ihn auslachen. Und Ryan hatte das alles mitangehört! Ich habe keine Ahnung, wieviel er davon verstanden hat, aber er wußte, daß es keine dieser »Mami, Mami, er hat überhaupt nicht gebohrt!«-Veranstaltungen war.

Ich rief Diane an und heulte mich aus. Dann wandte sie einen Trick an, den ich sonst immer bei ihr mache. Nachdem alles aus mir herausgesprudelt war, sagte sie mit ihrer ruhigen Art: »Und wann wollen die das alles machen?«

Das brachte mich zum Lachen. Ich merkte, daß ich mir die Kontrolle hatte nehmen lassen. Ich war nicht fähig gewesen, Fragen zu stellen oder mehr Informationen zu verlangen. Ich hatte einfach hilflos reagiert. Das war mir eine echte Lehre: Man muß immer auf alles vorbereitet sein.

Können Sie sich im Umgang mit Ärzten und anderen Fachleuten behaupten?

Wie gut kommen Sie mit folgenden Situationen zurecht?
Ordnen Sie sich einen Wert von 1–3 zu
(3 = Das klappt sehr gut, 2 = Das funktioniert manchmal,
1 = Hier bräuchte ich Hilfe oder mehr Übung).

1. Erscheinen Sie bei einem Gespräch mit einem Spezialisten selbstbewußt und ohne Nervosität? ☐
2. Bitten Sie einen Spezialisten, Fachbegriffe oder Verfahren zu erklären, wenn Sie sie nicht verstanden haben? ☐
3. Geben Sie zu erkennen, wenn Sie mit einer Diagnose oder mit einer Empfehlung nicht zufrieden sind? ☐
4. Stellen Sie einen medizinischen Eingriff in Frage, wenn Sie ihn für unnötig oder verzichtbar halten? ☐
5. Rufen Sie einen Spezialisten an, um ihm am Telefon eine Frage zu stellen oder ein Problem mit ihm zu besprechen? ☐
6. Sagen Sie es, wenn Sie gerne eine zweite Meinung hören möchten? ☐
7. Bitten Sie um eine Kopie der Arztberichte für Ihre Unterlagen? ☐
8. Sagen Sie es, wenn Sie mit der Behandlung bzw. mit der Betreuung zufrieden sind? ☐
9. Machen Sie während eines Gespräches Notizen, ohne sich dabei unwohl zu fühlen? ☐
10. Bleiben Sie ruhig und unbeirrt, wenn ein Fachmann ärgerlich oder ungeduldig wird, wenn er Sie herablassend behandelt oder nicht ernst nimmt? ☐
11. Verhandeln Sie mit Therapeuten, um den Behandlungsplan zu kürzen oder zu erweitern (beispielsweise Behandlungstermine, Kosten, Zahnspange)? ☐
12. Bringen Sie eine (Fach-)Person Ihres Vertrauens zum Gesprächstermin mit? ☐
13. Bleiben Sie ruhig und selbstsicher, wenn Sie sich über einen Spezialisten geärgert haben? ☐
14. Bitten Sie einen Arzt um mehr Zeit oder ein Folgegespräch, wenn Sie das Gefühl haben, daß noch Fragen offen sind? ☐
15. Gehen Sie mit einem Gefühl aus dem Gespräch, daß Sie erfolgreich um eine klare eindeutige Information nachgefragt haben und daß alle Ihre Fragen und Sorgen angesprochen wurden? ☐

≡ Erfolgsstrategien

≡ Professionelle Eltern

Wenn Sie sich informiert, entschieden und selbstbewußt geben, werden Sie feststellen, daß Sie von den meisten Fachleuten ernstgenommen werden; diese erkennen an, was Sie längst wissen – daß Sie ein Experte sind, was Ihr Kind angeht. Ärzte und andere Spezialisten fungieren als Berater für Sie: Sie bezahlen für deren Wissen, deren Erfahrung und deren Fertigkeiten.

Sie selbst sind der Fürsprecher Ihres Kindes und der Kapitän der Helfermannschaft. Sie sollten wissen, wo Ihre Stärken und Schwächen liegen, in welchen Situationen Sie sich behaupten und woran Sie noch arbeiten müssen.

≡ Ihre Aufgaben als »Profi«

Am Anfang schauen Sie selbstverständlich immer auf die professionellen Helfer, wenn es darum geht, für Ihr Kind eine Diagnose zu stellen, eine Behandlung auszusuchen oder selbst etwas dazuzulernen. Je mehr Sie über die besonderen Bedürfnisse Ihres Kindes wissen – und über die Gesamtheit seiner Bedürfnisse, über seine Vorlieben und seinen Charakter –, um so mehr verändert sich Ihr Verhältnis zu Fachleuten. Sie werden allmählich zum »Vollmitglied« in der Helfermannschaft Ihres Kindes, und Sie sind die zentrale Anlaufstelle für alle anderen. Niemand kennt Ihr Kind besser als Sie; Sie wissen, wieviele und welche Eingriffe Ihr Kind und Ihre Familie ertragen; Sie wissen, wieviel Sie sich finanziell leisten können. Ihr Part besteht darin, auf das Gleichgewicht zu achten und gegebenenfalls Grenzen zu setzen.

1. *Dokumentieren Sie die Krankengeschichte Ihres Kindes.* Notieren Sie alle Kontakte mit Ärzten, Therapeuten und Schulen. Sie werden staunen, wie oft man Sie bittet, die Krankengeschichte Ihres Kindes in irgendein Formular einzutragen. Machen Sie sich Kopien von jedem Schriftstück, das erspart Ihnen eine Menge unnötiger Arbeit. Manche Eltern tragen alles in ein Notizbuch mit verschiedenen Kapiteln ein, andere brauchen einen ganzen Aktenschrank.

2. *Suchen Sie sich einen medizinischen Koordinator.* Wenn Ihr Kind zu verschiedenen Spezialisten gehen muß, wählen Sie einen – vielleicht den Kinderarzt – zum medizinischen Koordinator. Lassen

Sie Kopien von allen Berichten und Testergebnissen an ihn schicken, und halten Sie ihn auf dem laufenden über anstehende oder getroffene Entscheidungen, wenn Sie Probleme haben, die geeigneten Betreuungseinrichtungen zu finden, und so weiter und so fort. Auf diese Weise werden Sie häufig schneller an die richtige Person verwiesen, und viele Fachleute sind froh, wenn sie wissen, es gibt einen Arzt, der die gesamte medizinische Betreuung des Kindes überblickt.

3. *Dokumentieren Sie die Fortschritte und die Probleme Ihres Kindes zu Hause.* Wenn Sie eine Videokamera besitzen, filmen Sie kleine Szenen, die Ihr Kind beim Spielen, Essen und in der Bewegung in seinem vertrauten Umfeld zeigen. Das kann besonders dann für Gesprächstermine oder Beurteilungen wichtig sein, wenn Ihr Kind gerade zu diesem Zeitpunkt einen »schlechten Tag« hat und seine Fähigkeiten einfach nicht vorführen kann oder mag.

4. *Denken Sie daran, daß Entscheidungen, die Ihr Kind betreffen, am Ende von Ihnen gefällt werden.* Sie wollen soviel Information wie möglich, Sie wollen wissen, welche Alternativen es gibt, Sie möchten die Meinungen anderer Eltern oder anderer Fachleute hören, und Sie wollen Chancen wie Risiken gleichermaßen erfahren.

Susi: Es ist ganz egal, ob du der hysterische, der intellektuelle oder der coole Typ bist – du bist die Mutter, und wenn du die Sache ernst nimmst und dein Kind liebst, dann bist du diejenige, die Bescheid weiß. Du mußt es nur clever anstellen und jede Gelegenheit nutzen, etwas über dein Kind dazuzulernen. Aber die letzte, abschließende Entscheidung, die muß bei dir liegen.

Die Vorbereitung von Arztterminen und Gesprächen

Gehen Sie nicht einfach nur hin. Seien Sie vorbereitet! Nehmen Sie möglichst viele Probleme bereits in Gedanken vorweg. Jeder Schritt, den Sie vorausplanen, gibt Ihnen mehr Selbstvertrauen und Kontrolle. Sie können sich dann leichter entspannen und besser auf unerwartete Probleme reagieren (zum Beispiel wegen eines Staus zu spät kommen, unangenehme Nachrichten erhalten). Sie wollen von jedem Gesprächstermin möglichst viel für Ihr Kind mitnehmen. Sie wollen, daß sich Ihre Beziehung zu Ärzten so positiv, erfolgreich und gleichberechtigt wie möglich gestaltet. Deshalb: Planen Sie voraus!

1. *Seien Sie sich darüber im klaren, was Sie erwarten können und was nicht.* Von einem Spezialisten können Sie Kompetenz auf dem Gebiet erwarten, auf dem er ausgebildet ist, aber erwarten Sie nicht von Ihrem Neurologen, daß er gelernt hat, ängstliche oder wütende Eltern zu beraten, oder vom Lehrer Ihres Kindes, daß er Medikamente verordnet. Und nicht jeder Fachmann ist ein Albert Schweizer oder ein Robert Koch.

2. *Schicken Sie den Spezialisten, die Sie aufsuchen wollen, wenn es angebracht ist, möglichst vorab schon Information zu.* Einen Tag vor dem verabredeten Termin rufen Sie an und erinnern daran, daß Sie schon etwas geschickt haben.

3. *Wenn Sie das Gefühl haben, es hilft Ihnen, nehmen Sie sich jemanden »zur Verstärkung« mit.* Es ist sinnvoll, wenn Ihr Partner oder eine andere Person, die ebenfalls ein behindertes Kind hat, dabei ist. Sprechen Sie mit Ihrer Begleitung darüber, welche Rolle sie spielen soll. Möchten Sie, daß sie sich am Gespräch beteiligt und ebenfalls Fragen stellt, oder möchten Sie, daß sie einfach nur dabei ist? Nehmen sich die Fachleute mehr Zeit und beantworten sie Fragen erschöpfender, wenn beide Eltern da sind? Entscheiden Sie selbst. Vielleicht ist es die schiere Menge, aber vielleicht spielen auch Überbleibsel von sexistischem Verhalten eine Rolle. In jedem Fall nimmt es den Druck von Ihnen, sich an alles erinnern zu müssen, wenn Sie in Begleitung zu einem Gesprächstermin erscheinen.

Stephanie: Ich habe den Eindruck, wir treffen die besseren Entscheidungen, wenn wir zusammen hingehen. Manche Dinge fassen wir unterschiedlich auf, oder uns fallen unterschiedliche Fragen ein. Paul kann wegen seiner Arbeitszeiten nicht überallhin mit, das hat uns gezwungen, die wichtigsten Termine auszuwählen.

Diane: Das Spina-bifida-Team ist so eingespielt, und ich komme zu vielen Ärzten, die mich wirklich respektieren. Aber wir waren auch bei einer Reihe von Spezialisten, die nur mit deinem Mann ernsthaft reden. Einer sprach mit mir, als hätte ich das geistige Niveau eines Goldfischs. Heute verlasse ich den Raum nicht eher, als bis alle meine Fragen beantwortet sind. Wenn dein Mann nicht zu den Terminen mitkommen kann, mußt du eben die Fragen stellen, die er sonst stellen würde.

Janet: Je mehr Verstärkung du mitbringst, desto besser ist es. Unsere Sprachtherapeutin geht mit uns zu unseren Gesprächen über den Förder-

plan, und das macht einen Riesenunterschied. Sie »übersetzt« das ganze Fachchinesisch für mich. Die reden manchmal so schnell, daß man nicht einmal dazu kommt, sie zu unterbrechen.

4. *Bereiten Sie einen Fragenkatalog vor.* Sprechen Sie darüber mit Ihrem Partner oder einem Lehrer oder einer anderen Person, die im Leben Ihres Kindes eine wichtige Rolle spielt. Wenn Sie sichergehen wollen, daß Sie genug Zeit haben, um mit dem Arzt zu reden, dann sagen Sie der Sprechstundenhilfe, bei der Sie den Termin vereinbaren, daß Sie eine halbe Stunde (oder was auch immer) brauchen. Sie können dem Arzt vorab eine Liste mit Fragen schicken oder auf dem Anrufbeantworter eine Nachricht hinterlassen, worüber Sie gerne reden möchten.

5. *Lassen Sie sich möglichst gleich morgens den ersten Termin geben.* Das senkt die Wahrscheinlichkeit, im unvermeidlichen Patientenrückstau steckenzubleiben. Bevor Sie zu Hause losfahren, rufen Sie an und fragen, ob der Therapeut im Zeitplan ist oder einen Rückstand hat. Und wenn Sie länger als 45 Minuten warten müssen, beschweren Sie sich. Beschweren Sie sich beim Chef, nicht bei den Angestellten. Wenn es sich um eine Klinik oder eine andere Einrichtung handelt, beschweren Sie sich beim Verwaltungsgeschäftsführer. Sie haben Ihren Teil der Terminverabredung gehalten und Ihre Arbeitszeit, die Sie nicht bezahlt bekommen, ist genauso wertvoll wie die Arbeitszeit des Arztes, der von Ihrer Versicherung oder gar von Ihnen selbst bezahlt wird.

6. *Wie Sie aussehen, ist nicht ganz unwichtig.* Wenn Sie ernstgenommen werden wollen, geben Sie sich kompetent und verantwortungsbewußt. Werfen Sie sich nicht irgendeinen Fetzen über, sondern kleiden Sie sich bewußt.

7. *Denken Sie an Kinderbetreuung.* Wenn Sie mit Ihrem Kind zu dem Termin erscheinen müssen, den Arzt danach aber noch unter vier Augen sprechen wollen, fragen Sie nach, ob jemand aus der Praxis kurzfristig auf Ihr Kind aufpassen kann. (Wenn Sie regelmäßig mit Ihrem Kind in diese Praxis kommen, ist das sicher möglich, wenn Sie vorher Bescheid sagen.) Andernfalls müssen Sie mit Ihrem Partner zusammen gehen oder jemanden aus dem Bekannten- oder Verwandtenkreis darum bitten, auf das Kind aufzupassen.

—   *Während des Gesprächs*

Sie müssen die Ärzte und Therapeuten nicht unbedingt gut leiden können, die Sie mit oder wegen Ihrem Kind aufsuchen, aber es schadet auch nicht, sich ein wenig darum zu bemühen –, besonders wenn es sich um Leute handelt, mit denen Sie über längere Zeit hinweg zu tun haben werden. Ihre Einstellung wird vermutlich von Ihrem Stand im Anpassungsprozeß beeinflußt, vom Anlaß des Gesprächs, vom Verhalten Ihres Gesprächspartners und von Ihrer Vorbereitung.

1. *Wenn es so aussieht, als ob Sie warten müßten* (trotz aller Bemühungen, das zu vermeiden), fragen Sie, wie lange es dauern wird, und dann gehen Sie noch ein bißchen an die frische Luft, oder Sie bleiben und finden sich drein (machen Sie das Beste draus, wenn Sie es schon nicht ändern können). Ärger und Nervosität bringen Sie keine Minute früher hinein. Sie könnten Ihren Walkman mitnehmen, Ihr Adreßbuch aktualisieren, Weihnachtskarten adressieren, lesen oder einen Brief schreiben. Wenn Sie mit Ihrem Kind dort sind, nehmen Sie Spielsachen mit oder spielen Sie etwas zusammen.
2. *Betreten Sie das Sprechzimmer nicht mit Wut im Bauch.* Manchmal nagen noch Ärger oder Enttäuschung über andere Fachleute an Ihnen, und Sie glauben, gleich eine weitere schlechte Erfahrung zu machen. Lassen Sie Ihren Unmut besser draußen vor der Tür.
3. *Fassen Sie kurz zusammen, warum Sie gekommen sind*, ganz egal, wie oft dieser Arzt Ihr Kind sieht. Lassen Sie sich alles erklären, was Sie nicht verstehen. Fachsprache wird häufig aus Gewohnheit und Bequemlichkeit verwendet; und oft ist die Ausdrucksweise nicht sehr präzise und kann zu Mißverständnissen führen. Legen Sie Ihre Wünsche und Erwartungen dar und fragen Sie, wie diese verwirklicht werden können. Vergewissern Sie sich, daß beide Seiten über Ziele und Pläne für das weitere Vorgehen einer Meinung sind.
4. *Informieren Sie sich.* Wappnen Sie sich mit Fragen. Wenn der Arzt Ihrem Kind beispielsweise Medikamente verordnet, haben Sie das Recht und die Pflicht, soviel wie möglich darüber zu erfahren. Welchen Zweck erfüllen sie? Wie lange müssen sie eingenommen werden – und woher weiß man das? Ist mit Nebenwirkungen zu rechnen, kurzfristig, langfristig? Kann es zu Wechselwirkungen mit anderen Medikamenten kommen, die das Kind bereits nimmt? Welche Alternativen gibt es?

Stellen Sie viele Fragen, lassen Sie nichts weg. Gehen Sie nicht eher aus dem Zimmer, als bis alle Ihre Fragen beantwortet sind. Wenn Ihr Partner Sie zu den meisten Gesprächsterminen nicht begleiten kann, müssen Sie die Rolle des Fürsprechers übernehmen und zu Hause berichten. Machen Sie sich Notizen. Wenn der Arzt nichts dagegen hat, nehmen Sie das Gespräch mit einem tragbaren Kassettenrekorder auf. (Das ist jedoch nur mit Einverständnis des Gesprächspartners erlaubt!)

5. *Fragen Sie nach schriftlichem Informationsmaterial*, wann immer es Ihnen angebracht erscheint, beispielsweise Information über die Krankheit Ihres Kindes oder über öffentliche Einrichtungen, die für Sie maßgebend sind (lassen Sie sich wenigstens den Namen von jemanden nennen, der Ihnen weiterhelfen kann). Wenn Sie sich für die medizinische Fachliteratur interessieren, fragen Sie den Arzt nach entsprechenden Veröffentlichungen, oder bitten Sie ihn um Kopien von Artikeln, wenn ihm diese vorliegen. Wenn Sie mit dem Schulamt oder anderen Behörden zu tun haben und mit diesen über Ihre Rechte und Wahlmöglichkeiten streiten müssen, lassen Sie sich Kopien von Gesetzen und Vorschriften geben. Fragen Sie nach Artikeln und Büchern für Eltern mit behinderten Kindern. Fragen Sie nach anderen Eltern oder anderen Spezialisten, die Ihnen bei einem bestimmten Problem eventuell weiterhelfen können.

6. *Halten Sie sich die Hintertür offen* für die Fragen, die Ihnen unweigerlich einfallen, wenn Sie gerade den Parkplatz erreicht haben, wenn Sie mit Ihrem Partner zu Hause das Gespräch durchgehen oder wenn Sie mit einem anderen Therapeuten Ihres Kindes darüber reden.

7. *Merken Sie sich die Namen der Menschen im Hintergrund* – Sprechstundenhelferinnen, Sekretärinnen –, das macht immer einen guten Eindruck, besonders wenn Sie mit dem betreffenden Fachmann über längere Zeit hinweg zu tun haben. Es gibt immer wieder Fälle, wo Sie anrufen müssen, um einen Termin abzusagen, wenn Ihr Kind krank ist, weil ein Punkt auf der Rechnung unklar ist oder weil Sie wissen möchten, ob Sie sich heute auf längere Wartezeiten einstellen müssen.

——   *Nach einem Gespräch*

Natürlich hoffen Sie, das Sprechzimmer informiert, sicher und mit einem guten Gefühl zu verlassen. Gehen Sie nicht zu hart mit sich ins Gericht, selbst wenn nicht alles perfekt gelaufen ist. Niemand ist vollkommen, und aus diesem Grund ist es wichtig, sich die Hintertür offenzuhalten, damit Sie anrufen können, wenn Sie merken, daß Sie etwas vergessen haben. Und wenn es nötig ist, rufen Sie trotzdem an.

1. *Schicken Sie ein paar Zeilen des Dankes* an Fachleute, die Ihnen durch Rat und Tat geholfen haben. Geben Sie einige Stichworte, aus denen erkennbar wird, warum Sie in der Sprechstunde waren. Die meisten hören nur etwas von Leuten, die sich beschweren wollen. Sagen Sie es auch, wenn die Damen und Herren im Hintergrund zuvorkommend und hilfsbereit waren.

2. *Auch Spezialisten sind nicht vollkommen.* Manche besitzen hohe Kompetenz in ihrem Fachgebiet, hätten aber durchaus ein paar mehr Stunden in menschlichem Miteinander vertragen. Wenn Sie mit dem Umgangsstil oder den Ansichten eines Spezialisten nicht glücklich sind, besonders wenn Sie länger mit ihm zusammenarbeiten möchten, dann sehen Sie sich nach anderen Alternativen um. Oder Sie sprechen mit ihm darüber. Die meisten Spezialisten freuen sich über die Rückmeldungen von Eltern über die Form ihrer Zusammenarbeit, wenn Kritik – im Gespräch oder in einem Brief – positiv formuliert ist und konstruktiv vorgebracht wird.

Susi: Findet ihr es auch so toll, wenn die Leute sagen: »Er ist der beste. Du mußt dein Kind zu ihm bringen?« Heißt das, ich soll ein oder zwei Stunden warten? Vielleicht ist bald ein anderer Doktor der beste; wir sollten ihm einfach die Chance dazu geben. Ich wäge inzwischen eine Menge Dinge gegeneinander ab. Früher habe ich endlos im Wartezimmer eines einzigen Arztes gesessen, weil er angeblich der beste war. Aber wenn man sich umhört, erfährt man auch von ganz tollen neuen Ärzten. Natürlich laufen da draußen ein paar sehr gute herum, aber es sind nicht immer die, die man erwartet.

≡ Die Helfermannschaft

Wenn Fachleute eine positive Einstellung Ihnen, den Eltern eines behinderten Kindes, gegenüber zeigen, sollten Sie sich darum bemühen, daß auch sie gute Erfahrungen mit Ihnen machen. Sie sind Fachleute, was Ihr Kind angeht, und Sie verdienen es, mit den anderen Fachleuten, die Ihnen helfen, Ihr Kind großzuziehen, auf eine Stufe gestellt zu werden. Sie verdienen das, weil Sie Ihren Part gut machen.

Ihr Kind braucht unter Umständen für sehr lange Zeit professionelle Unterstützung. Manche Spezialisten sehen Sie nur kurz. Mit manchen Einrichtungen und Fachleuten haben Sie eine Zeitlang zu tun, vielleicht für ein Schuljahr. Andere, wie Ihr Kinderarzt, Therapeuten, Pflegedienste, können Sie über Jahre hinweg begleiten.

Betreuung und Versorgung sind deshalb oft aufgesplittert. Die Spezialisten sehen nicht, an welchem Punkt Sie einmal gestanden, was Sie geleistet und welche Fortschritte Sie und Ihr Kind erreicht haben. Neue Fachleute springen unterwegs auf den Zug auf und kennen viele der wichtigen Stationen in Ihrem Leben nicht.

Für Ihr Kind kann es schwer sein, mit zersplitterter Betreuung und verschiedenen Ansprechpartnern zurechtzukommen. Sie wollen vielleicht größtmögliche Kontinuität für Ihr Kind, doch das ist oft schwierig, wenn Sie in ein neues Förderprogramm aufgenommen werden oder neue Therapeuten und neue Spezialisten bekommen; und häufig reißt der Kontakt zu denen ab, die Sie früher hatten.

Es ist gut möglich, daß Ihr Kind mehrere Betreuer hat, die sich gegenseitig nicht kennen. Sofern es sich einrichten läßt, organisieren Sie doch hin und wieder »Mannschaftstreffen« für alle, die Ihr Kind betreuen und versorgen – Therapeuten, Lehrer, Babysitter –, damit betonen Sie die ganzheitliche Betrachtung Ihres Kindes. Und Ihr Kind sieht, daß seine Betreuer sich untereinander kennen und seinetwegen in Kontakt stehen.

Aber auch Sie sind von der zersplitterten Betreuung und Versorgung Ihres Kindes betroffen. Es hängt Ihnen zum Hals heraus, Ihre Geschichte immer und immer wieder zu erzählen, Ihr Kind immer und immer wieder an neue Leute und neue Wartezimmer zu gewöhnen. Ein Arzt, den Sie erstmalig aufsuchen, weiß nicht, was Sie durchgemacht und wie hart Sie gearbeitet haben oder wie sehr Sie Ihr Kind trotz seiner vielen Probleme lieben und schätzen. Vielleicht wurden Sie von Fachleuten enttäuscht, bei denen Sie vorher waren, und erwarten nun nicht mehr, daß etwas Besseres nachkommt. Oder Sie waren begeistert von dem Arzt, den Sie zuvor hatten, und sind nun überzeugt, daß niemand an ihn heranreichen könnte.

Die Aufsplitterung der Versorgung stellt auch für die Fachleute ein Problem dar. Nur allzu oft sieht ein Lehrer, ein Arzt oder ein Therapeut ein Kind zu einem bestimmten Zeitpunkt in einer bestimmten Situation. Sie kennen weder das Kind noch die Eltern, sie wissen nicht, wie alles gekommen ist – Spezialisten sehen oft nur einen winzigen Ausschnitt des Lebens. Man könnte es so ausdrücken: Jemand geht ins Kino, wenn der Film schon zur Hälfte gelaufen ist, sieht zehn Minuten zu, geht wieder und versucht dann, sich die ganze Geschichte zusammenzureimen. Fachleute, die Familien nur dann sehen, wenn sie Probleme haben und aus ihrem normalen Umfeld herausgerissen sind, können leicht auf den Gedanken kommen, daß die meisten Familien mit behinderten Kindern ständig leiden.

Doch die meisten Spezialisten, egal welcher Fachrichtung, geben sich große Mühe und versuchen, Ihrem Kind die bestmögliche Betreuung angedeihen zu lassen. Und die meisten Fachleute erkennen auch an, daß Sie ein unverzichtbares Mitglied in der Helfermannschaft Ihres Kindes sind, denn Sie kennen seine ganze Geschichte, Sie wissen um seine Fähigkeiten, seinen Charakter und seine besonderen Bedürfnisse.

***Janet:** Die Sachbearbeiterin bei unserer Krankenkasse kennt uns mittlerweile so gut, daß sie sogar ein Bild von Ryan auf ihrem Schreibtisch stehen hat.*

Auftreten in der Öffentlichkeit

Das schlechte Denken schändet
einzig die Natur, und mißgestalt' heißt man
zu Recht das Böse nur.

Shakespeare

Die Menschen haben die unterschiedlichsten Ansichten über Behinderungen. Manche Leute halten eine Behinderung für eine Tragödie. Andere für ein Geschenk Gottes. Manche glauben, es sei eine Strafe für Sünden, manche halten es für einen zufälligen Schicksalsschlag, andere glauben, es müsse ein Sinn darin liegen. Manche Leute sind der Überzeugung, die Eltern von behinderten Kindern seien erwählt, weil sie ein solches Schicksal tragen könnten, andere halten es für eine Prüfung. Manche glauben, die Eltern von behinderten Kindern müßten außergewöhnlich stark und mutig sein, andere meinen, man müsse sie bemitleiden. Manche Menschen sind der Auffassung, Behinderte sollten völlig in die Gesellschaft integriert werden, andere halten schon Rampen für Behinderte für Verschwendung von Steuergeldern. Manche Menschen meinen, man sollte Behinderte vor den Augen der Öffentlichkeit verbergen – entweder zu Hause oder in Heimen –, manche plädieren für Integration und glauben, daß alle Kinder zusammen erzogen werden sollten, andere befürchten, daß die »normalen« Kinder dadurch im Fortschritt gehemmt würden, wenn sie für ein langsameres Kind ihr eigenes Tempo beim Lernen oder beim Sport herunterfahren müßten.

Wir leben in einer verwirrend widersprüchlichen Welt. Niemand ist vollkommen, aber manche »Unvollkommenheiten« haben mehr bzw. weniger soziales Gewicht als andere. Wäre es nicht phantastisch, wenn man statt »Niemand ist vollkommen« sagen könnte »Jeder ist anders, aber gleichwertig«?

Viele Leute, viele Ansichten. Sie werden einer Menge davon begegnen. Wenn Sie sich mit Ihrem Kind in der Öffentlichkeit bewegen, werden Sie im Kontakt mit Fremden die tollsten Überraschungen erleben.

1. *Fremde verhalten sich Ihrem Kind gegenüber unterschiedlich.* Manche sind interessiert, freundlich, hilfsbereit, manche neugierig, aber unsicher, was sie sagen oder tun sollen, andere sind grob und rücksichtslos.
2. *Sie reagieren auf das Verhalten von Fremden unterschiedlich*, je nachdem in welchem Stadium des Anpassungsprozesses und in welcher Stimmung Sie sich an diesem Tag befinden.
3. *Sie müssen sich bestimmte Strategien zurechtlegen*, wie Sie auf Leute reagieren wollen, die etwas sagen oder tun, das Ihnen oder Ihrem Kind unangenehm ist.

Mögliche Verhaltensweisen von Fremden

Ehrliches Interesse

Manche Menschen, denen Sie zufällig begegnen, zeigen ehrliches Interesse an Ihrem Kind oder an Ihrer Situation. Es gibt Leute, die sind einfach nett, liebe Menschen, die Hilfe anbieten oder Mut zusprechen wollen. Andere kommen auf Sie zu, weil sie sich in einer ähnlichen Situation befinden (oder eine solche kennen) und Ihnen deshalb nachempfinden können. Manche Menschen sind fasziniert oder schlicht nur neugierig. Für sie ist das eine neue Erfahrung, aus der sowohl Sie und Ihr Kind Gewinn ziehen können als auch der Fremde, der seinen Horizont durch diese Begegnung erweitert.

Diane: Als wir das letzte Mal in Disneyland waren, saßen wir gerade bei einem Eiskaffee, als ein älteres Ehepaar an unseren Tisch kam. Die Frau sagte: »Bitte entschuldigen Sie die Frage, aber was fehlt Ihrer Tochter?« Sie war richtig höflich und unaufdringlich.
»Sie brauchen sich nicht zu entschuldigen«, sagte ich. »Unsere Tochter hat Spina bifida.«
»Ich habe es mir fast gedacht. Unsere Enkelin hat ebenfalls Spina bifida. Hat Ihre Tochter denn Probleme mit dem Shunt?« Sie stellte noch einige Fragen zu Krücken und zum Rollstuhl, und als sie ging, sagte sie: »Für

meine Tochter ist das sehr schwer, aber es tut gut zu sehen, daß Sie alle zusammen weggehen und sich vergnügen. Einen schönen Tag noch.«

Susi: *Wir saßen in einem netten Restaurant im Yosemite-Nationalpark. Wir hatten Betsy dabei, und ich war stolz darauf, daß ich sie mitgenommen hatte. Sie hat überhaupt niemanden gestört. Sie benahm sich ganz prima. Als wir mit dem Essen fast fertig waren, blieb ein Ehepaar an unserem Tisch stehen. Sie waren etwas älter als wir und wirkten sehr distinguiert; er bekam schon graue Schläfen. Sie sahen sehr locker aus und machten den Eindruck, als wüßten sie nicht, was Probleme sind. Ich dachte, die haben bestimmt vier Kinder, die alle in Yale studieren, sie verkauft Immobilien, und er ist Gehirnchirurg.*
Die Frau beugte sich über den Tisch: »Wir haben auch so eine Tochter wie Sie. Ihre Tochter macht das ganz toll hier. Guten Appetit.« Das gab mir enormen Auftrieb. Das Schönste war, daß sie Betsy für ihr Benehmen gelobt hatte.

Anschauen und anstarren

Wenn Ihr Kind irgendwie »anders« aussieht, kann es vorkommen, daß die Leute es ansehen oder anstarren, weil sie überrascht, beeindruckt, neugierig, erschreckt oder taktlos sind. Manche Menschen stutzen bei Brillen, Hörgeräten, Krücken, Rollstühlen, bei ungewöhnlichen Gesichtszügen oder Körperformen, wenn Ihr Kind ungewöhnlich oder überhaupt nicht spricht.

Diane: *Manche Leute sehen uns nur mitleidig an. Ich wünschte, mehr Leute würden denken: »Ist das nicht sagenhaft, daß sie vor die Tür gehen und etwas unternehmen und sich von ihrer Behinderung nicht abhalten lassen, etwas zu tun?«*

Janet: *Früher war es auch viel schwieriger, irgendwohin zu kommen, weil viele Plätze einfach unzugänglich waren. Kinder wachsen heute auf in dem Glauben, daß das ganz natürlich sei. Aber denkt doch mal an ältere Leute, die in einer Zeit groß wurden, als man die meisten Behinderten in Heime gesperrt hat.*

Angst und andere unangenehme Gefühle

Wenn sich Ihr Kind »unangemessen« verhält, reagieren viele Leute darauf. Viele Menschen wissen nicht, was sie tun oder sagen sollen, wenn sie Zeugen von ungebärdigem oder aggressivem Verhalten, eigentümlichem Gehabe oder überraschenden Handlungen werden. Solche Verhaltensweisen verunsichern, ängstigen oder erschrecken viele Menschen. Sie zucken deshalb zurück, lächeln nervös, bieten höflich Hilfe an oder zeigen Ekel oder Angst.

Susi: Früher war es mir unangenehm, wenn ich im Supermarkt Kinder mit geistiger Behinderung gesehen habe. Und jetzt stehe ich selbst mit einem hier. Aber ich lege Wert darauf, daß Betsy mitkommt, damit sie lernt, wie sie sich im Supermarkt benehmen muß und entsprechende Erfahrungen sammelt. Aber ich verstehe, was in den anderen Leuten vorgeht. Viele fürchten sich vor geistig Behinderten, weil sie ein bißchen anders aussehen oder sich ungewöhnlich verhalten. Man hat uns nicht beigebracht, wie man damit umgeht. Und was wir nicht kennen, das fürchten wir.

Kommentare

Manche Leute kennen die Lösung für Ihr Problem und lassen es sich nicht nehmen, Sie mit ihrer Weisheit zu beglücken, selbst wenn Sie nicht darum gebeten haben. Andere sind einfach nur grob und taktlos.

Diane: Wir saßen an einem Strand, der einen Zugang für Rollstuhlfahrer hatte, und genossen den Tag, als ein Mann vorbeikam und fragte: »Sprechen Sie englisch?« Ich sagte: »Ja...,« denn mit fremden Leuten am Strand sollte man heutzutage vorsichtig sein.
Er sagte: »Wissen Sie, daß es einen Himmel gibt, in dem es keine Gebrechen gibt und niemand leiden muß?« Ich sah ihn an: »Sehen wir vielleicht unglücklich aus?« Er sah Catherine an: »Weißt du, daß du im Himmel vollkommen sein wirst?«
An diesem Punkt hätte ich eine ganze Menge sagen können, aber ich wollte das Ganze rasch beenden, deshalb erwiderte ich: »Wissen Sie, daß Sie uns stören? Heute ist ein so schöner Tag. Auf Wiedersehen.« Als der Mann weg war, sagte Catherine: »Mutti, das hast du richtig gut gemacht.« »Der Depp dachte wohl, mit dir sei was nicht in Ordnung«, gab ich zurück.

≡   ## Wie Sie auf das Verhalten von anderen reagieren können

Erlauben Sie es anderen Leuten, Sie mit ihren Bemerkungen zu verletzen? Werden Sie wütend oder unsicher aufgrund eines Kommentars? Lassen Sie es zu, daß Menschen, die in Ihrem Leben nicht die geringste Rolle spielen, Ihnen den Tag verderben?

Es ist schwer, *nicht* zu reagieren, wenn Leute verletzende, taktlose Dinge sagen. Dazu gehört auch das Überraschungsmoment. Die Kommentare und Blicke, die Sie zu erhalten hoffen, sind positiv, bestärkend und aufbauend, und nicht: »Was stimmt denn nicht mit Ihrem Kind?« Wann sind wir endlich soweit, daß »anders« nicht mit »schlecht« oder »falsch« gleichgesetzt wird?

Vielleicht gab es einmal eine Zeit, als Sie selbst Menschen angestarrt haben, die »nicht normal« aussahen oder handelten. Dann können Sie vermutlich verstehen, was in anderen vorgeht, auch wenn deren Verhalten nicht akzeptabel ist. Wahrscheinlich können Sie damit mal besser, mal schlechter umgehen. In manchen Situationen schenken Sie Blicken und Kommentaren einfach keine Beachtung, in anderen lassen Sie sich von der kleinsten Bemerkung völlig verunsichern.

In der Überlebensphase, wenn in Ihrem Seelenleben sowieso alles drunter und drüber geht, lassen Sie die Blicke und Kommentare von anderen eher an sich ran. Wenn Sie sich verletzlich fühlen, betrachten Sie jede kleine Bemerkung als Kritik oder Beurteilung. Wenn Sie sich, was die Behinderung Ihres Kindes angeht, noch unsicher fühlen, werden Sie verlegen, ängstlich oder glauben, sich entschuldigen zu müssen, wenn Sie Ihr Kind mit anderen Menschen zusammenbringen müssen.

Janet: Ich wollte immer gern an einer Mutter-und-Kind-Gruppe teilnehmen. Ich war etwas nervös, aber ich machte mich fein, nahm Ryan und ging hin. Die Leiterin der Gruppe war wirklich nett; Ryan konnte eine Rassel weiterreichen, und sie nahm ihn als Beispiel. Aber seine Absaugvorrichtung und die Trachealkanüle waren nicht zu übersehen. Die anderen Mütter stellten ein paar freundliche Fragen, und ich sagte: »Ja, bei seiner Geburt gab es ein paar Probleme.« Sie beklagten sich, daß ihnen ihre Kinder auch ins Badezimmer nachlaufen, und ich dachte: »Meine Güte, ich wollte, mein Kind könnte das.« Aber es waren ihre Blicke, die mich schließlich vertrieben. Es war ihnen unangenehm, Ryan anzusehen; sie sahen nicht ihn, sondern die Geräte. Ich konnte es nicht ertragen, daß sie ihn so ansahen.

Wenn Sie im Suchstadium sind, gibt es Tage, an denen Sie sich berufen fühlen, jeden Fremden aufzuklären, dessen Blick Sie streift. Manchmal kommen Sie sich vor wie der Botschafter aller Eltern mit behinderten Kindern, und Sie wollen informiert, ruhig, organisiert, konform, tapfer, stark, glücklich und wie Herr der Situation aussehen.

An manchen Tagen, besonders wenn die Normalisierungsphase eingesetzt hat, macht Ihnen das alles nichts aus und sogar, wenn Sie das hier lesen, denken Sie: »Was soll der Aufwand?« Aber es gibt auch andere Tage: Es regnet, Sie sind zu spät dran, Sie haben schlechte Laune, Ihr Kind ist hungrig, müde oder krank, und die Läden sind überfüllt; wenn jetzt jemand etwas sagt, fühlen Sie sich vielleicht wieder verletzt oder in die Enge getrieben, und sei es nur für ein paar Momente.

Diane: Ich war mit Catherine in einem Laden, kurz nachdem sie eine ihrer Operationen hatte, und die Kassiererin sagte – ziemlich grob und direkt vor ihr: »Warum hat sie diese Balken an den Füßen?« Es war kein guter Tag für eine solche Frage, und ich beschloß, ihr einen Dämpfer zu verpassen: »Sie ist gelähmt«, flüsterte ich.

Nichtsdestotrotz gibt es Tage, an denen Sie mit anderen Menschen ungeduldig werden und Sie ihre Dummheit absolut nicht begreifen können. An manchen Tagen haben Sie Verständnis für ihre Gefühle, an anderen versuchen Sie, ihre Ansichten zu ändern. Und manchmal ist Ihnen einfach alles egal. Sie nehmen hin, daß es alle möglichen Menschen auf der Welt gibt; Sie behandeln sie ruhig und sachlich und lassen sich nicht stören.

Susi: Im Schuhgeschäft habe ich etwas erlebt.

Janet: Ich glaube, die Schuhgeschäft-Geschichte hat jede von uns erlebt.

Susi: Betsy und ich stehen im Schuhgeschäft und warten darauf, bedient zu werden. »Betsy«, sage ich, »bitte komm hierher«. Das ist für sie das Zeichen, sich auf den Boden zu werfen, hin- und herzurollen und zu lachen. Das ist in Ordnung. Ich weiß, daß sie das tut, dann muß ich sie packen, ihr ein wenig ins Ohr flüstern oder singen und sie ein bißchen herumschleifen. Das gehört zum Spiel dazu, auf diese Weise arbeiten wir zusammen.
Der Verkäufer starrte uns an: »Kann sie nicht sprechen?«
»Nein, sie hat andere Probleme.« Ich habe keine Lust, mich darüber auszulassen, deshalb sage ich es freundlich, aber bestimmt, so daß sich der

*junge Mann weitere Fragen verkneift. Vor drei Jahren hätte ich ihm ver-
mutlich meine ganze Lebensgeschichte erzählt. Ich hatte das Gefühl, ich
müßte es aller Welt erzählen. Ich dachte, sie wollten es hören, aber das
stimmt nicht.*

Sie schulden keineswegs jedem eine Erklärung und haben auch
nicht den Auftrag, die Welt zu verändern. (Das können Sie zwar versuchen,
aber Sie müssen es nicht jedes Mal probieren, wenn Sie das Haus verlassen.)
Manchmal allerdings müssen Sie etwas sagen, um Ihr Kind zu schützen und
um sich selbst besser zu fühlen.

Susi: *Sobald Betsy den Raum betritt, gucken viele Leute unsicher und
ängstlich. Sie fällt aus dem Rahmen; sie unterbricht das Gleichmaß.
Früher dachte ich, ich müßte auf die anderen Rücksicht nehmen, aber
schließlich merkte ich, daß für mich Betsy das Wichtigste ist. Auch sie
fühlt sich normalerweise ängstlich und unsicher, und mir liegt daran, für
sie das Beste aus einer neuen Situation zu machen.*

Eine Mutter berichtete mir, daß sie, wenn sie einen schlechten Tag
hat, Hut und Sonnenbrille aufsetzt, dasselbe macht sie mit ihrem Sohn.
Dann setzt sie ihn in seinen Rollstuhl, und los geht's. Sie sagt, die Leute
starren dann immer noch, aber sie denken, sie seien Prominente.

Erfolgsstrategien

So wird der Ausflug zum Erfolg

Viele Eltern können wahre Horrorgeschichten von Schuhkäufen,
Essen in Restaurants und Zoobesuchen erzählen –, besonders wenn die
Kinder noch klein sind und sie selbst noch mit den Problemen der Überle-
bens- und Suchphase zu kämpfen haben.

Es gibt Orte, die Sie mit Ihrem Kind ohne jegliche Schwierigkeit
aufsuchen können, und andere, wo die Katastrophe bereits auf dem Parkplatz ihren Lauf nimmt. Wenn Sie mit Ihrem Kind in der Öffentlichkeit Probleme haben (aufgrund von Verhaltensstörungen, weil es übermüdet oder
überreizt ist, weil es keinen geeigneten Zugang gibt oder weil Sie sich selbst
dabei nicht wohl fühlen), dann probieren Sie es doch einmal mit den folgenden Vorschlägen. Vielleicht läßt sich der Erfolg Ihrer »öffentlichen Auf-
tritte« damit verbessern.

——— *Denken Sie voraus und machen Sie sich einen Plan*

Damit es besser klappt, brauchen Sie mehr Übung. Suchen Sie sich einen problematischen Ort aus. Er sollte einfach zu erreichen sein, und Sie müssen ihn auch nach kurzer Zeit leicht verlassen können, wenn es notwendig ist.

Sie wollen, daß sowohl Sie als auch Ihr Kind jeden Ausflug als Erfolg betrachten, machen Sie es deshalb kurz und vergnüglich:

1. *Wohin wollen Sie gehen?* In den Park, in ein Lokal, in ein Geschäft?
2. *Wieviel Zeit brauchen Sie für Hin- und Rückweg?* Kalkulieren Sie die Aufmerksamkeitsspanne Ihres Kindes mit ein. Bleibt es so lange angeschnallt in seinem Kindersitz? Wie verhält es sich im Auto, im Bus, in der Straßenbahn? Behalten Sie die Ruhe, wenn Sie am Steuer sitzen? Legen Sie den Weg in Etappen zurück, wenn es sein muß.
3. *Wie lange wollen Sie bleiben?* Zehn Minuten? Drei Stunden? Wenn Sie »Wie verhalte ich mich in der Öffentlichkeit?« mit Ihrem Kind und »Wie reagiere ich in der Öffentlichkeit?« für sich selbst üben wollen, gilt die Devise: Je kürzer desto besser.
4. *Mit welchen Außenreizen müssen Sie rechnen?* Zahl der Menschen? Geräuschpegel? Musik? Helle Lampen? Bewegung? Gedränge? Reagiert Ihr Kind auf solche Reize mit Nervosität, Furcht oder Hyperaktivität? Wieviel davon vertragen *Sie?*
5. *Welchem Zweck dient der Ausflug?* Gehen Sie in ein Schnellrestaurant, um Essen in der Öffentlichkeit zu trainieren? Oder wollen Sie ein Video ausleihen, die Haare schneiden lassen oder Lebensmittel einkaufen? Der Grund für den Ausflug hat durchaus Einfluß auf die Begeisterungsfähigkeit, die Laune und die Mitarbeit Ihres Kindes.
6. *Sind der Ort und die Menschen dort neu oder vertraut?* Bei Kindern, die sich in neuen Situationen unwohl fühlen, muß man mit größerer Vorsicht und mehr Vorbereitung zu Werke gehen, als wenn man mit den Freunden aus dem Kindergarten einen Spaziergang zum Spielplatz macht.
7. *Wieviel Hilfe brauchen Sie?* Gehen Sie an einen Ort, wo Sie jemanden zum Tragen, Heben oder Aufpassen brauchen? Mag und akzeptiert Ihr Kind die betreffende Person? Können Sie dieser Person vertrauen?
8. *Gibt es dort Behindertenparkplätze und Zugänge für Rollstuhlfahrer?* Können Sie dort parken, wo Sie wollen, und in das Gebäude gelangen? Sind die Toiletten behindertengerecht?

9. *Haben Sie einen »Fluchtplan«?* Machen Sie sich einen Plan, wie Sie möglichst rasch wegkommen, für den Fall, daß es Probleme gibt – wenn Ihr Kind anfängt zu quengeln, einen Wutanfall bekommt, sich nicht mehr steuern läßt oder wenn Sie genug haben.

Diane: Ich mußte immer darauf achten, daß Catherine die Augen aufhielt und daß nichts auf dem Boden lag, worauf sie hätte ausrutschen und hinfallen können. Wenn wir in irgendeinen Freizeitpark gingen, mußte ich abklären, ob es Rampen für Rollstuhlfahrer gab und was man von uns erwartete. Ich mußte immer vorbereitet sein.

Bereiten Sie sich vor

Achten Sie darauf, in welcher Verfassung Sie selbst sind und ob Sie sich in der Lage sehen, mit Überraschungsmomenten fertigzuwerden. Möglicherweise macht Ihr Kind irgend etwas Unerwartetes, irgend jemand sagt etwas zu Ihnen, oder es gibt keinen geeigneten Zugang, obwohl Sie dessen sicher waren. Bleiben Sie locker und versuchen Sie, den Dingen nicht zuviel Bedeutung beizumessen.

Diane: Eine wirklich positive Erfahrung waren die Konzerte für Jugendliche. Im Veranstaltungskalender stand »Informationen für Behinderte erhalten Sie unter folgender Nummer«. Ich sagte, meine Tochter sei Rollstuhlfahrerin. »Sie kann ganz vorne sitzen.« »Nein«, sagte ich, »wir wollen nicht ganz vorne sitzen. Wir haben noch eine zweite Tochter. Könnten wir vielleicht solche Plätze haben, daß der Rollstuhl im Gang stehen kann?« Na prima, sie gab uns für die gesamte Spielzeit Plätze am Gang und mit Blick auf das Orchester. Aber als wir neulich kamen, war der Aufzug im Parkhaus defekt. Wir mußten sie aus dem Rollstuhl nehmen, ihn durchs Treppenhaus schleppen und ihr beim Treppensteigen helfen. Mit echten Behindertenparkplätzen wäre vieles einfacher.

Schützen Sie Ihr Kind

Wenn Sie all die genannten Punkte bei Ihrer Planung eines Ausflugs berücksichtigen, kalkulieren Sie auch immer die körperliche und seelische Verfassung Ihres Kindes zu der betreffenden Zeit mit ein. Die beste Vorbereitung nützt nichts, wenn Ihr Kind einen schlechten Tag hat. Achten

Sie auf seine Kräfte, seine Aufmerksamkeit, Anpassungsfähigkeit, seine Einstellung zu diesem speziellen Ausflug, seine Toleranz gegenüber neuen Menschen und Situationen, seine Gesundheit und die Tageszeit. Lassen Sie Ihre eigene körperliche und seelische Verfassung ebenfalls nicht außer acht.

Was sagt man fremden Leuten?

Irgendwann wird irgendwo, dann, wenn Sie es am wenigsten erwarten, irgend jemand neben Ihnen stehenbleiben und sagen: »Was fehlt denn Ihrem Kind?« Was Sie brauchen, sind verschiedene Alternativen, darauf zu reagieren. Sie möchten damit jedoch in jedem Fall 1) Ihre Würde bewahren, 2) die Würde Ihres Kindes bewahren und 3) die Möglichkeit haben, das Gespräch entweder zu beenden oder fortzusetzen.

Die genannte Frage kann Sie aufbringen, verlegen machen oder in die Defensive drängen. Sie sollten auch auf plötzliches Erröten, zitternde Hände oder ein paar kurze heftige Atemzüge gefaßt sein. Sobald Sie gewahr werden, daß die Situation schwierig werden könnte, holen Sie einmal tief Luft. (Je mehr Erfahrung Sie mit Menschen in der Öffentlichkeit haben, desto rascher merken Sie, wann Sie etwas tun sollten.) Was sind die Alternativen?

- *Sie könnten die Person einfach nicht beachten und Ihres Weges gehen.* Wenn Sie das wollen, tun Sie, als hätten Sie nichts gehört, oder Sie nehmen Blickkontakt auf, lächeln und gehen weiter.
- *Sie könnten sich verteidigen, wütend werden oder etwas Böses sagen.* Sie können natürlich Ihre Anspannung, Ihren Ärger und Ihren Mangel an Kontrolle zeigen, meistens tut Ihnen das jedoch später leid. Und warum sich den Tag mit Wutausbrüchen oder Verteidigungsreden verderben? Grob und taktlos auf grobes und taktloses Verhalten zu reagieren, ändert vermutlich nichts an der betreffenden Person, aber Sie vergeuden Ihre Energie.
- *Sie könnten zurückfragen.* Beispielsweise, »Was genau möchten Sie wissen?« oder »Warum fragen Sie?« oder »Wie meinen Sie das?« Das eröffnet die Möglichkeit, ein ernsthaftes Gespräch zu führen, wenn es das ist, was Sie wollen.
- *Sie könnten die Frage beantworten und weitergehen:* »Seine Knochen müssen noch etwas wachsen.« – »Sie hat Spina bifida.« – »Er ist so zur Welt gekommen.« – »Sie ist ein bißchen klein für ihr Alter.« – »Seine Beine tun noch nicht recht.« – »Sie hat Down-Syndrom.«

- *Sie könnten etwas ausführlicher antworten*, vor allem, wenn die betreffende Person höflich war und Sie diese Einstellung unterstützen möchten. Sie könnten etwas in der Art sagen: »Er hat eine infantile Zerebralparese. Wissen Sie, was das ist?« – »Sie hat eine Muskelschwäche, aber sonst geht es ihr gut. Danke der Nachfrage.« – »Er kann nicht gut hören, aber wegen ihm hat die ganze Nachbarschaft die Gebärdensprache gelernt.«
  Wenn Ihr Kind dabei ist und nicht unsichtbar, wie viele Leute zu tun pflegen, könnten Sie sich eine Antwort wie diese überlegen: »Warum fragen Sie sie nicht selbst?« oder »Billy, die Dame interessiert sich für deinen Rollstuhl. Kannst du ihr mal zeigen, wie er funktioniert?«
- *Sie könnten es kurz und bündig machen*, etwa indem Sie sagen: »Das ist eine lange Geschichte…« (kaum jemand will anderer Leute Lebensgeschichte hören) oder »Du auch kaufen Gemüse hier?«

Mit kurzen und positiven Antworten kommen Sie normalerweise gut aus der Situation heraus; Sie fühlen sich sicher, haben das Gefühl von Kontrolle und können mit zukünftigen Situationen dieser Art besser umgehen. Dadurch wächst auch die Wahrscheinlichkeit, daß die Person, die die Frage gestellt hat, etwas mehr Feingefühl und Respekt für behinderte Menschen und ihren Familien entwickelt.

Viele Leute, die Fragen stellen oder eine Bemerkung machen, wollen in Wirklichkeit *Sie* testen, um zu sehen, wie Sie reagieren oder um sich zu vergewissern, ob es Ihnen gut geht. Andere Menschen versuchen, von Ihnen Hinweise zu erhalten, wie sie sich verhalten sollen. Wenn Sie ruhig, selbstbewußt und sachlich bleiben, entspannt sich die Situation in der Regel und nimmt oft sogar noch eine Wendung ins Positive.

Stephanie: *Es ist wirklich komisch: Manchmal tritt ein wildfremder Mensch in dein Leben und sagt etwas, das du bis ans Ende deiner Tage im Herzen bewegst.*

Auf dem Spielplatz

Wenn Sie mit Ihrem Kind auf den Spielplatz gehen, erleben Sie, wie Sie von anderen Eltern und deren Kindern angestarrt werden. Vermutlich kommen Ihnen dann verschiedene Arten von Gedanken:

Sie können negative Gedanken haben. Vielleicht sind Sie wütend und denken: »Warum kümmern die sich nicht um ihre eigenen Angelegenheiten?« Vielleicht sind Sie auch verlegen oder unsicher und denken: »Die bemitleiden mich oder mein Kind.«

Sie könnten neutrale Gedanken haben, wie: »Sie scheinen neugierig zu sein« oder »Sie sind wohl überrascht, sie haben sicher noch kein Kind wie Ben gesehen« oder »Sie fragen sich vielleicht, wie ich mich fühle«.

Oder Sie könnten positive Gedanken haben, wie: »Sie halten mich sicher für eine wirklich patente Mami. Ich bin froh, daß ich die sechs Pfund runterhabe« oder »Sie finden Kathy richtig niedlich«.

Auch für Ihr Verhalten gibt es verschiedene Möglichkeiten. Sie könnten Ihr Kind nehmen und gehen, weil die negativen Gefühle die Oberhand gewonnen haben, oder Sie beachten die Leute nicht, weil Sie unsicher oder ängstlich sind oder weil sie Ihnen so wenig nahestehen, daß es Ihnen egal ist, was sie denken.

Eine Alternative wäre es, im Vorübergehen »Hallo« zu sagen oder auf sie zuzugehen. Wenn Sie die anderen ansprechen, können Sie sich ein neutrales Thema aussuchen (z. B. »Gibt es hier irgendwo einen Kiosk, an dem man etwas zu trinken kaufen kann?«), Sie können über deren Kinder sprechen (»Ihr kleiner Sohn sieht wirklich niedlich aus«), oder Sie machen eine Bemerkung über Ihr Kind. Wenn Sie etwas über Ihr Kind sagen wollen, flechten Sie vielleicht etwas über seine Behinderung ein, denn deswegen wird es ja von den anderen angestarrt (»Vicky muß ihre Beinmuskulatur trainieren, und sie kommt gerne hierher in den Park«). Eine weitere Möglichkeit ist, sie auf das anzusprechen, was Sie gemeinsam haben – Ihre Kinder. Sie könnten sagen: »Unsere Kinder haben anscheinend dasselbe Alter« oder »Wir mögen diesen Spielplatz sehr. Kommen Sie auch öfter hierher?« Im allgemeinen brauchen Sie nur an eines zu denken: Geben Sie sich kurz und bündig, seien Sie freundlich und lassen Sie sich nicht beirren.

Selbsthilfegruppen

≡ Wie sich die Mütter aus diesem Buch kennenlernten

Diane: Catherine war neun Monate alt, als wir in das UCLA-Förderprogramm aufgenommen wurden. Ich war so niedergeschlagen und fürchtete mich vor dem, was noch auf mich zukommen würde, ich wollte unbedingt Frauen in der gleichen Situation kennenlernen. Die Mütter-Gruppe war für mich wie eine Therapie – immer wenn ich meine Geschichte erzählte, fing ich an zu weinen, und alle um mich weinten ebenfalls. Aber es wurde von Mal zu Mal leichter. Ich fand es gut, daß es Kinder mit verschiedenen Behinderungen waren. Wenn ich durcheinander war, weil Catherine zwei Operationen in einem Monat haben sollte, erzählte mir eine andere Mutter von ihrem Sohn, der sechs Operationen hatte, und ich dachte mir: »Warum rege ich mich eigentlich auf?«

Es war so hilfreich, Probleme wie dieses einbringen zu können »Was meint ihr, sollten wir noch eine dritte Operation machen lassen?« und dann ganz verschiedene Vorschläge zu hören. Ray und ich konnten sie alle gegeneinander abwägen und uns dann für einen entscheiden. Wir waren schlechter dran als einige, aber auch viel besser als andere; irgendwie glich sich das immer aus. Ich habe gelernt, wie wichtig Humor im Leben ist.

Susi: Betsy war 20 Monate alt, als wir das erste Mal kamen. Ich hatte große Angst davor, in eine Gruppe zu gehen, aber ich tat es, weil alle anderen es taten. Ich dachte, eine solche Gruppe sei langweilig und bierernst, um so mehr hat es mich überrascht und erleichtert festzustellen, daß man hier über einfach alles reden konnte. Die wichtigste Erkenntnis im Saale war, daß das Leben weitergeht. Ich begann, mich wieder zu schminken. Ich

*kam nach Hause und organisierte einen Babysitter, so daß Bruce und ich
endlich wieder einmal weggehen konnten. Ich ging in die Bibliothek, nur
für mich –, das war der ultimative Luxus. Und ich begann, wieder Sport
zu treiben.*

Janet: *Ich kam zur Gruppe, als Ryan etwa 14 Monate alt war. Ich dachte,
ich müßte das aus irgendeinem Grund tun. Erwartet hatte ich Vorträge
und einen Haufen depressiver Mütter, aber es war keines von beidem. In
der Gruppe gab es so was wie eine »Tagesstimmung«. Wenn jemand in einer Krise steckte, beschäftigten wir uns damit. Wenn Susi Gemüse schnip-
peln mußte für ein Büffet, das sie am Abend ausrichten sollte, dann machten wir das. Aber ehrlich gesagt, wir schafften auch beides gleichzeitig
ganz gut. Es gab viel Spaß, viele Tränen, einiges an Wut und jede Menge
Fragen über unser Leben und unsere Zukunft mit den Kindern. Ich habe
mich geborgen gefühlt; ich habe viele Ratschläge und Meinungen gehört,
aber ich hatte niemals den Eindruck, daß jemand über mich richtet.*

Stephanie: *Als ich mich der Gruppe anschloß, war Emma 14 Monate alt.
Ich wollte eigentlich nicht in eine Mütter-Gruppe gehen, weil ich glaubte,
ich bräuchte das nicht. Emma hatte eine leicht verzögerte Entwicklung –
so weit so gut, das lassen wir mal ganz gelassen auf uns zukommen. Ich
wollte nicht zugeben, daß mein Kind eine Behinderung hatte. Ich ließ mich
schließlich von einer anderen Mutter, die nicht alleine gehen wollte, über-
reden mitzukommen. Am Anfang fühlte ich mich von euch allen eingeschüchtert, ihr machtet einen so geschlossenen Eindruck. Ich kam mir vor,
wie neu in der Klasse. Ihr kanntet euch schon über ein Jahr und wart so
vertraut miteinander. Ihr habt euch die unmöglichsten Witze erzählt, und
ich war schrecklich brav.
Nach ein paar Treffen habe ich von Dingen aus der Gruppe profitiert, die
nichts mit Emma zu tun hatten. Ich habe viel über Mitgefühl und Respekt
für andere Frauen und ihre Kinder gelernt.*

Susi: *Ich glaube, niemand sonst hat die Gruppe so intensiv genutzt wie
ich.*

Stephanie: *Susi, keine von uns tut irgendwas so intensiv wie du.*

Susi: *Da hast du recht. Wißt ihr, daß ich dachte, daß ich müßte das mein Leben lang mit mir herumschleppen? Ich wußte nichts von Selbsthilfegruppen. Ich hatte nie vorher mit Behinderten zu tun. Genausogut hätte ich davon sprechen können, wie es ist, vom Blitz getroffen zu werden. Nachdem*

ich mich der Gruppe angeschlossen hatte, beschloß ich, vielleicht doch an die Existenz eines Gottes zu glauben, weil ich wirklich fest davon überzeugt gewesen war, für mich gebe es keine Hilfe und für Betsy keinen Platz, an dem sie bleiben kann.
Nach zwei Treffen kam ich nicht mehr los; ich wollte alles mitbekommen und unter gar keinen Umständen auf ein Treffen verzichten. Selbst bei den härtesten Diskussionen fanden wir immer noch etwas zum Lachen. Deshalb habe ich mich in den Verkehr gestürzt, um herzukommen – für mich genauso wie für Betsy.

Diane: Wißt ihr, woran ich denke, wenn Susi von ihren Anfängen hier erzählt? Sie brachte zu jedem Treffen ganze Platten voller Gebäck mit – und zwar nichts aus der Tüte, sondern Vanillekipferl und Schokoladebaisers. Wir sagten: »Die Frau paßt nicht rein. Niemand, der für so etwas Zeit hat, paßt hier rein.«

Janet: Aber solange wir Vanillekipferl und Tempotücher auf dem Tisch hatten, sind wir mit allem fertiggeworden.

Susi: Zu einem wichtigen Punkt hat die Gruppe noch beigetragen: Sie hat uns erlaubt, uns als Frauen weiterzuentwickeln, nicht nur als Mütter behinderter Kinder. Wer hier hereinkam, trug die schwere Last, Mutter eines behinderten Kindes zu sein und hatte keine Möglichkeit, irgendeiner anderen Seite seiner Persönlichkeit Ausdruck zu verleihen, weil dafür schon 110% der Energie draufgegangen waren. Und seht doch mal, wie unterschiedlich wir waren.

Diane: Ich sagte immer die »behinderte Mütter-Gruppe«.

Stephanie: Ich sagte immer die »Frauen-Gruppe«.

Janet: Ich sagte, ich treffe mich mit den Frauen von der UCLA. Ich war ganz hingerissen davon.

Stephanie: Ich fand es aufregend, anderer Leute Geschichte zu hören, zu erfahren, wie es in anderen Ehen zugeht. Das waren Frauenthemen, nicht nur Kinderthemen.

Susi: Mir gefielen die monatlichen Treffen mit den »Ehemaligen«, wenn die Mütter mit den älteren Kindern erzählten, wie sie ganze Netzwerke auskundschafteten oder wie sie reagierten, wenn ihre Kinder nicht zu Geburtstagspartys eingeladen wurden, und wie sie es gelernt haben, Risiken einzugehen. Mir gefiel die Vorstellung, daß eine Mutter im Hotel anruft, ein Zimmer reserviert und über Nacht wegbleibt. Ich dachte, man muß eine hohe Selbstachtung haben, um das zu tun.

Ryan blieb für zwei weitere Jahre in diesem Förderprogramm, in einer Gruppe von Drei- bis Fünfjährigen mit normaler geistiger Entwicklung, die ihre Kommunikationsfähigkeit verbessern sollten. Ryan hatte sein Tracheostoma (operativ angelegte Öffnung der Luftröhre nach außen), bis er fünf Jahre alt war, deshalb konnte er nicht sprechen.

Catherine ging in einen kirchlichen Kindergarten am Ort, sobald sie drei war. Sie war dort das erste Kind mit einer Behinderung und lief mit Krücken.

Betsy verließ das Förderprogramm mit drei und ging dann in einen kommunalen Sonderkindergarten.

Emma ging in einen städtischen Kindergarten. Zur selben Zeit wurde ihr Bruder Teddy 18 Monate alt und als »normales« Kind und »Rollenmodell« in die Kleinkindergruppe aufgenommen. Nach einem Jahr konnte er ebenfalls in den städtischen Kindergarten gehen. Teddy verließ die Gruppe zwar, nicht jedoch Stephanie, die ein weiteres Jahr als Freiwillige dabeiblieb.

Stephanie: *Als ich dann als Freiwillige wieder hinging, war es wie am Anfang. Nach einem ersten »O, die armen Dinger...« lernte ich jedoch, die Leute anders zu betrachten. Und jetzt hatte ich eine Distanz, die mir mit Emma und Teddy gefehlt hatte. Es brachte mich manchmal auch in Verlegenheit, daß Teddy da war, denn er konnte soviel, was die anderen nicht konnten. In gewisser Weise war ich auf Emma mehr stolz wegen allem, was sie trotz ihrer Behinderung konnte. Aber ich hatte die Hoffnung, daß diese Erfahrung Teddy lehren würde, die Hand auszustrecken, Mitgefühl zu empfinden und andere Menschen zu respektieren, nicht so wie ich, als ich hier zum ersten Mal reinkam.*

Eines der Hauptkennzeichen von Depressivität und niedrigem Selbstwertgefühl ist das Gefühl, allein zu sein, keine Unterstützung durch andere zu erhalten. Aber Unterstützung bedeutet für jeden Menschen etwas anderes. Es gibt Menschen, die sehr gut alleine leben, die andere nicht brauchen und Kontakten soweit wie möglich aus dem Weg gehen. Manche Menschen brauchen das Gefühl, daß es eine Person gibt, die für sie da ist –, das kann der Ehepartner sein, ein Elternteil, ein Geschwister, ein Freund oder ein Therapeut. Andere lieben es, sich mit vielen Menschen zu umgeben.

Selbsthilfegruppen sind eine gute Möglichkeit, Menschen zu treffen, die ähnliche Probleme haben, sich ermutigen zu lassen und akzeptiert zu fühlen. Es gibt Selbsthilfegruppen zu den verschiedensten Problembereichen und in ganz unterschiedlicher Form.

Das folgende Kapitel ist für Menschen, die sich überlegen, ob sie einmal in eine Selbsthilfegruppe gehen sollten, und für solche, die selbst eine Selbsthilfegruppe gründen möchten und gerne ein paar Hinweise hätten, wie man so etwas organisiert und zum Laufen bringt.

Soll ich mich einer Selbsthilfegruppe anschließen?

Wenn Sie sich erst einmal aufgerafft haben, zum Treffen einer Selbsthilfegruppe hinzugehen, ist der schwierigste Schritt bereits getan, und einer Mitgliedschaft steht fast nichts mehr im Wege. Vielleicht befürchten Sie, daß alle anderen dort ruhig und gelassen sind, während Sie nicht wissen, was Sie tun oder sagen sollen. Es mag tröstlich für Sie sein, daß die meisten Eltern, die das erste Mal zu einer Selbsthilfegruppe gehen,

– noch nie vorher in einer Selbsthilfegruppe waren und nicht wissen, was sie erwartet;
– sich unbehaglich fühlen, weil sie noch niemanden (oder höchstens eine Person) dort kennen;
– unsicher, traurig, ängstlich oder wütend über ihre Situation sind;
– Angst haben, daß niemand wirklich verstehen kann, was in ihnen vorgeht.

Mögliche Bedenken gegen eine Selbsthilfegruppe

Besonders während der Überlebensphase sind viele Eltern unsicher, ob es gut wäre, sich einer Selbsthilfegruppe anzuschließen.

– Sie haben Angst, man könnte Sie drängen, über Ihre innersten Gefühle zu sprechen.
– Sie wissen nicht, ob Sie es ertragen, den Schmerz und das Leid anderer zu hören.
– Sie fühlen sich so angeschlagen, daß Sie befürchten, von anderen für schwach oder »durchgedreht« gehalten zu werden.
– Sie glauben, alle anderen in der Gruppe hätten es »auf die Reihe« gebracht.

- Sie halten den Besuch einer Selbsthilfegruppe für das Eingeständnis, daß Sie Hilfe brauchen, und es fällt Ihnen schwer, um Hilfe zu bitten.
- Vielleicht sind Sie sehr schüchtern, fühlen sich in Gruppen unsicher und stehen nicht gern im Zentrum der Aufmerksamkeit.
- Sie befürchten, Sie könnten zusammenbrechen, weinen und sich albern vorkommen.
- Sie denken, Ihre Probleme könnten schlimmer aussehen als sie sind, wenn Sie darüber reden.
- Vielleicht glauben Sie auch, Ihre persönlichen Probleme gingen niemanden etwas an und sollten in den eigenen vier Wänden bleiben.

Selbsthilfegruppen – einen Versuch ist es immer wert

Wenn es Ihnen bei einem oder mehreren Treffen der Selbsthilfegruppe nicht gefallen hat, können Sie ja beschließen, nicht mehr hinzugehen. Vielleicht ziehen Sie eine individuelle Beratung oder eine Paarberatung in einer anderen Umgebung vor, wo Sie sich sicherer fühlen und alles auf Sie zugeschnitten ist. Vielleicht möchten Sie doch in eine Gruppe, nur diese war aus verschiedensten Gründen nicht die richtige für Sie – Mitgliedschaft, Schwerpunkte der Gruppenarbeit, praktische Gründe, wie der Tag oder die Uhrzeit des Treffens, Anfahrtzeit, Kosten oder Probleme mit der Kinderbetreuung.

Eltern, die sich in anderen Stadien des Anpassungsprozesses befinden als die Mehrheit der Gruppe, haben unter Umständen den Eindruck, daß ihre Bedürfnisse zu kurz kommen. Zum Beispiel wenn Sie noch in der Überlebensphase und sehr dünnhäutig sind und sich dann in einer Gruppe von Eltern wiederfinden, die bereits viele dieser Probleme gelöst haben und sich jetzt auf Themen konzentrieren, die mit Suchen und Trennen zu tun haben, dann fühlen Sie sich möglicherweise ziemlich überrollt von soviel Sicherheit und Zielstrebigkeit. Andererseits könnten Sie die anderen als hervorragende Vorbilder betrachten und all ihre Erfahrung und ihr Selbstvertrauen wie ein Schwamm in sich aufsaugen wollen.

Ähnliches gilt, wenn Sie auf der Suche nach nützlichen Kontakten sind und eine Gruppe von Eltern aufsuchen, die gerade erst ins Überlebensstadium geworfen wurden und insgesamt noch sehr unsicher und niedergeschlagen sind. Es kann gut sein, daß Sie zu diesem Zeitpunkt noch nicht in der Lage sind, sich schon wieder mit dieser Problematik zu befassen.

Die Eltern älterer Kinder beschäftigen sich mit Themen der Trennung, wie dem Eintritt in die Pubertät, Integrationsmöglichkeiten und anderen Arten von Verhaltensproblemen als Eltern von Vorschulkindern, die die Energie und die Fähigkeiten der erfahreneren Eltern oft ehrfürchtig bestaunen. Manchmal sind die Eltern von kleinen Kindern ganz versessen darauf, die »Erfolgsgeschichten« der Eltern zu hören, die sich jetzt in der Normalisierungsphase befinden und die für sie das Ideal darstellen, das sie zu erreichen hoffen, wenn sie endgültig aus dem Wechselbad der Gefühle auftauchen.

Aber manche Eltern, bei denen noch große Unsicherheit und Furcht in bezug auf die Zukunft ihres Kindes vorherrscht, bedrückt und belastet es sehr, von neuen oder anhaltenden Problemen zu hören, die bei älteren Kindern auftreten können. Beispielsweise kann die Information über einen neuen ultraleichten, motorisierten Rollstuhl von Eltern älterer Kinder mit Begeisterung aufgenommen werden, während sie bei Eltern, die über die Zukunft ihres Kindes noch im unklaren sind, aber insgeheim weiterhoffen, daß es noch laufen wird, Schrecken und Verzweiflung auslöst.

Manchmal möchte vielleicht ein Elternteil weiterhin an den Gruppentreffen teilnehmen, doch der Partner kann oder will nicht. Das kommt vor; es gibt viele Gründe dafür, daß Leute nicht wiederkommen.

≡ Wie kann eine Selbsthilfegruppe helfen?

Das Schöne an einer Gruppe ist, daß man dort Menschen findet, die einem zuhören. Doch das Zuhören ist gleichzeitig auch ein Beitrag, den Sie selbst an die Gruppe leisten können; Sie erfahren eine wunderbare Bestätigung in dem Gefühl, es jemandem ermöglicht zu haben, sich zu öffnen. *Eine Selbsthilfegruppe ist ein Ort, an dem man ungeniert reden kann; niemand wird kritisiert oder zum Jubeln gezwungen.*

Jede Gruppe ist anders. Manche sind geschäftig und gehen in raschem Tempo vorwärts, andere sind ruhig und bewegen sich gemächlicher voran. Die Stimmung und das Tempo in einer Gruppe hängen oft davon ab, wer an einem bestimmten Abend da ist, was auf der Tagesordnung steht und mit welcher Art Problem sich ein Gruppenmitglied gerade herumschlägt. Einen großen Unterschied macht es auch, ob sich bereits alle untereinander kennen oder ob man sich gerade erst beschnuppert. Eine Gruppe kann von Treffen zu Treffen unterschiedlich aussehen.

Die größten Vorteile einer Mitgliedschaft in einer Selbsthilfegruppe liegen im Zusammentreffen mit Menschen, die das gleiche Schicksal teilen wie Sie und mit denen zusammen Sie Ihre schwere Bürde tragen können. In einer Selbsthilfegruppe

- finden Sie vorurteilsfreie Akzeptanz, ohne die Emotionen und Ansichten von Familienangehörigen und Freunden
- finden Sie eine hoffnungsvolle Umgebung, die Ihnen Kraft gibt
- schaffen Sie es, auch wieder über Ihr Leben, Ihre Situation und die Welt an sich zu lachen
- merken Sie, daß Sie Schwäche und Hilflosigkeit zeigen können, ohne daß Sie wegen dieser Gefühle verlacht oder zurückgewiesen werden
- erscheinen Ihre eigenen Probleme in einem anderen Maßstab, wenn Sie von den Sorgen und Nöten anderer hören
- können Sie offen über Ihre Gefühle, Hoffnungen und Ängste reden
- lernen Sie Toleranz und gewinnen Sie Verständnis für andere Eltern, die voller Wut oder Bitterkeit sind oder sich als Opfer fühlen
- finden Sie neue Lösungen für eigene Probleme, während Sie helfen, die Probleme von anderen zu lösen
- erfährt man, welche Hilfsangebote auf kommunaler Ebene zur Verfügung stehen und wo es noch Lücken gibt
- gibt man den Einrichtungen, Therapeuten und Helfern Rückmeldung und hilft so mit, die Qualität der Angebote zu verbessern und neue Angebote zu entwickeln.

Wenn Sie gerne etwas für Ihr Kind hätten, aber nie mit anderen Eltern darüber reden, ist es leicht zu glauben, Sie seien die einzigen mit diesem Bedürfnis. Wenn Sie aber hören, daß auch andere Eltern außerschulische Veranstaltungen oder Freizeiten für ihre Kinder vermissen, können Sie sich mit ihnen zusammentun und gemeinsam auf diesen Mangel hinweisen oder, wenn Sie wollen, eine Initiative starten.

__Susi:__ Eine Gruppe funktioniert durch das Geben. Du mußt zeigen, wie verletzlich du bist und deine Gefühle offenbaren, und du mußt zuhören. Du mußt den anderen und für die anderen zuhören. Das ist das, was du gibst. Wenn du nur zuhörst, um für dich etwas aus der Gruppe herauszuziehen, funktioniert es nicht.

__Diane:__ Ein Vorteil von einer Gruppe ist, daß man viele verschiedene Meinungen hören kann.

Susi: *Du kannst herauspicken, was für dich paßt, und deine eigenen Vorstellungen zum besten geben.*

Wie wird man ein gutes Gruppenmitglied?

1. *Machen Sie sich klar, daß Sie nicht jeden einzelnen in der Gruppe mögen oder seine Ansichten teilen müssen.* Es spielt keine Rolle, welchen Bildungsstand oder welches Einkommen jemand hat.
2. *Bevor Sie jemandem Ratschläge erteilen oder Vorschläge machen, fragen Sie, ob er oder sie es hören will.* Manche Leute müssen – sowie sie von einem Problem erfahren – darüber nachdenken, wie sie es lösen können. Aber es gibt Menschen, die einfach nur erzählen möchten, was sie bedrückt, und die noch gar nicht soweit sind, daß sie das Problem lösen wollen. Außerdem muß die Lösung des einen nicht für den anderen passen.
3. *Haben Sie Verständnis dafür, daß sich die Gruppenmitglieder in unterschiedlichen Stadien der Anpassung befinden.* Denken Sie daran, wie es war, als Sie sich durch die Überlebensphase gekämpft haben. In dieser Zeit braucht man Menschen, die einem zuhören und Verständnis haben. Oft wird alles noch schlimmer, wenn einer sagt »Kopf hoch«. Und die Leute, die mit dem Suchen beschäftigt sind, beeindrucken und verschüchtern einen mit ihrer Energie und ihrem überquellenden Terminkalender.
4. *Nehmen Sie zur Kenntnis, daß manche Eltern sehr direkt und zielorientiert sind.* Vielleicht stehen Sie Behandlungsmaßnahmen oder Einrichtungen, die andere Eltern für ihre Kinder suchen, kritisch oder ablehnend gegenüber; in dem Fall sollten Sie beherzigen, daß jeder tun muß, was er glaubt, tun zu müssen. Niemand hat das Recht, einem anderen vorzuschreiben, welches Förderprogramm oder welche therapeutischen Maßnahmen für ihn die richtigen sind. Wenn es sich jedoch um Mißbrauch, Vernachlässigung oder unordentliches Geschäftsgebaren handelt, sollte das in der Diskussionsrunde oder mit den Eltern alleine nach dem Treffen zur Sprache gebracht werden.
5. *Stellen Sie sich darauf ein, daß Sie nicht immer soviel reden können, wie Sie möchten.* Manchmal, wenn Sie über ein Problem sprechen oder an Thema anreißen wollen, werden Sie sich richtiggehend vordrängen und ankündigen müssen, daß Sie jetzt für ein paar Minuten das Wort brauchen. Wenn Sie normalerweise ein ru-

higer Mensch sind, wird es Ihnen anfänglich vielleicht schwerfallen, frei heraus zu sprechen.

6. *Machen Sie sich klar, daß eine Selbsthilfegruppe nicht alle persönlichen Probleme lösen kann*, aber manchmal kann sie dabei helfen, einige andere Probleme zu erkennen, und Anlaufstellen empfehlen. Auch viele Probleme Ihres Kindes können nicht in der Gruppe gelöst werden. Wenn Ihr Kind beispielsweise unter schweren Verhaltensstörungen leidet, können Ihnen der Gruppenleiter oder andere Gruppenmitglieder vielleicht ein paar Vorschläge machen oder Ihnen ihre Unterstützung anbieten, aber spezifische Behandlungsmaßnahmen müssen von jemand anderes durchgeführt werden.

Wie findet man eine Selbsthilfegruppe?

Viele Selbsthilfegruppen sind um ein bestimmtes Krankheitsbild organisiert, zum Beispiel Autismus, Down-Syndrom, Lernschwäche oder Schwerhörigkeit. Sie können Ihren Kinderarzt, einen Lehrer Ihres Kindes oder einen der Spezialisten, mit denen Sie zusammenarbeiten, nach einer Kontaktperson fragen. Auch in der pädiatrischen Abteilung Ihres Krankenhauses oder beim Gesundheitsamt sollten Sie Hinweise erhalten können. Ansonsten helfen Ihnen sicher gerne die Dachverbände der entsprechenden Organisationen weiter. Eine Adressenauswahl finden Sie am Ende des Buches.

Wie gründet man eine Selbsthilfegruppe?

Wenn Sie keine Gruppe finden können oder wenn Sie wissen, daß auch andere Eltern, die Sie kennen, gerne in eine Gruppe gingen, aber noch keine organisiert haben, dann entschließen Sie sich vielleicht, den Stein ins Rollen zu bringen. Starten Sie doch einfach mit einem informellen Treffen mit einem oder zwei anderen Elternpaaren, und überlegen Sie gemeinsam, wen Sie noch ansprechen könnten. Es kann eine Weile dauern, bis das alles Hand und Fuß hat und auch wirklich funktioniert, aber auch einige der größten und erfolgreichsten Organisationen haben mit einer Tasse Kaffee an einem Küchentisch angefangen.

Im folgenden nennen wir Ihnen ein paar Stichworte, über die Sie sich Gedanken machen sollten. Lassen Sie sich davon nicht »erschlagen«, sie sollen lediglich als Anhaltspunkte dienen; deshalb werden immer nur wenige Beispiele gegeben. Sie müssen selbst herausfinden, was Ihre Gruppe braucht und was für sie funktioniert. (Ausführlichere Hilfestellung für die Gründung und den Aufbau einer Selbsthilfegruppe erhalten Sie in dem Buch von Winfried Kösters »Vom Ich zum Wir. Selbsthilfegruppen finden, gründen, führen«, ebenfalls erschienen beim TRIAS-Verlag.)

=== Gruppenname

Geben Sie Ihrem neuen Unternehmen einen Namen. Vielleicht nach einer Schule oder einem Förderprogramm, an dem Sie teilnehmen, zum Beispiel »Mütter-Gruppe der Friedrich-Bodelschwingh-Schule«, oder nach der Region, in der Sie sich hauptsächlich engagieren, etwa »Spina-bifida-Elterninitiative Nordhessen«. Es kann auch Spaß machen, sich einen Namen auszudenken, der sich in ein Akronym verwandeln läßt, zum Beispiel S'PORT für *Support for Parents of Rude Teenagers* (zu deutsch: Hilfe für Eltern von rauhbeinigen Jugendlichen).

=== Gruppenmitgliedschaft

Manche Gruppen koppeln sich an bestimmte Förderprogramme und wenden sich an die Eltern, deren Kinder daran teilnehmen. Andere Gruppen verbindet die gemeinsame Diagnose, wie zum Beispiel Autismus.

Ihre Gruppe kann nur für Mütter sein, nur für Väter, nur für Paare oder offen für den Elternteil, der heute gerade kommen kann. Vielleicht möchten Sie die Gruppe auch für Großeltern öffnen, für Freunde oder Eltern ohne ein behindertes Kind. Eine unserer Mütter ließ sich von einer Freundin zum Gruppentreffen fahren; die Gruppe lud die Freundin auf eine Tasse Kaffee ein, und drei Jahre später war sie immer noch dabei.

=== Die Führung der Gruppe

Manchmal werden Elterngruppen von Fachleuten (Psychologen oder Familientherapeuten etwa) organisiert und geleitet, zum Beispiel von einer Frühförderstelle oder Beratungsstelle aus. Aber die weitaus meisten Selbsthilfegruppen werden ganz von Eltern organisiert und geleitet; Fachleute werden nur manchmal als Gastredner oder Berater hinzugezogen.

Vielleicht möchten Sie wie in einem normalen Verein Posten vergeben, um bestimmte Aufgaben zu verteilen (zum Beispiel Sitzungsleiter,

Schriftführer, Kassenwart). In manchen Gruppen werden die Aufgaben alle paar Monate neu verteilt, damit sich alle an der Arbeit beteiligen; anderen genügt es, einmal im Jahr die Posten neu zu vergeben.

Sicher gibt es auch in Ihrer Gruppe Menschen mit echten Führungsqualitäten, während andere vor »offiziellen« Ämtern zurückschrecken. Und manche Eltern haben soviel Streß in ihren Familien, daß sie weder Zeit noch Energie für zusätzliche Verpflichtungen erübrigen können.

Viele Eltern erzählen, daß die aktive Mitarbeit am Gruppenleben (Spenden sammeln, Öffentlichkeitsarbeit) für sie eine willkommene Abwechslung zum Alltagsstreß darstellt. Manche Eltern bekommen so das Gefühl, auch zu etwas Produktivem fähig zu sein, und stärken ihr Selbstvertrauen, das durch ihr Kind möglicherweise etwas strapaziert ist.

Vertraulichkeit

Für viele Gruppenmitglieder ist es sehr wichtig, daß ihre Privatsphäre geachtet wird. Sie müssen ganz zu Anfang entscheiden, wie Sie es mit der Vertraulichkeit halten wollen, und dies dann jedem neuen Mitglied ans Herz legen. Was bei einem Gruppentreffen besprochen wurde, sollte im Raum bleiben. Außerhalb der Gruppe darf über einzelne Mitglieder nicht so gesprochen werden, daß andere sie wiedererkennen.

Treffpunkt

Manche Gruppen treffen sich in öffentlichen Räumen, zum Beispiel in Bürgerhäusern, Gemeindezentren, Schulen, Gaststätten, was auch immer für wenig oder kein Geld zu haben und für die Mitglieder leicht zu erreichen ist. Manche Gruppen treffen sich reihum bei den Mitgliedern zu Hause, je nachdem wie sich die Kinderbetreuung organisieren läßt.

Zeitpunkte für Gruppentreffen

Von Ihrer Zielgruppe hängt es ab, welche Tageszeit sich am besten für die Treffen eignet. Der Vormittag paßt Eltern gut, die nicht berufstätig sind und deren Kinder an einem Förderprogramm teilnehmen oder in die Schule gehen. Besonders gut funktioniert es, wenn die Kinder alle dieselbe Einrichtung besuchen.

Abendveranstaltungen sprechen berufstätige Eltern an; auch sind die Chancen größer, Väter miteinzubeziehen. Die Lage des Treffpunkts kann ebenfalls eine Rolle spielen; wenn man weit fahren muß und/oder der öffentliche Nahverkehr zu wünschen übrig läßt, ist es nachts vielleicht schwierig. Manche Berufstätige haben die Möglichkeit, sehr lange Mittag zu machen; eventuell kann ein Treffen sogar um diese Zeit stattfinden.

Ein Gruppentreffen leiten

Benutzen Sie Namensschildchen, wenn die Gruppe noch neu ist oder wenn neue Mitglieder kommen. Wahrscheinlich muß der Leiter der Gruppe immer ein bißchen Druck machen, damit die Sitzung beginnen kann. Manche Gruppen starten mit allgemeinen Ankündigungen und Informationen von breiterem Interesse, zu denen jeder beitragen kann.

In manchen Gruppen stellt sich jeder reihum kurz vor, besonders wenn ein neues Mitglied dabei ist, und sagt etwas zu seinem Kind, zur Art der Behinderung oder Krankheit, welche Probleme im Augenblick anliegen, welche Fragen den Betreffenden im Moment bewegen und vielleicht auch noch etwas zum Rest der Familie. In solchen Runden entstehen die wichtigen Netzwerke, wenn Familien feststellen, daß sie den gleichen Orthopäden aufsuchen oder wenn jemand in einer anderen Stadt jemanden kennt, dessen Kind eine ähnliche Behinderung hat.

Es gibt Treffen, da verläuft das Leben bei allen ruhig, und die Gespräche durchspinnen locker den Raum. Bei anderer Gelegenheit sind eine oder mehr Familien in einer Krise; sie müssen viel erzählen und brauchen von den anderen in der Gruppe Ideen und Unterstützung. Und manchmal machen gerade alle eine Krise durch, und einer lehnt sich an den anderen auf der Suche nach Trost und ermutigenden Worten, wie »Auch das wird vorübergehen« und »Wir können alle mit dir mitfühlen«.

Sie sollten immer ein paar Päckchen Tempotaschentücher greifbar haben. Manche Gruppen sitzen gerne um einen großen Tisch (weil man so am besten an die Taschentücher und den Kuchen kommt), andere sitzen im Kreis oder auf dem Boden. Das hängt natürlich auch von der Größe und der Einrichtung des Zimmers ab.

Gruppengröße

Die kleinste Gruppengröße ist zwei. Die maximale Größe hängt davon ab, was Sie in der Gruppe machen wollen und wie wohl Sie sich damit fühlen. Wenn die Gruppe für eine festgesetzte Anzahl von Treffen zusammenkommt, wenn ein bestimmtes Ziel erreicht und jede Familie mit ihren speziellen Problemen durchgesprochen werden soll, dann liegt die optimale Gruppengröße bei acht bis zehn Personen (vier bis fünf Familien). Einige Gruppen bestehen aus Dutzenden von Eltern, andere gerade mal aus drei oder vier Leuten.

Häufigkeit der Treffen

Manche Gruppentreffen finden wöchentlich statt, besonders wenn sie im Rahmen eines Programms für die Kinder ablaufen oder wenn die Gruppe Veranstaltungen zu bestimmten Themen organisiert. (Beispielsweise könnte eine Gruppe, die sich normalerweise einmal im Monat trifft, einen oder mehrere Fachleute engagieren, die an vier oder sechs Abenden in wöchentlichen Abständen über Erziehungsmethoden, Streßabbau, Organisation von Veranstaltungen, finanzielle Fördermöglichkeiten u.ä. referieren.)

Wenn wöchentliche Treffen nicht möglich oder nicht gewollt sind, reicht auch eines pro Monat aus, um noch daran zu denken und sich zur Teilnahme verpflichtet zu fühlen. Es ist sinnvoll, einen bestimmten Tag festzulegen, zum Beispiel den ersten Montag im Monat. Eine Alternative wäre es, einen Vormittags- plus einen Abendtermin pro Monat anzubieten, um damit Eltern, die berufstätig sind oder andere Terminprobleme haben, zu erreichen. Aber es gibt noch viele andere Möglichkeiten – wie wäre es mit einer Diskussionsrunde am ersten Donnerstag im Monat, einem Mütter-Abend am dritten Donnerstag, einem Väter- oder Paare-Abend an einem anderen Tag. In einem Förderprogramm traf sich eine Väter-Gruppe immer Samstag vormittags in den Klassenräumen ihrer Kinder, und die Väter erlebten einen »normalen« Schultag mit Lehrern und Therapeuten.

Dauer der Treffen

Die Länge der Treffen hängt unter Umständen vom Tag, von der Uhrzeit und vom Treffpunkt ab. Normalerweise sind eineinhalb bis zwei Stunden eine gute Länge. Man sollte darauf achten, pünktlich zu beginnen und aufzuhören. Natürlich können Sie auch verkehrsbedingte Verspätungen bis zehn Minuten zugestehen; aber lassen Sie es nicht ausufern. Sonst kommen die Leute immer später. Oft ist es auch schwierig, ein Treffen zu beenden, wenn alle in heftige Diskussionen vertieft sind. Übertragen Sie diese Aufgabe an jemanden, und die Gruppe muß wissen, daß dies sein Job ist. Der Betreffende kann beispielsweise zehn Minuten vor Schluß Bescheid geben oder eine Diskussion zu einem festgelegten Zeitpunkt beenden, damit noch andere Punkte oder Fragen behandelt werden können.

Kinderbetreuung

Wollen Sie für die Zeit der Gruppentreffen Kinderbetreuung anbieten? Das könnte sonst für manche Eltern zum Problem werden, wenn sie niemanden haben, der auf ihre Kinder aufpaßt. Andererseits kann ein solcher abendlicher Ausflug für kleine Kinder und Kinder mit erheblichem medizinischen Betreuungsbedarf eine zu große Störung ihres Tagesablaufs bedeuten. Die Frage der Kinderbetreuung ist leichter zu lösen, wenn man die Treffen zu Zeiten veranstaltet, an denen die meisten Kinder in der Schule oder anderen Einrichtungen untergebracht sind.

Anfahrt zu den Treffen

Vor allem in ländlichen Gebieten, wo die Menschen weit auseinanderwohnen und der öffentliche Nahverkehr meist dürftig ist, kann die Anfahrt zum Gruppentreffen zum Problem werden. Vielleicht läßt sich das durch gegenseitiges Abholen oder Ausnutzen von Mitfahrgelegenheiten lösen. Oder jemand kann von einem Verein einen Kleintransporter samt Fahrer ausleihen, was dann allerdings verschiedene versicherungsrechtliche Probleme nach sich zieht. (Manchmal möchte man glauben, nichts im Leben sei einfach!)

Werbung in eigener Sache

Vielleicht möchten Sie Flugblätter in der Schule auslegen, bei Eltern in den Briefkasten stecken, einen Artikel in der Zeitung plazieren, einen Telefonrundruf starten oder Briefe verschicken; das hängt ganz davon ab, wen Sie erreichen wollen. Meistens ist es schwierig, von Schulen oder anderen Einrichtungen Adressenlisten zu erhalten, da diese dem Datenschutz unterliegen, aber eventuell läßt es sich arrangieren, daß die Kinder die Flugblätter mit nach Hause bekommen.

Erfrischungen

Manche Gruppen bieten zum ersten Treffen Getränke an und lassen dann die Gruppe entscheiden. Man kann beispielsweise beschließen, daß jedes Gruppenmitglied reihum einmal die Versorgung mit Knabbereien und Getränken übernimmt (was normalerweise die Qualität des Angebotenen sehr verbessert), oder man erhebt einen einmaligen oder einen regelmäßigen Beitrag.

Speisen und Getränke sollten einfach zu handhaben, zu verzehren und die Reste gut zu entsorgen sein. Wenn Sie sich tagsüber treffen, könnten Sie sich zum gemeinsamen Mittagessen verabreden und jeder bringt sein Butterbrot (oder was auch immer) selber mit. Manchmal haben Leute, die untertags schlecht von ihrem Arbeitsplatz wegkommen, die Möglichkeit, lange Mittag zu machen.

Eine Kanne Kaffee oder Tee läßt sich meistens irgendwo irgendwie zubereiten, – oder man bringt sie von zu Hause mit. Kalte Getränke sind ganz unproblematisch, einigen Sie sich nur darauf, was regelmäßig vorhanden sein sollte. Auch in dieser Beziehung ist jede Gruppe anders. Manche Gruppen sehen in den Treffen die Gelegenheit, sich selbst etwas Gutes zu tun und organisieren immer etwas zum Naschen.

Am besten lassen Sie die Gruppe als Ganzes entscheiden. Einer der Gründe, warum die Leute gern zu Gruppentreffen gehen, ist, daß sie sich dort aufgehoben fühlen, und gehört nicht zur Geborgenheit ein bißchen gutes Essen und Trinken?

Ablauf des Treffens

Gruppentreffen können sehr unterschiedlich ablaufen – hoch formell oder ganz locker oder irgendwo dazwischen. Wenn Sie selbst eine Gruppe gründen wollen, können Sie die verschiedenen Formen durchprobieren, mischen, abwechseln und je nach Interesse der anderen Gruppenmitglieder ausgestalten.

== 　Mitgliedsbeiträge

Wenn Erfrischungen gekauft, Videos ausgeliehen, Fachreferenten engagiert oder für Kinderbetreuung gesorgt werden soll, müssen Sie entweder feste Beiträge von Ihren Gruppenmitgliedern erheben oder sie regelmäßig zu Spenden in die Gruppenkasse animieren.

== 　Vorschläge für Gruppenaktivitäten

Vielleicht tragen Sie sich mit der Absicht, Fachreferenten einzuladen oder Diskussionsveranstaltungen zu verschiedenen Themen durchzuführen. Die Themen hängen natürlich von den Interessen der Gruppe und der Verfügbarkeit eventueller Referenten ab. Hier ein paar Vorschläge:

- Erziehungsmethoden
- kindliche Entwicklung und Selbstwertgefühl
- Frühfördermöglichkeiten
- Integration in Schule und Kindergarten
- juristische Fragen, wie Willenserklärungen, Geschäftsfähigkeit, Vormundschaft (die seit 1992 Betreuung heißt)
- Gesetze und Verordnungen, die sich auf Behinderte beziehen
- Erfahrungen anderer Eltern.

Andere Programmpunkte, die sich Ihre Gruppe vornehmen könnte:

- ein Ausflug zu anderen Gruppen oder in einen Freizeitpark
- ein Tag (oder ein Abend) nur für Mütter
- ein Abend für Paare
- ein Tag (oder ein Abend) nur für Väter
- ein Treffen für Geschwister oder Großeltern
- ein »Jeder-bringt-was-mit«-Büffet
- eine Grillfete in den Ferien
- erholsame Wochenenden für Mütter, Väter oder Paare
- Arbeitssitzungen zu sozial- und versicherungsrechtlichen Fragen oder gesetzgeberischen Maßnahmen
- ein Basar oder eine Tombola.

═══ Die Gruppen verändern sich

Wenn Ihre Gruppe eine Weile existiert hat, beginnt sich die Mitgliederschaft zu verändern. Kinder werden groß, Eltern ziehen weg oder steigen wieder in den Beruf ein, weitere Babys kommen zur Welt, Prioritäten ändern sich, und manche Mitglieder brauchen die Gruppe nicht mehr in dem Maße wie zuvor. Für neue Mitglieder kann es sehr hilfreich sein, von »alten Hasen« Besuch zu bekommen, die sie an ihrem Erfahrungsschatz teilhaben lassen oder ihnen Hinweise auf Informationsquellen geben. Vielleicht möchten sich ehemalige Gruppenmitglieder weiterhin treffen, in Kontakt bleiben und die intensive Beziehung, die sich zwischen ihnen entwickelt hat, weiter pflegen.

═══ Standortbestimmung für die Gruppe

Es kann sinnvoll sein, ein- oder zweimal im Jahr eine Standortbestimmung für die Gruppe vorzusehen; dabei sollte die Frage diskutiert werden, inwieweit die Gruppenarbeit noch den Bedürfnissen und Vorstellungen der derzeitigen Mitglieder entspricht. Manche Gruppen verlieren mit der Zeit den Schwung und das ursprüngliche Ziel, Mitglieder springen ab, wenn sich ihre Bedürfnisse und Prioritäten verändern. Indem sie sich neue Ziele steckt oder alte korrigiert, kann eine Gruppe wieder neuen Sinn erhalten und sich weiterentwickeln.

═══ Manche Gruppen enden nie

Manche Selbsthilfegruppen wandeln sich zu einer politischen Aktionsgruppe, einer Bürgerinitiative oder einer sozialen Organisation. Oder sie bleiben weiterhin eine Selbsthilfegruppe, nur daß sie sich nicht mehr so oft treffen, aber dennoch Anlaufstelle für Eltern bleiben – zum Beispiel bei einem Grillfest im Sommer oder einem Weihnachtsbasar im Winter. Man kann weiterhin neue Mitglieder aufnehmen oder die Gruppe auf die Leute beschränken, die ihre persönlichsten Gefühle und Erfahrungen miteinander geteilt haben.

Den einen, richtigen Weg, eine Gruppe zu organisieren, gibt es nicht. Es gibt sogar viele Wege, die lediglich durch Ihre Zeit, Energie und Kreativität und die Zahl Ihrer Mitstreiter eingeschränkt werden. Deshalb suchen Sie sich Helfer, was immer Sie anpacken.

≡ Eine ganz besondere Art von Freundschaft

Die Freundschaften, die sich aus den Erfahrungen der Selbsthilfegruppen entwickeln, werden durch die gegenseitige Teilhabe an den Gefühlen gestärkt und am gemeinsamen Durch- beziehungsweise Wiedererleben der Anpassungsstadien. Sie können sich mit Freud und Leid der anderen so stark identifizieren, daß ein freundschaftliches Band entsteht, das weit über Ihre sonstigen Beziehungen zu Freunden hinausgeht. Es gibt ein Gefühl der Geborgenheit – Sie haben Ihr Innerstes bloßgelegt und Ihre intimsten Gefühle preisgegeben, und die anderen haben Sie angehört und respektiert. Niemand hat Sie verurteilt; Menschen, die wußten, was in Ihnen vorgeht, haben Ihnen Sympathie und Mitgefühl entgegengebracht; Ihr Kind wurde ohne Vorbehalte wegen seiner Behinderung akzeptiert. Diese Freunde spiegeln Sie selbst wider, da sie nicht nur echtes Verständnis, sondern auch noch ein Maß an Objektivität für Ihre Situation aufbringen – wie Sie umgekehrt auch für sie –, so daß ihr Rat, ihre Vorschläge und ihre Fragen für Sie von ganz besonderem Wert sind.

Dr. Miller: *Wenn ihr jetzt zwölf Jahre zurückgehen könntet, was würdet ihr Eltern sagen, die gerade am Anfang ihres Weges stehen?*

Stephanie: *Ich weiß ganz genau, was in dir vorgeht und was du durchmachst. Es ist wirklich hart, und vor dir liegt noch eine Menge Arbeit.*

Susi: *Und wenn du daran arbeitest, dann wirst du nicht bloß überleben, sondern mehr als das erreichen.*

Stephanie: *Es kommt darauf an, wie du überlebst. Mit Unterstützung geht es einfach besser. Uns halfen die Leute von der Frühförderung und andere Eltern, die wir kennengelernt haben. Du brauchst das Bewußtsein, daß hinter dir Leute stehen, die sagen:* »*Du tust schon das Richtige.*«

Janet: *Das Wichtigste ist meiner Meinung nach, daß du dir Hilfe besorgst, wenn du sie brauchst. Hol' sie dir ganz einfach. Susi, deine Familie hätte dir damals gerne geholfen, aber sie war weit weg und du mußtest dir die Unterstützung von möglichst vielen Leuten verschaffen.*

Susi: *Ich hatte meine Freunde hier. Aber sie wußten nicht, was sie tun sollten oder was das für mich bedeutete. Das UCLA-Programm gab mir eine Familie, einen Platz, wo ich mich zu Hause fühlte. Jeder braucht eine Fa-*

milie. Jeder will irgendwo hingehören, und das hat uns vier zusammengebracht. Uns verband etwas miteinander.

Diane: Dieses Band entwickelt sich, wenn du weißt, die andere leidet genauso sehr wie du, und du mußt nicht die ganze Zeit darüber reden – du weißt einfach, daß es so ist.

Stephanie: Das gibt dir etwas Distanz und zeigt dir eine andere Perspektive.

Susi: Und es hilft dir, das Positive in dir, deinem Kind und der Welt zu sehen. Als wir das erste Mal in die Gruppe gingen, waren wir, offen gestanden, auf der Suche nach dem Positiven: »O, da gibt es ein Lichtlein am Ende des Tunnels; ich weiß noch nicht, was es ist, aber ich will es festhalten.«

Nachwort:
Die Mütter und ihre Kinder heute

≡ Diane und Catherine

In ihren ersten sieben Lebensjahren war Catherine zehnmal im Krankenhaus und wurde siebenmal wegen ihrer Hüftdysplasie und ihres Shunts operiert. Sie lag dreimal für zehn Wochen in einem Gipsbett, in der Zwischenzeit in einer Liegeschale von der Brust bis zu den Füßen, jeweils für drei Monate, die wie eine Ewigkeit schienen. Sie konnte die ganze Zeit nur auf dem Rücken oder dem Bauch liegen.

Catherine ist jetzt 13 Jahre alt. Sie besucht die achte Klasse einer Schule für besonders begabte Kinder und singt im Chor. Sie kommt in der Schule, die viele Geländestufen hat, mit ihren Krücken gut zurecht; wenn wir zum Einkaufen oder in einen Freizeitpark gehen, nimmt sie den Rollstuhl. Sie hat die Grundschule in unserer Nachbarschaft besucht. Der einzige spezielle Unterricht, den sie (für kurze Zeit) erhielt, war eine besondere Bewegungsschulung.

Catherine ist von der Hüfte ab gelähmt, auch wenn sie manchmal ihre Beine spürt und unwillkürlich bewegen kann. Sie ist inkontinent und managt ihre Körperhygiene ohne fremde Hilfe.

Sie ist in fast jeder Hinsicht ein ganz normaler Teenager. Man muß sie daran erinnern, ihr Zimmer aufzuräumen und anderen Familienmitgliedern auch einmal das Telefon zu überlassen. Catherine hat mit drei Jahren schwimmen gelernt und gehört heute zur Schwimmerstaffel des CVJM (Christlicher Verein junger Menschen); sie trainiert dreimal pro Woche. Ihr größtes Hobby sind Blumen. Schon als sie ganz klein war, suchte sie im Supermarkt oder auf dem Markt die Blumen und nicht die Spielsachen wie andere Kinder. Mit vorheriger Erlaubnis darf sie sich für ihr Zimmer frische Blumen oder Topfpflanzen kaufen. Andernfalls würde sie ihr Zimmer in kürzester Zeit in ein Gewächshaus verwandeln.

Sara ist 16 und geht auf ein humanistisches Gymnasium. Seit ihrem sechsten Lebensjahr spielt sie begeistert Fußball, sie ist aktives Mitglied einer politischen Jugendorganisation.

Bis vor einem Jahr habe ich als Hilfskraft an der Grundschule gearbeitet, in die beide Mädchen gegangen sind. Ray ist immer noch bei der Luftfahrtgesellschaft angestellt, wo wir uns kennengelernt haben, und ist inzwischen zum Avionikmanager aufgestiegen (Avionik = Luftfahrtelektronik).

Wir unternehmen viel gemeinsam, wir gehen ins Kino oder zusammen essen. Catherines Behinderung hat uns nicht davon abgehalten, ein ganz normales Familienleben zu führen. Es ist manchmal unbequem – wenn es keine behindertengerechten Zugänge zu Orten gibt, die wir aufsuchen wollen –, aber ich betrachte ihre Behinderung nicht wirklich als Hindernis. Der Neurochirurg damals hatte recht – Catherine lebt ein normales erfülltes Leben.

Kurz nach Catherines Geburt hatte Ray gemeint, nun würde das Leben wirklich hart, aber neulich sagte er, so schlimm sei es dann doch nicht gewesen. In der Rückschau denke ich, das Schlimmste waren die Sorgen, die man sich wegen der Zukunft macht. Ich habe gelernt, nicht zu weit voraus zu planen, sondern die Dinge so zu nehmen, wie sie kommen. Ich glaube, ich habe Catherine und uns richtig behandelt. Wenn ich meine Mädchen unter anderen Leuten sehe und reden höre, fühle ich mich bestätigt. Sie machen sich Gedanken darüber, wie andere empfinden, sie sind rücksichtsvoll und freundlich und achten darauf, niemanden zu verletzen. Das größte Kompliment für mich ist, wenn meine Familie und andere mir sagen, was ich für großartige Kinder habe.

≡ Susi und Betsy

Vor drei Jahren, Betsy war damals elf, zog eine Assistentin von Betsys Schule bei uns ein, um mit ihr vor allem die Fertigkeiten in den lebenspraktischen Bereichen zu trainieren. Lori war für unsere Familie eine echte Bereicherung; sie liebte Betsy und widmete sich ihr mit unglaublicher Hingabe; Betsy verbesserte ihre Fähigkeiten mit ihrer Hilfe ganz erheblich. Eine unerwartete, aber positive »Nebenwirkung« von Loris Aufnahme in die Familie war die Freundschaft, die sich zwischen ihr und Andy entwickelte, eine Art von Beziehung, wie sie zwischen ihm und Betsy niemals möglich war. Nach 18 Monaten verließ uns Lori, um wieder ihr eigenes Leben zu leben, aber sie gehört immer noch zu unserer Familie und ist vor allem ein wichtiger Teil von Betsys Leben. Es war sehr schwer für uns, als Lori ging, denn uns wurde schmerzlich und unabweisbar bewußt, daß wir weder körperlich noch emotional noch länger in der Lage waren, Betsy zu Hause zu betreuen.

Im August 1991 zog Betsy in eine Wohngruppe, wo sie mit fünf anderen autistischen Jugendlichen zusammenlebt. Wir sehen sie jede Woche und können das Zusammensein mit ihr jetzt genießen, ohne unter all dem Ärger, dem Frust und den Schuldgefühlen zu leiden, die eine Familie mit einem autistischen Kind sonst durchdringen. Betsy hat sich in ihrem neuen Zuhause und mit ihren neuen Freunden gut eingelebt; in einer Umgebung, die auf die adaptiven Fähigkeiten der dort lebenden Jugendlichen eingestellt ist, entwickelt sich nun ihre eigene soziale Gruppe.

Unser Leben geht weiter. Bruce arbeitet immer noch in der Produktion von Fernsehshows, und Andy bereitet sich auf sein erstes Collegejahr vor. Er spielt Gitarre, komponiert und ist auf dem besten Weg, bald auf eigenen Beinen zu stehen. Ich widme die meiste Zeit, Energie und Kreativität meinem Plätzchen-Service »Absolute Necessities, Inc.«, den ich vor ein paar Jahren eröffnet habe. Unsere Spezialität sind Logo-Plätzchen – ein Produkt, das ich erfunden habe, das sind zum Beispiel Plätzchen mit Firmenlogos oder besonderen Botschaften. Das Geschäft in Kalifornien blüht, und inzwischen liefern wir 20 Sorten Plätzchen landesweit. Ich wollte, meine Großmutter lebte noch und könnte sehen, was ich geschafft habe. Sie wäre begeistert gewesen!

Unser Leben war nicht immer eitel Sonnenschein. Ein autistisches Kind zu haben, bestimmte über weite Strecken unser Leben. Durch Betsy wurden wir andere Menschen. Ich als ihre Mutter kann ehrlich sagen, daß ich mir nicht vorstellen kann, wie mein Leben ohne sie verlaufen wäre. Durch sie habe ich in einem ungeahnten Maß zu Sensibilität, Verständnis und Erfüllung gefunden.

Viele meiner Persönlichkeitsmerkmale wurden durch Betsy stärker herausgearbeitet. Mein Forscherdrang hat mir geholfen, die Programme und Einrichtungen ausfindig zu machen, die Betsy brauchte, und mein Optimismus und meine Hartnäckigkeit ließen mich bei der Stange bleiben, wenn Betsy jahrelang nur kleine Fortschritte machte.

Ich bin Betsys Fürsprecherin und werde es immer bleiben müssen. Manchmal bin ich so erschöpft, daß ich mich nicht mehr um andere kümmern kann. Wenn es soweit ist, muß ich innehalten und wieder in die Gruppe kommen, denn dann sehe ich, welche Mühe sich Betsy gibt, ihr Verhalten zu kontrollieren, und ich begreife wieder, was ich von ihr lernen kann, statt sie als Last zu betrachten.

☰   Stephanie und Emma Rose

Emma Rose ist in den meisten Entwicklungsbereichen deutlich zurückgeblieben; sie brauchte alle möglichen Therapien und besonderen Förderungsmaßnahmen. Das Schwierigste für uns als Eltern war, immer den ganzheitlichen Aspekt ihrer Persönlichkeit im Auge zu behalten. Es ist eine Gratwanderung: Auf der einen Seite die besonderen Bedürfnissen, die unbedingt berücksichtigt werden müssen, und auf der anderen Seite möchte man dem Kind auch erlauben, sich auf seine eigene Art und mit seiner eigenen Geschwindigkeit zu entwickeln.

Emma war wegen verschiedener körperlicher Probleme in medizinischer Behandlung, zum Beispiel schielte sie, sie hörte schlecht, hatte Skoliose und Schwierigkeiten mit den Zähnen. Weil sie sehr klein war und ein paar Jahre tatsächlich nicht gewachsen ist, wurde sie ausgiebig auf einen Mangel an Wachstumshormonen hin untersucht. Und obwohl man bei ihr eine Hormonbehandlung für möglich hielt, beschlossen wir, ihr noch etwas mehr Zeit zu geben. Bald danach begann sie wieder zu wachsen.

Wir meldeten Emma zum UCLA-Förderprogramm an, als sie vier Monate alt war, und sie blieb bis zum Alter von drei Jahren dabei. Neben Kindergarten und Schule hatte sie Sprachtherapie, Sensorische Integrationstherapie, Hippotherapie und Einzelunterricht. Fast während ihrer gesamten bisherigen Schulzeit besuchte sie eine Waldorf-Schule, die eine warme und liebevolle Atmosphäre sowie einen ganzheitlich ausgerichteten Fächerkanon anbietet. Je älter sie wird, desto schwerer fällt es ihr, intellektuell mit ihren Klassenkameraden mitzuhalten, besonders in den abstrakteren Fächern. Dennoch ist Emma sehr glücklich an dieser Schule, da die Waldorf-Pädagogik handwerkliches Tun, Eurhythmie (eine Form des Tanzes), Singen, Theaterspielen, Gärtnern und Zeichnen – was Emma alles gerne und recht gut tut – ebenso hoch bewertet wie die »klassischen« Schulfächer. Sie geht auch ausgesprochen gerne in den Ballettunterricht und hat an einer Aufführung des »Nußknacker« in unserer Stadt mitgewirkt. Wir hoffen, daß sie es schafft, bis zum Ende der achten Klasse an dieser Schule durchzuhalten. Für die Zeit danach sehen wir uns gerade um und checken die Möglichkeiten für eine weiterführende Schule und darüber hinaus.

Emma brachte viele wunderbare Eigenschaften in unser Familienleben. Sie war immer glücklich, freundlich und leicht zu haben. Ihre innere Stärke und ihre umgängliche Art haben nicht nur ihre Familie beeindruckt, sondern alle, die über die Jahre mit ihr arbeiteten. Für uns als ihre Eltern bedeutet es Ansporn und Befriedigung gleichermaßen, zu sehen, wie sie sich entfaltet und weiterentwickelt.

≡ Janet und Ryan

Vor fast 15 Jahren hätte ich die unglaublich positive Wendung, die unser Leben durch Ryans Geburt nahm, nie und nimmer vorhersagen können. Es gab so viele Kämpfe auszustehen, vor allem für Ryan. Bis zu seinem fünften Geburtstag hatte er 24 Lungenentzündungen, und einmal pro Monat mußte sein Luftröhrenschnitt unter Narkose erweitert werden. Bis jetzt hat er acht Operationen hinter sich gebracht, vier weitere (oder noch mehr) stehen noch an – für seine Füße und seinen Kiefer. Insgesamt war er vielleicht 57mal im Krankenhaus.

So schwierig und kompliziert unsere Situation auch war, ich wünschte mir nichts sehnlicher als die Geburt eines gesunden Kindes. Fünf Jahre, nachdem Ryan zur Welt gekommen war, erwies sich das als die Heilung für meine seelischen Wunden. Heute hat Ryan eine hübsche neunjährige Schwester, Erin, und einen sehr lieben Bruder, Kevin, mit sieben Jahren. Die beiden waren der Ausgleich, den unsere Familie brauchte.

Das größte Geschenk in Ryans Leben war die Rekonstruktion seiner Luftröhre. Dadurch wurde es ihm möglich, zu sprechen und uns zu zeigen, daß er die ganze Zeit an unserem Leben teilgehabt hatte. Bis dahin waren seine Perspektiven für die Zukunft bestenfalls düster gewesen. Aber trotz aller Schwierigkeiten versetzte er uns immer wieder in Erstaunen.

Bald nachdem die Trachealkanüle entfernt war – er war damals fünf Jahre alt – entdeckten wir zu unserer großen Überraschung und zur Verwunderung von Ryans Lehrern, daß er sich selbst das Lesen beigebracht hatte. Schon bald nahm er in einer regulären Schulklasse an der »Rechtschreibe-Olympiade« teil. Heute ist er in der achten Klasse, doch sein Lese- und Textverständnis haben Collegeniveau.

1992 wurde bei Ryan ein Hyperaktivitätssyndrom diagnostiziert, was seine Konzentrationsschwierigkeiten in der Schule und seine leichte Ablenkbarkeit erklärte. Wir arbeiten derzeit mit einem Therapeuten, der Ryan hilft, mit seiner Wut und seiner Frustration fertigzuwerden, indem er darüber redet, anstatt Gegenstände herumzukicken oder zu zerschlagen.

Bei Ryan zeigt sich immer mehr, daß er älter und reifer geworden ist. Er fährt jeden Tag mit dem Fahrrad zur Schule, statt den Bus zu nehmen. Er interessiert sich sehr für Medizin und Computer und hofft, daß er eines Tages einmal in einem Krankenhaus arbeiten wird. Die Krankenhausumgebung ist durch seine Erfahrungen dort für ihn regelrecht zum zweiten

Zuhause geworden. Er fühlt in der »medizinischen Umgebung« ganz wohl und ungezwungen und unterhält sich gerne mit Ärzten.

Trotz seiner hervorragenden Lesefähigkeiten hat Ryan eine Lernschwäche und war von der ersten bis zur sechsten Klasse in einer speziellen Klasse für Kinder mit Lernschwäche an unserer örtlichen Grundschule. Im letzten Jahr besuchte er in Englisch und in den naturwissenschaftlichen Fächern den regulären Unterricht. Jetzt geht er auf eine weiterführende Schule und ist dort noch in einer Klasse für Kinder mit Lernschwäche. Wir arbeiten daran, daß Ryan ganz in den regulären Unterricht integriert werden kann. Er will nicht mehr in eine Spezialklasse gehen. Er weiß um seine Schwierigkeiten und arbeitet daran, und das fällt ihm schon manchmal schwer. Aber die Spezialklasse ist eine ständige Mahnung für ihn.

Für seine Familie ist Ryan ein echter großer Bruder. Sein Bruder und seine Schwester respektieren ihn, und sie haben sich ihm gegenüber instinktiv immer vorsichtig und rücksichtsvoll benommen. Ohne daß man etwas sagt, scheinen sie zu wissen, daß Ryan nicht über ihre körperlichen Kräfte verfügt. Sie wußten ganz einfach, daß man nicht auf ihn draufspringen oder mit ihm balgen durfte. Ryan hat ein paar Sprachprobleme, und andere Leute verstehen ihn manchmal nur schlecht, Erin und Kevin aber verstehen immer, was er sagt. Sein Anderssein stellt für sie kein Problem dar.

In diesen Jahren habe ich – und ich bin stolz darauf – noch einmal angefangen zu studieren und einen Abschluß am College gemacht. Es war nicht einfach, aber ich lernte, indem ich meine Mitschriften abtippte. Ich setzte mir den Walkman auf und hörte mir die Vorlesungen spät abends nochmals an, wenn ich versuchte, mit der Hausarbeit nachzukommen, oder ich hörte sie auf dem Weg zur Schule bzw. nach Hause. Es war schwer, nach so vielen Jahren wieder die Schulbank zu drücken, aber die Lebenserfahrung, die ich inzwischen gewonnen hatte, bereicherte mein Lernen. Mir kommt es vor, als finge ich jetzt gerade erst richtig an zu lernen. Ich nehme Klavierunterricht und habe mehr Zeit für Malen und Zeichnen. Hinter uns liegen schwere Zeiten, aber heute ist mein Leben ausgewogen, und ich spüre, daß mir noch viele Türen offenstehen.

Ryan hat Chris und mich vieles gelehrt; er hat unserer Familie mehr gegeben, als wir je in Worten ausdrücken können. Er hat uns sensibler gemacht für Menschen mit Behinderungen und uns gelehrt, nichts für selbstverständlich zu erachten. Und wir haben von ihm gelernt, daß nichts unmöglich ist. Ich habe auch gelernt, mit Vorurteilen gegenüber Menschen vorsichtig zu sein, denn man weiß nie, welche Art von Behinderung sie vielleicht in sich verbergen. Bei Ryan sind sie zufällig sichtbar. Alle Menschen müssen die Chance erhalten, mit allen anderen zusammenzuleben.

Ein behindertes Kind großzuziehen verlangt einer Ehe und einer Familie viel ab, aber das beständige Netzwerk aus Familie und Freunden half uns, die wichtigen Dinge nicht aus dem Auge zu verlieren –, daß Ryan am Leben war, daß unser Leben weiterging, daß es Hoffnung gibt und daß man immer daran denken sollte, auch mit einem behinderten Kind ein möglichst normales Leben zu leben.

All den lieben Menschen, die mir zugehört haben, wenn ich ein Ohr brauchte, die in den schwersten Stunden für uns gebetet haben und an die wir uns anlehnen konnten, wenn es hoffnungslos schien, ein tief empfundenes Dankeschön.

Heute sieht der Weg weit weniger steinig aus, als ich je zu hoffen gewagt hatte. Die Mitarbeit an diesem Buch ist meine Art, etwas von dem zurückzugeben, was uns widerfahren ist, und ich hoffe, daß unsere Erfahrungen für andere Eltern eine ähnliche Hilfe sind.

Dank

Allen Eltern, die ich in diesen vielen Jahren kennenlernen durfte: Am liebsten würde ich Ihre Namen in leuchtenden Lettern an die Häuserwände schreiben für all das, was Sie mich gelehrt haben. Danke, daß Sie mich ermutigt haben, ein Buch zu schreiben, und daß sie mich immer ermahnt haben, es auch zu Ende zu bringen.

Meinen Mitautorinnen gilt mein besonderer Dank: Sie haben mich mit ihren Geschichten getröstet. Bruce, Ray, Chris und Paul, vielen Dank für Eure Geduld.

Das UCLA-Förderprogramm der Kinderklinik ist eine Oase für all die Kleinen und ihre Familien, die durch die Schwingtüren kommen. Dr. Judy Howard und Dr. Arthur Parmelee waren meine Vorbilder mit ihrem unerschütterlichen Glauben an die Zuverlässigkeit und Sicherheit elterlicher Einschätzungen und an das Entwicklungspotential in jedem Kind.

Allen Mitarbeiterinnen und Mitarbeitern des Förderprogramms, Danke für den hervorragenden Teamgeist und die Unterstützung in all den Jahren und dafür, daß Sie unermüdlich die Wirksamkeit von Frühförderungsmaßnahmen demonstriert haben. Ein Hoch auf: Kit Kehr, Kathy Ceppi, Carole Crooke-Whitlock, Eleanor Baxter, Cindy Bernheimer, Annie Cox, Nancy Thibeault, Elyse Chiat, Colleen Hall, Ruth Rosenfelder, Katie Brown, Elise Andrews, Loretta Staudt, Susan Cherry, Miriam Meyer, Terri Webb und Sharon Cislo.

Am Kinderzentrum der Universität von Kalifornien in Los Angeles habe ich mich in all den Jahren sehr wohl gefühlt und stets die Möglichkeit gehabt, immer neue Elternfragen und Probleme der kindlichen Entwicklung zu diskutieren. Mein besonderer Dank gilt June Solnit Sale und Gay Macdonald.

Victoria Thulman von Brookes Publishing begleitete dieses Buch und seine Autorin mit Herz und Hand durch jeden Schritt des Herstellungsprozesses. Ihre ungeheure Geduld und ihr Humor halfen mir, fast alle Termine einzuhalten. Und Kathy Boyd redigierte das Endprodukt mit Eleganz und Präzision.

Von Mary Cerreto erfuhr ich in jeder Phase der Entstehungszeit wohldurchdachte und konstruktive Kritik und Ansporn, wenn ich ihn brauchte.

Dale Atkins hat mich stets ermutigt und meine Begeisterung immer wieder aufs neue entfacht. Sie sorgte dafür, daß ich während des langen Entstehungsprozesses des Buches das Wesentliche nicht aus den Augen verlor. Am meisten liebe ich unsere Spaziergänge am Strand.

Herma Silverstein, meine schriftstellerische Mentorin, gab mir in ihrem märchenhaften Garten einen Platz zum Schreiben und sorgte für Nachschub an Kaffee, Schokolade und treffsicherer Kritik.

Marsha Sineta danke ich dafür, daß sie ihre Bücher geschrieben hat.

Vielen Dank, Martha und Aven, daß ihr Gus liebt, und daß ihr echtes Verständnis habt für die Phasen des Wachsens und des Innehaltens beim Schreiben.

Ganz besonders herzlich möchte ich mich bei meiner Tochter Kathy Carsten bedanken, die mich soviel über das Muttersein gelehrt hat. Und einen dicken Kuß bekommen Nimai, Anjali und Veda.

Das alles war möglich, weil mein Mann, Wm. Hans Miller, fest an mich glaubte und mich mit allem versorgte, was ich brauchte, um dieses Buch Wirklichkeit werden zu lassen. Seine Ideen und Vorschläge haben viel zu diesem Buch und zu meiner persönlichen Weiterentwicklung beigetragen.

Nancy B. Miller

Dr. Judy Howard: Danke, daß Sie immer weiter gesehen haben als bis zu den Behinderungen unserer Kinder und uns Hoffnung und Träume für ihre Zukunft gaben.

Dr. Nancy Miller: Danke für all die Stunden, in denen Sie ein offenes Ohr für uns hatten, niemals verurteilend, niemals belehrend, nur darauf bedacht, uns zu helfen, uns selbst zu verstehen und unsere individuelle Situation zu akzeptieren.

Den Mitarbeitern des UCLA-Förderprogrammes: Danke für Ihre Unterstützung, Ihre Ermutigung und Ihre unendliche Geduld mit unseren Kindern und Familien.

Unseren Ehemännern: Danke Bruce, Ray, Chris und Paul für Eure Liebe und Unterstützung auf dem langen Weg, den wir mit unseren Kindern gegangen sind. Ohne Euer Verständnis und Eure Geduld hätten wir dieses Projekt nie zu Ende bringen können.

Unseren Kindern: Ihr habt unser Leben in einer Weise bereichert, wie wir es uns nicht im Traum hätten vorstellen können. Danke.

Unseren Familien: Wir danken Euch für die unglaubliche Kraft, die Ihr auf diesem langen Weg an den Tag gelegt habt. Eure bedingungslose Liebe und Unterstützung hat Euren Kindern und uns Kraft und eine innere Ruhe gegeben, die wir nicht für möglich gehalten hätten.

Unseren Freunden: Danke für Euren Rückhalt, Euren Humor und Eure Zuneigung, und daß Ihr unseren Blick immer auf das Licht am Ende eines jeden Tunnel gerichtet habt.

Susi, Diane, Janet, Stephanie

Wir danken Herrn Dr. Martin Thurmair von der Arbeitsstelle für Frühförderung, Bayern, für seine engagierte Mithilfe und Beratung bei der deutschen Ausgabe.

Der Verlag

Informationsquellen

Vielleicht ist dieses Buch eines von vielen, das Sie während Ihrer Suche nach Information, Verständnis, Anregung oder praktischen Hilfen gelesen haben. Vielleicht ist »Mein Kind ist fast ganz normal« aber auch das erste Buch über Behinderungen, das Ihnen in die Hände fiel, und nun würden Sie gern mehr lesen, wissen aber nicht, was es gibt oder wo Sie danach suchen sollen. Dieses Kapitel soll Ihnen eine kleine Hilfestellung bieten, wie Sie noch mehr nützliche Information für sich finden.

Es gibt so viele Bücher, Zeitschriften, Broschüren, Videos und Organisationen, daß wir sie unmöglich hier alle auflisten können. Statt dessen stellen wir hier nur eine kleine Auswahl vor. Bestimmt gibt es noch mehr phantastische Bücher, noch mehr wertvolle Zeitschriften und andere Materialien und noch weitere wichtige Organisationen.

Wenn Sie sich auf die Suche nach Informationen begeben, machen Sie einen Schritt nach dem anderen. Lassen Sie sich nicht erdrücken oder entmutigen. Konzentrieren Sie sich am Anfang am besten auf einen oder zwei Bereiche und »hangeln« Sie sich von einer Quelle zur nächsten. (Häufig führen Sie die Literaturlisten in den Büchern, die Sie lesen, zu anderen Quellen.) Jeder Schritt, den Sie tun, zieht mehrere andere nach sich, und am Ende besitzen Sie eine genau auf Sie zugeschnittene Informationssammlung. Das kostet nicht mehr als etwas Zeit, Porto, einige Telefonate und im einen oder anderen Fall ein paar Gebühren.

≡ Wie man Informationsquellen findet

═ Bibliotheken

Egal ob Sie in einer kleinen oder einer großen Stadt wohnen, eine der besten Informationsquellen ist Ihre Bibliothek. Rufen Sie an oder gehen Sie vorbei, erklären Sie der Bibliothekarin, wonach Sie suchen. Wollen Sie ein Buch über die Krankheit Ihres Kindes oder eine Zeitschrift über Behinderungen oder Erfahrungsberichte von Behinderten oder Kinderbücher zum Thema? Sie können quer durch die Regale schauen oder sich mit Hilfe des Katalogs orientieren. Wenn Sie den Eindruck haben, Ihre Bücherei sei zu klein, können Ihnen die Bibliothekare per Fernleihe auch Bücher aus anderen Bibliotheken besorgen. Das Ausleihen von Büchern ist meistens kostenlos oder gegen eine geringe Gebühr möglich.

Wenn Sie Fachbücher und Fachzeitschriften durchforsten wollen und die Möglichkeit haben, eine Universitätsbibliothek aufzusuchen, wartet ein wahrer Schatz an Informationen auf Sie. Dort finden Sie Literatur zu allen Sachgebieten – Medizin, Pädagogik, Psychologie und vieles mehr.

Buchhandlungen

Es spielt im Prinzip keine Rolle, ob Sie in Deutschland in eine kleine oder in eine große Buchhandlung gehen: Jeder Buchhändler kann Ihnen jedes lieferbare Buch innerhalb sehr kurzer Zeit, meistens sogar von einem Tag auf den anderen, besorgen. Viele Buchhandlungen haben zwar eine Abteilung »Gesundheit«, »Beratung«, »Lebenshilfe« und ähnliches, Literatur über Behinderte und Behinderungen kann dabei jedoch unter Umständen dünn gesät sein. Wenn Sie über die angegebenen Literaturempfehlungen hinaus Bücher suchen, bitten Sie Ihre Buchhändlerin, für Sie im Verzeichnis lieferbarer Bücher unter dem von Ihnen gesuchten Begriff nachzuschlagen. So kommen Sie sicher weiter.

Online-Dienste

Wenn Sie per Computer und Modem an einen der immer zahlreicher werdenden Online-Dienste angeschlossen sind, haben Sie Zugang zu einem riesigen Netz von anderen Nutzern (»Usern«), mit denen Sie in sogenannten »Newsgroups«, das sind Gesprächsrunden zu einem bestimmten Thema, Kontakt aufnehmen können. Das ist eine phantastische Möglichkeit, Informationen und Erfahrungen mit Menschen auszutauschen, denen man sonst vielleicht nie begegnen würde. Außerdem können Sie auf diesem Weg zum Beispiel auch Bibliothekskataloge einsehen oder nach Fachinformation fahnden.

Informationen teilen

Wenn Sie Mitglied einer Selbsthilfegruppe sind oder in regelmäßigem Kontakt mit anderen Eltern oder mit Fachleuten stehen, könnten Sie vorschlagen, daß jeder reihum ein Buch kauft und spendet; die Bücher könnten an einem für alle zugänglichen Ort aufbewahrt oder untereinander ausgetauscht werden. Eine Möglichkeit, den Geburtstag Ihres Kindes zu feiern, könnte sein, ein Buch für die Klasse oder das Förderprogramm zu

kaufen oder Geld für ein Zeitschriftenabonnement zur Verfügung zu stellen. Vielen Einrichtungen fehlt das Geld, eine Bibliothek einzurichten, und das wäre eine Möglichkeit, Informationsquellen mit anderen Eltern und den Betreuern zu teilen.

Oder Sie spenden ein Buch (oder Geld für ein Buch), wenn Ihr Kind aus einem Programm ausscheidet. Wenn alle Eltern nur ein Buch pro Jahr stiften, kann sich eine ganz ansehnliche Bibliothek entwickeln!

Eine andere Möglichkeit ist, sich mit anderen Gruppen und Organisationen vor Ort zusammenzutun – das können Eltern oder Fachleute sein – und die Bücher, Zeitschriften, Videos und Broschüren in einem Pool zusammenzufassen.

Literatur

Allgemeine Literatur zu Behinderungen

Knaut, Stephan: Behindertes Kind. Ratgeber durch das Behindertenrecht. München (Beck im dtv), 1995
Ein sehr gelungener Versuch, die vielen Rechtssituationen und Möglichkeiten darzustellen, die sich um ein behindertes Kind gruppieren. Deutsches Recht.

Kriegl, Huberta: »Behinderte« Familien? Wien (Jugend & Volk), 1993
Informationen und Hinweise rund um die Familie mit einem behinderten Kind: Ihre Sorgen und Kräfte, ihre Perspektiven und Ressourcen.

Pollmächer, Angelika; Pollmächer, Thomas: Mein Baby ist behindert – was tun? München (Serie Piper), 1995
Ein Buch aus viel Fachkenntnis und Erfahrung, das medizinische und andere Fragen rund um die Behinderung, die möglichen Hilfen und gesellschaftlichen Ressourcen bespricht.

Literatur zu bestimmten Behinderungen

Böhler-Kreitlow, Dagmar: Unser Kind ist hörbehindert. Ein Begleitbuch für Eltern. Meggen (Selbstverlag), 1992. (Bezugsadresse: Dagmar Böhler, Bühlmattstr. 7, CH-6045 Meggen)
Elternnahe Darstellung allgemeiner Aspekte zum Thema »behindertes Kind«, aber vorwiegend zu speziellen Fragen der Hörschädigung und des Umgangs mit den Kindern.

Brambring, Michael: »Lehrstunden« eines blinden Kindes. Entwicklung und Frühförderung in den ersten Lebensjahren. München/Basel (Ernst Reinhardt), 1993
Elternbriefe, Berichte und Kommentare zur frühen Erziehung und Förderung blinder Kinder, alltagsnah und strukturiert.

Brüggemann, Jan-Hein: Zu früh ins Leben? Was Eltern über Risiko- und Frühgeburt wissen sollten. Stuttgart (Trias), 1993
Verständliches Buch mit reichhaltigen medizinischen Informationen und Erklärungen.

Bundesverband für spastisch Gelähmte (Hrsg.): MCD – Was tun? Zur Diagnose, Behandlung und Förderung von Kindern mit Teilleistungsstörungen. Düsseldorf (selbstbestimmtes leben), 1992
Gut lesbare Beiträge namhafter Autoren, breite Themenstellung.

Haupt, Ursula: Körperbehinderte Kinder verstehen lernen. Auf dem Weg zu einer anderen Diagnostik und Förderung. Düsseldorf (selbstbestimmtes leben), 1996
In diesem Buch geht es um körperbehinderte Kinder mit Entwicklungsstörungen (Grundschulalter). Wesentliches Anliegen: Überwindung der Defizitorientierung in Diagnostik und Förderung.

Kehrer, Hans: Geistige Behinderung und Autismus. Rat und Hilfe für eine Begleitung durchs Leben. Stuttgart (Trias), 1995
Fundierter Rat für Eltern, Lehrer und Heimbetreuer zu sozialen Problemen im Leben der geistig Behinderten und im Zusammenleben mit ihnen.

Kiphard, Ernst J.: Unser Kind ist ungeschickt. Hilfen für das bewegungsauffällige Kind. München/Basel (Ernst Reinhardt), 1989 (3. Aufl.)
Ein Büchlein, das hilfreich ist bei leichteren Formen von Bewegungsstörungen.

Niedecken, Dietmut: Namenlos. Geistig Behinderte verstehen. Ein Buch für Psychologen und Eltern. München/Zürich (Piper), 1989
Ein Buch, das sehr nahe an den betroffenen Behinderten ist und dadurch auch deutlich macht, in welch schwieriger Welt sie sich bewegen müssen.

Nieß, Nicosia; Dirlich-Wilhelm, Hanne: Leben mit autistischen Kindern. Erfahrungen und Hilfen. Freiburg (Herder Spektrum), 1995
Ein sehr auf das tägliche Leben orientiertes Buch, in dem aus eigener Situation und jahrelanger Arbeit in einer Selbsthilfeorganisation Erfahrung und Überblick zusammengekommen sind.

Müller-Rieckmann, Edith: Das frühgeborene Kind in seiner Entwicklung. Eine Elternberatung. München/Basel (Ernst Reinhardt), 1993
Breite, praktisch orientierte Übersicht über medizinische Fragen, den Alltag und spezielle Förderung Frühgeborener.

Murken, Jan; Dietrich-Reichart, Elke (Hrsg.): Down-Syndrom. Aktuelle Bezeichnung für Mongolismus. Starnberg (Schulz), 1990
Ein Buch von Fachleuten, das umfassend über medizinische Sachverhalte orientiert und auch pädagogische und familiäre Aspekte behandelt.

Pueschel, Siegfried M. (Hrsg.): Down-Syndrom. Für eine bessere Zukunft. Stuttgart (Trias), 1995
Ein praktisch orientiertes Buch, das das tägliche Leben, Aspekte der Förderung und Stadien der Entwicklung bis hin zum Berufsleben behandelt.

Schulz, Dieter: Frühförderung in der Heilpädagogik. Erfahrungen mit der Betreuung seelenpflegebedürftiger Kleinkinder. Eine Einführung für Eltern. Stuttgart (Verlag Freies Geistesleben), 1991
Anthroposophische Sichtweisen zu den ersten Lebensjahren von Kindern, die sonst »geistig behindert« heißen, mit bedenkenswerten Hinweisen auch für Nicht-Anthroposophen.

☰ Erfahrungsberichte

Beuys, Barbara: Am Anfang war nur Verzweiflung. Wie Eltern behinderter Kinder neu leben lernen. Reinbek (Rowohlt TB), 1984
Erfahrungen von Eltern, zusammengestellt um Themen wie: Erstmitteilung, Verzweiflung, Wendepunkte, Mütter und Väter, Umwelt, Integration, Heim …

Dreyer, Petra: Ungeliebtes Wunschkind. Eine Mutter lernt ihr behindertes Kind anzunehmen. Frankfurt (Fischer TB), 1988
Geschichte einer sehr intensiven Auseinandersetzung einer Mutter mit der schweren Behinderung ihres Kindes.

Ebert, Dorothee (Hrsg.): Wer behindert wen? Eltern behinderter Kinder und Fachleute berichten. Frankfurt (Fischer TB), 1987
Das Zusammenwirken von Familien und professionellen Helfern, mit all seinen Spannungen.

Tikkanen, Märta: Aifos heißt Sofia. Leben mit einem besonderen Kind. Reinbek (Rowohlt TB), 1992
Sofia ist ein Kind mit »minimal brain dysfunction«; die vielen kleinen Reibungspunkte im täglichen Zusammenleben sind Thema des Buches.

≡ Die Situation der Familie

Deutsches Jugendinstitut (Hrsg.): Wie geht's der Familie? Ein Handbuch zur Situation der Familien heute. München (Kösel), 1988
Spannend in seinen vielen Aspekten um die Familie, ihre Innen- und Außenansichten.

Heimlich, Hildegard; Rother, Dietger: Wenn's zu Hause nicht mehr geht. Eltern lösen sich von ihrem behinderten Kind. München/Basel (Ernst Reinhardt), 1991
Ein sehr umsichtiges Buch zur Frage: Soll mein Kind ins Heim?, der Vorbereitung darauf und der Situation, wenn das Kind im Heim ist.

Hinze, Dieter: Väter und Mütter behinderter Kinder. Der Prozeß der Auseinandersetzung im Vergleich. Heidelberg (HVA ed. Schindele), 1991
Väter und Mütter bewältigen die Behinderung ihres Kindes verschieden, aber beide durchlaufen einen intensiven Prozeß. Hier klar dargestellte Resultate von Studien zur Bewältigungs-Frage.

Jonas, Monika: Trauer und Autonomie bei Müttern schwerstbehinderter Kinder. Ein feministischer Beitrag. Mainz (Matth. Grünewald), 1990
Schwere Behinderungen bürden »automatisch« den Müttern schwere Lasten auf. Feministisches Hinschauen zeigt dies auf und öffnet Wege aus dieser Falle.

Kallenbach, Kurt (Hrsg.): Väter behinderter Kinder. Geschichten aus dem Alltag. Reinbek (Rowohlt TB), 1995
Geschichten von Vätern, die ja sonst nicht viel darüber reden.

≡ Geschwister

Achilles, Ilse: »...und um mich kümmert sich keiner«. Die Situation der Geschwister behinderter Kinder. München (Serie Piper), 1995
Ein lebendiges Buch über die vielfältigen Fragen von und über Geschwister von behinderten Kindern: Behinderung verstehen, Rivalität, Solidarität, Erleben der Eltern...

Kasten, Hartmut: Geschwister. Vorbilder, Rivalen, Vertraute. Heidelberg (Springer-Verlag), 1994
Überblick über Geschwisterbeziehungen, die längsten Beziehungen in einem Menschenleben.

Winkelheide, M.: Ich bin auch noch da. Aus der Arbeit mit Geschwistern behinderter Kinder. Bremen (Trialog), 1992
*Die Autorin arbeitet seit Jahren mit Geschwistern behinderter Kinder und
hat hier ihre Erfahrungen zusammengetragen.*

≡ Zu Elternschaft, Entwicklung und Erziehung allgemein

Beck-Gernsheim, Elisabeth: Mutterwerden – der Sprung in ein anderes Leben. Frankfurt (Fischer TB), 1989
*Die gesellschaftlichen Phantasmen ums Mutter-Werden und Mutter-Sein:
Dieses Buch hilft sehr, sie zu verstehen und sich ein Stück bewußt zu machen.*

Greenspan, Stanley J.; Greenspan, Nancy T.: Das Erwachen der Gefühle.
Die emotionale Entwicklung des Kindes. München/Zürich (Piper), 1988
*Ein reiches Buch über die ersten vier Jahre eines Kindes, seine Beziehung
zu den Eltern, und was Kinder und Eltern darin an Beziehungsfähigkeit
und Emotionalität entwickeln können.*

Largo, Remo H.: Babyjahre. Die frühkindliche Entwicklung aus biologischer
Sicht. Hamburg (Carlsen), 1993
*Zusammenfassende Darstellung früher Entwicklung von Kindern aus
Sicht eines erfahrenen Entwicklungs-Neurologen, sehr verständlich und
lebensnah geschrieben.*

Schoenebeck, Hubertus v.: Unterstützen statt erziehen. Die neue Eltern-
Kind-Beziehung. München (Kösel), 1982
*Ein herausforderndes Buch mit ermutigenden, aber auch kritisch zu se-
henden Passagen über das »Erziehen«.*

Stern, Daniel N.: Tagebuch eines Babys. Was ein Kind sieht, spürt, fühlt
und denkt. München/Zürich (Piper), 1993 (4. Aufl.)
*Ein spannendes Buch über die sozusagen »Innensichten« eines Babys und
sein Erleben der Welt.*

≡ Spielzeug und (Vor-)Lesebücher für Kinder

Achilles, Ilse; Schliehe, Karin: Meine Schwester ist behindert. Bilderbuch über den Alltag von Geschwistern behinderter Kinder und seine Probleme. Marburg (Lebenshilfe-Verlag), 1992

Albin, Jonathan: Unser Bruder mit Down-Syndrom. Herausgeber und Bezugsadresse: Selbsthilfegruppe für Menschen mit Down-Syndrom, Am Berg 7b, 91301 Forchheim. 1994
Fotobilderbuch. Albins Schwester Lena berichtet vom alltäglichen Zusammenleben mit ihrem Bruder.

Andresen, Felicitas: Kinder sind nicht wasserlöslich, sagte die Prinzessin. München (tabu Verlag), 1995
Geschichten von acht Kindern, die in einem Tagesheim betreut werden, weil es zu Hause oder in ihrer Entwicklung Probleme gibt.

Bartsch, Ekkehard (Hrsg.): Spielzeugwerkstatt 2. Spielsachen zum Selbermachen für behinderte und nichtbehinderte Kinder. Zum Nachbauen gezeichnet von Angela Kahle. Berlin (Fipp), 1995 (Alleinauslieferung: Juventa Verlag)
Spielsachen aus einem UNESCO-Design Workshop 1993. Weitere Bände in Vorbereitung.

Brett, Doris: Anna zähmt die Monster. Therapeutische Geschichten für Kinder. Salzhausen (iskopress), 1993
Geschichten zum Erzählen um Probleme wie Angst vor Dunkelheit, Bettnässen, Zwanghaftigkeit, Schüchternheit, Scheidung...

Huainigg, Franz-Josef: Meine Füße sind der Rollstuhl. München (Ellermann), 1992
Bilderbuch über ein körperbehindertes Kind, das alleine einkaufen geht und die Reaktion seiner Umwelt erlebt.

Krenzer, Rolf; Reuter, Elisabeth: Drache, kleiner Drache. Würzburg (Echter), 1993
Bilderbuch ab 5 Jahre. Mathis hat Leukämie und liegt in der Kinderklinik; der kleine Drache nimmt ihn mit auf Reisen. Ein Buch über die Schmerzen, den Kummer und die Kraft der Träume.

Mebs, Gudrun: Birgit. Eine Geschichte vom Sterben. Aarau/Frankfurt (Sauerländer), 1991
Kinderbuch ab 8 Jahre. Birgit hat einen Hirntumor. Ihre kleine Schwester erzählt, wie sie die Tage bis zum Tod von Birgit erlebt.

≡ Zeitschriften

Behinderte in Familie, Schule und Gesellschaft.
    6mal jährlich. Abo Inland öS 297,–,
    1 % für behinderte Kinder und Jugendliche
    Verlag: Alberstr. 8, A-8010 Graz

Zusammen:
    Behinderte und nichtbehinderte Menschen.
    10mal jährlich, Abo Inland DM 85,–
    Verlag: Friedrich Verlag, Postfach 10 01 50, D-30917 Seelze

Gemeinsam leben.
    Zeitschrift für integrative Erziehung.
    4mal jährlich, Abo Inland DM 78,–
    Verlag: Luchterhand Verlag. Postfach 23 52, D-56564 Neuwied

Organisationen und Initiativen

≡ **Deutschland**

Bundesarbeitsgemeinschaft Hilfe für Behinderte e.V. (BAGH)
Kirchfeldstr. 149
40215 Düsseldorf
Tel. 02 11/31 00 60
Dachverband für Selbsthilfe-Organisationen im Behindertenbereich;
Landesarbeitsgemeinschaften in den einzelnen Bundesländern

═ Andere wichtige Elternorganisationen

Arbeitsgemeinschaft Spina bifida und Hydrocephalus e.V. (ASbH e.V.)
Bundesverband
Münsterstr. 13
44145 Dortmund
Landes- und Regionalverbände
Zeitschrift: ASbH-Brief. Informationsbroschüren

Arbeitskreis Down-Syndrom e.V.
Hegelstr. 19
33649 Bielefeld
Tel. 05 21/44 29 98
Periodikum: »Mitteilungen«

Bundesarbeitsgemeinschaft der Eltern und Freunde hörgeschädigter
Kinder e.V.
Hannelore Hartmann
Pirolkamp 18
22397 Hamburg
Informationsbroschüren

Bundesarbeitsgemeinschaft »Gemeinsam leben, gemeinsam lernen – Eltern
gegen Aussonderung«
Dr. Christa Roebke
Auguste-Viktoria-Str. 55
50321 Brühl
Landesarbeitsgemeinschaften, regionale Gruppierungen
Zeitschrift: »Gemeinsam leben« (Luchterhand-Verlag)

Bundesverband »Das frühgeborene Kind« e.V.
Von-der-Tann-Str. 7
69126 Heidelberg
Tel. 0 62 21/3 23 45
Landes- und Regionalgruppierungen
Zeitschrift: »Das frühgeborene Kind« (Eigenverlag). Fachliche Informationsbroschüren zu verschiedenen Fragen mit Frühgeborenen.

Bundesverband für Körper- und Mehrfachbehinderte e.V.
Brehmstr. 5–7
40239 Düsseldorf
Tel. 02 11/64 00 40
Fax 02 11/64 00 420
Landesverbände; Regionalgruppierungen
Zeitschrift: »Das Band« (Eigenverlag). Verlag: selbstbestimmtes leben

Bundesverband Hilfe für das autistische Kind. Vereinigung zur Förderung autistischer Menschen e.V.
Landes- und Regionalverbände
Bebelallee 141
22297 Hamburg
Tel. 0 40/5 11 56 04
Fax 0 40/5 11 08 13
Informationsbroschüren, regionale Periodika

Bundesvereinigung Lebenshilfe für Menschen mit geistiger Behinderung e.V.
Raiffeisenstr. 18
35043 Marburg
Tel. 0 64 21/4 91-0
Fax 0 64 21/4 91-1 67
Landes- und Ortsvereinigungen
Fachzeitschrift: »Geistige Behinderung«. Zeitung: Lebenshilfe-Zeitung.
Periodika: Rechtsdienst. Fachdienst.
Verlag: Lebenshilfe-Verlag

Informationszentrum Epilepsie
Herforderstr. 5–7
33602 Bielefeld
Tel. 05 21/12 41 17
Informationsbroschüren

Deutscher Blindenverband e.V.
  Bismarckallee 30
  53173 Bonn
  Tel. 02 28/95 58 20

Lernen Fördern – Bundesverband zur Förderung Lernbehinderter e.V.
  Rolandstr. 61
  50677 Köln
  Tel. 02 21/38 06 66
  Fax: 02 21/38 59 54
  Landes- und Regionalgruppierungen
  Zeitschrift: LERNEN FÖRDERN (Eigenverlag)

Kindernetzwerk
  Kindernetzwerk e.V.
  Hanauer Straße 15
  63739 Aschaffenburg
  Tel. 0 60 21/1 20 30 und 01 80/5 21 37 39 (Mo, Di, Do: 9–12 Uhr)
  Das Kindernetzwerk e.V. unterhält u.a. eine Datenbank zu Erkrankungen,
  Behinderungen und Problembereichen im Kindes- und Jugendalter mit
  vielen weiterführenden Adressen aus dem Selbsthilfe-Bereich.
  Wegweiser: Wer hilft weiter? (siehe 283)

══   Selbsthilfegruppen

Adressen sind abfragbar bei:

Nationale Kontakt- und Informationsstelle zur Anregung und Unterstützung von Selbsthilfegruppen (NAKOS)
  Albrecht-Achilles-Str. 65
  10709 Berlin
  Tel. 0 30/8 91 40 19

≡   **Österreich**

Lebenshilfe Österreich. Dachverband für Menschen mit geistiger und mehr-
facher Behinderung
Schönbrunner Str. 179
1120 Wien
Tel. 02 22/8 12 26 42-0
Fax 02 22/8 12 26 42-85
Zeitschrift: »Lebenshilfe« (Eigenverlag)

Österreichische Autismushilfe
Eßlinggasse 13/3/11
1010 Wien
Tel. 02 22/5 33 96 66

≡   Selbsthilfegruppen

Dachverband der österreichischen Selbsthilfegruppen
Figulystr. 4a
4020 Linz
Tel. 07 32/66 34 21

≡   **Schweiz**

CEREBRAL
Schweizerische Stiftung für das cerebral gelähmte Kind
Erlachstr. 14
Postfach
3001 Bern
Tel. 0 31/3 01 20 34

ELPOS
Elternverein für Kinder mit leichten psycho-organischen Funktions-
störungen
Affolternstr. 125
8050 Zürich
Tel. 01/3 11 85 20

KVEB
Konferenz der Vereinigung von Eltern behinderter Kinder = Conférence
des associations de parents des handicapés
Bürglistraße 11
8002 Zürich

EVGTB
Schweizerische Elternvereinigung für Geburtstaubblinde
Bachtelstr. 10
Wangen

insieme
Schweizerische Vereinigung der Elternvereine für geistig Behinderte =
Fédération suisse des associations de parents des handicapés mentaux
Silbergasse 4
Postfach 827
2501 Biel
Tel. 0 32/3 22 17 14

Schweizerische Informations- und Dokumentationsstelle für Autismus-
fragen
Petrus-Kanisiusgasse 21
1700 Freiburg
Tel. 0 26/3 00 77 48
Fax 0 26/3 00 97 49

SVEBK
Schweizerische Vereinigung der Eltern blinder und sehbehinderter
Kinder = Fédération suisse des associations de parents d'aveugles et
ambylopes
Friedackerstr. 6
8050 Zürich
Tel. 01/3 12 48 40

SVEEK
Schweizerische Vereinigung der Eltern epilepsiekranker Kinder
Waldhofstr. 21
6314 Unterägeri
Tel. 0 41/7 50 50 02

SVEHK
Schweizerische Vereinigung der Eltern hörgeschädigter Kinder = Association suisse des parents d'enfants déficients-auditifs (ASPEDA)
Bergstr. 38
6030 Ebikon
Tel. 0 41/7 90 46 46

Verzeichnisse/Wegweiser

Frühförderung

Einrichtungen und Stellen der Frühförderung in der Bundesrepublik Deutschland. 3. Auflage 1995
Herausgegeben vom
Bundesministerium für Arbeit und Sozialordnung
Referat Öffentlichkeitsarbeit
Postfach 14 02 80
53107 Bonn
Tel. 02 28/5 27 11 11
Verzeichnet Frühförderstellen und sozialpädiatrische Zentren an mehr als 680 Standorten in der gesamten Bundesrepublik (seit der 3. Auflage). Das Verzeichnis wird fortgeschrieben. Kostenlos.

Wer hilft weiter?

Ein bundesweiter Wegweiser. Herausgegeben vom Kindernetzwerk e.V., Lübeck (Verlag Schmidt-Römhild) 1996. DM 48,–.
Enthält nach einigen Übersichtsbeiträgen eine Auflistung zahlreicher Elterninitiativen (zu medizinischen Syndromen und vielen anderen Problemen von und mit Kindern/Jugendlichen) mit Beschreibungen, Adressen, Ansprechpartnern, und einen allgemeinen Adressen- und Informationsteil (keine Frühförderstellen).

Heimverzeichnis

Beratungshilfe für die Suche nach einem Heimplatz, 8. Auflage.
Erschienen im Lebenshilfe-Verlag, Buchholz. DM 69,–.

Einrichtungen für Behinderte

Ein Wegweiser. Herausgegeben von den Sozialministerien der Bundesländer.
Verzeichnet Einrichtungen im Vorschul- und Schulalter, Ausbildungs- und Umschulungseinrichtungen für Behinderte, Werkstätten, Wohn- und Pflegeheime, Kliniken, Verbände, Behörden.

Verzeichnis der Berufsbildungswerke,

Ratgeber für Behinderte, Verzeichnis der Einrichtungen und Stellen der Frühförderung.
Herausgegeben vom
Bundesministerium für Arbeit und Sozialordnung
Referat Öffentlichkeitsarbeit
Postfach 14 02 80
53107 Bonn
Tel. 02 28/5 27 11 11.
Kostenlos.

Kurzzeit-Unterbringungs-Einrichtungen

Erschienen im Reha-Verlag GmbH
Postfach 20 11 61
53141 Bonn
Tel. 02 28/35 23 28
1996. DM 18,–.

Steuermerkblatt

Herausgegeben vom Bundesverband für Körper- und Mehrfachbehinderte e.V.
Brehmstr. 5–7
40239 Düsseldorf
Tel. 02 11/62 66 51

Österreich Sozial

Herausgegeben vom
Bundesministerium für Arbeit und Soziales
Sozialservice
Geigergasse 5–9
1050 Wien
Verzeichnet Dach- und Landesverbände der österreichischen Behindertenorganisationen, sowie einzelne Behindertenvereine, nach dem Stand von 1994. Kostenlos.

Sachverzeichnis